포스트 코로나

K-콘텐츠기획 가이드

포스트 코로나
K-콘텐츠기획 가이드

지은이 노동형
발행일 2021년 1월 31일
펴낸이 양근모
발행처 도서출판 청년정신 ◆ **등록** 1997년 12월 26일 제 10—1531호
주 소 경기도 파주시 문발로 115 세종출판벤처타운 408호
전 화 031)955-4923 ◆ **팩스** 031)624-6928
이메일 pricker@empas.com

K- GAME
K- WEBTOON
K- MOVIE
K- DRAMA
K- CHARACTER
K- ANIMATION
K-POP
K-FOOD
K-BEAUTY

포스트 코로나

K-콘텐츠기획 가이드

노동형 지음

지금은 코로나시대다.

아무도 예측하지 못했던 코로나로 인해 전 세계가 혼란에 빠졌으며, 이를 극복하기 위해 전방위적인 변화를 추구하고 있다.

언제 끝날지 모르는 혼란이 가득한 시대, 어둠의 긴 터널을 지나 새로운 뉴노멀의 세상에서 빛나는 승리를 얻기 위해서는 무엇이 필요할까?

승자는 늘 다른 방식으로 같은 결과를 기대하고, 패자는 항상 같은 방식으로 다른 결과를 기대한다. 변화의 파도가 높은 가운데 기존에 행하던 방식으로는 결코 성공할 수 없다.

파도의 고점에서 변화를 위해 한 발짝 앞설 때 물결의 힘으로 자연스럽게 앞으로 전진하게 된다. 위기에 끌려가는 대신 변화를 끌고 가야 한다.

위기는 기회가 줄어든 것이 아니라 발견하지 못한 것이므로 변화의 시대, 남들이 가지 않은 길로 새로운 기회를 찾아나서야 한다.

위기(危機)는 위험한 기회다. 위기를 기회로 바꾸려면 근심을 이로움으로 삼는 이환위리(以患爲利)를 해야 한다. 위기를 자신에게 이로운 판세로 만드는 긍정의 시각과 행동이 필요하다.

변화로 인해 문제가 발생하였을 때는 처음으로 돌아가서 문제가 생긴 원인을 조사하고 이에 대한 대책을 세워 문제를 해결해야 한다. 컴퓨터에 문제가 생겼을 때 다시 켜야 하듯이 코로나19로 변화의 파고가 높은 지금, 우리는 이전의 문제를 떠나 새롭게 변화해야 한다.

변화의 혼란 속에도 질서가 있다. 변화로 인한 문제를 해결하기 위해서는 전방위적인 조사를 통해 정확히 상황을 정확히 파악하고 해결을 위한 우선 순위를 정하여 즉시 실행해야 한다. 코로나 19로 인한 변화와 혼돈 속에서도 관련된 자료의 조사와 분석을 통해 문제해결의 열쇠를 찾을 수 있는 것이다. 이를 위해서는 먼저 인터넷, 국내외 전문 리포트, 책, 소셜미디어 등 다각적인 조사를 통해 코로나 상황을 이해하는 것이 우선이다. 마케팅의 그루(GURU)라 불리는 필립 코틀러는 모든 전략은 기획에서 출발하고 기획은 시장조사에서 시작된다고 말하였다. 코로나시대 변화의 문제를 해결할 첫 번째 열쇠는 코로나 이전과 현재의 변화를 정확히 읽고 방향을 파악하는 것이다.

비대면(非對面), 언택트(Untact)로 대표되는 코로나19 시대에도 애플은 시가총액이 2조 달러를 돌파하며 세계 1위 기업이 되었고, 테슬라는 시가총액 1위였던 도요타를 누르고 세계 1위 자동차기업이 되었다. 이밖에도 홈코노미로 인해 넷플릭스, 구글, 페이스북, 아마존, 네이버, 카카오, 알리바바, 텐센트, 룰루레몬 등 글로벌 콘텐츠기업들이 변화의 바람을 타고 더욱 빠르게 성장하고 있다.

화이자, 모데나, 아스트라제네카 등 코로나19 백신 출시와 더불어 세계적으로 접종이 확산되는 시점에서 포스트 코로나 시장을 선견, 선제, 선점하기 위해서는 코로나시대를 선도하고 있는 기업들의 변화 방식을 벤치마킹하여 우리에게 적합한 성공 방정식을 마련해야 할 것이다.

그렇다면 포스트 코로나시대의 승자가 되기 위해서는 어떻게 해야 할까? 특별히 세계적으로 주목받고 있는 K-콘텐츠를 더욱 발전시키기 위해서는 무엇이 필요할까?

코로나시대의 시황과 글로벌 기업들의 성공사례 분석을 통해 업무적으로, 연구적으로 적용할 포인트를 찾는 것에 보탬이 되기를 바라며 '코로나시대를 돌파하는 창의적 K 콘텐츠기획'의 방법을 모색해 보고자 한다.

_ 2021년 1월 노동형

창의기획의 전략적 실천을 위한 기획과 마케팅

코로나19로 인한 시장과 기업의 변화

코로나시대, 시장의 변화

코로나19가 불러온 뉴노멀의 시대, 새로운 시장을 창조하는 콘텐츠기획을 위해서는 가장 먼저 환경에 대한 정확한 조사와 분석을 해야 한다.

다음 그래프는 지난 5년 동안의 테슬라 주가 곡선이다.

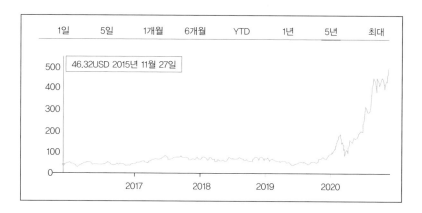

그래프를 보면 코로나가 확산되기 시작한 2020년 초부터 주가가 급등하는 모습을 볼 수 있다. 테슬러 주가는 2015년 11월, 42달러에서 2021년 1월 8일 현재 5:1로 액면 분할한 상태로 약 20배가 오른 816달러로 최고가를 경신하고 있다. 일런머스크를 허풍쟁이라 비웃었던 자동차 회사들도 이제는 뒤늦게 전기차사업에 뛰어들고 있다.

테슬라는 주가 급등에 따라 자동차 분야 시총 1위에 올랐고 2021년 1월 기준 시가총액은 846조 원이다. 우리나라 시가총액 최고기업인 삼성전자 508조보다 66%나 많은 금액이다. 테슬라의 시가총액은 2등 도요타와 GM, 포드, 피아트 크라이슬러 4개사를 합한 것보다 많다.

더 놀라운 것은 2위 기업 도요타는 2019년 1,000만 대를 생산한 회사인데 반해 테슬라는 37만 대 생산, 판매를 하였을 뿐이라는 것이다. 도요타의 4%도 되지 않는 생산량으로 시가총액 1위가 된 것은 정말 놀라운 일이다. 반면 도요타는 테슬라에 비해 전기차를 1/30밖에 생산하지 못했는데, 이제 외형이 중요한 것이 아니라 콘텐츠가 중요한 시대라는 것을 테슬라를 통해 알 수 있다.

일런 머스크의 테슬라가 세계 1위에 등극한 것은 미래를 읽고 시장을 창조하는 통찰력으로 2003년부터 전기차를 생산하기 시작했다는 것이다. 환경변화에 초점을 맞추고 대안으로 전기차 생산으로 전략을 세움으로써 성공을 거뒀고, 2020년 8월 11일 참여주주의 수를 늘리기 위해 5:1의 액면분할을 할 정도로 성장했다. 시총 세계 1위 기업인 애플 역시 더 많은 주주의 참여를 위해 테슬라의 뒤를 이어 4;1로 액면분할을 한다.

환경문제에 중점을 두고 고객의 니즈를 새롭게 파악한 창의성이 테슬라가 세계 최고의 전기차 회사가 된 원동력이다. 이로 인해 2021년

1월 기준으로 일런 머스크는 206조 원을 소유한 세계 2위 부자가 되었다. 2020년 초 세계 50위권에 턱걸이 한 일런 머스크는 테슬라 주가가 743%나 폭등하며 2위에 오른 것이다. 우리나라의 제일 부자인 삼성전자 이재용 부회장의 재산이 32조 원, 49위인 것과 비교하면 6.5배 이상 많은 엄청난 부를 갖게 된 것이다.

테슬라의 사례에서 살펴본 것처럼 지금은 시장의 급격한 변화의 시기다. 이로 인해 많은 콘텐츠 기업들의 흥망성쇠가 이루어지고 있다.

급격한 변화의 원인은 무엇일까?

아무도 예상하지 못했던 코로나19 때문이다. 코로나19는 세계 경제를 위기에 빠뜨렸으며 이에 따라 유례 없는 경기침체로 1929년 대공황 이후 최악의 마이너스 성장을 기록하고 있다.

코로나19는 사스, 메르스, 신종플루 등 코로나 바이러스 중 7번째 바이러스로 이전 바이러스가 최대 10개월 정도 유행했던 것에 비해 언제 종식될지 짐작할 수 없을 만큼 기간이 훨씬 더 길다. 특히 확산 속도가 빨라, 전 세계적으로 팬데믹이 선언되었으며 미국, 인도, 브라질, 유럽에서는 엄청난 감염자와 함께 사망자가 급증하고 있다. 2021년 1월 8일을 기준으로 3차 대유행으로 인해 전 세계 확진자는 8,840만 명을 넘어섰고, 사망자 수는 190만 명을 넘고 있다.

코로나는 언제 끝날 것인가? 2020년 빌 게이츠는 2021년 말에 이르러서야 코로나가 종결될 것이라고 예측하였고, 현실적으로 인구의 60%가 백신을 맞고 항체가 생겨야 안정될 것이라는 게 일반적인 예상이다. 많은 사람들이 코로나 이전으로의 일상 복귀가 어렵다고 말하며 각 기업들은 새로운 일상, 뉴노멀에 주목하고 미래를 준비하고 있다.

2020년 3월 말 세계적 컨설팅기관인 맥킨지는 설문조사 결과를 통해 코로나 바이러스로 인한 경제적 위협이 86%로 가장 큰 이슈가 될 것이며, 아시아의 위협이 89%로 가장 클 것이라고 발표하였다.

코로나19는 콘텐츠 시장에도 큰 변화를 가져오고 있다. 예를 들면 극장에서 개봉하던 영화가 스트리밍 플랫폼을 통해 개봉하는 양상이 늘었다. 2020년 2월 26일 극장개봉 예정이었던 영화 '사냥의 시간'은 코로나19가 확산 양상을 보이자 개봉을 잠정 연기했다. 그리고 제작비 100억 원, 마케팅비 20억 원을 사용하였음에도 코로나19 사태가 장기화 되자 결국 극장개봉을 포기하고 넷플릭스와 계약을 맺어 온라인을 통해 개봉했다. '사냥의 시간'은 영화와 함께 제공된 190여 개국 29개 언어의 자막 덕분에 해외 가입자들의 관심을 받게 돼 'K-콘텐츠'로서 관심을 불러일으켰다. 코로나19로 인해 부득이하게 내릴 수밖에 없었던 결정이 오히려 글로벌한 소득으로 이어진 것이다.

상반기 최고 시청률 28.4%을 기록한 JTBC 드라마 '부부의 세계'는 사회적 거리두기와 집콕생활을 하게 됨으로써 코로나19가 기회가 된 사례다.

반면에 극장, 공연업체 등은 사회적 거리두기 상황으로 인해 매우 큰 어려움에 처했다. CGV 3월 말 35개 극장, 30%가 영업을 중단하였고 2020년 상반기 코로나19가 다소 진정되자 '살아 있다' '강철비 2' 등의 개봉으로 극장 관객이 늘다가 코로나19가 다시 확산됨에 따라 어려움에 봉착하게 되었다.

그러나 세계 1등 OTT 회사인 넷플릭스는 신규 가입자가 1분기에만 1,577만 명, 상반기에 3,000만 명이 증가하여 구독자 수가 1억 8,300

만 명에 이를 정도로 급속히 늘어났다.

앞에서 살펴본 사례처럼 코로나시대에는 명과 암, 즉 어두운 면도 있지만 밝고 긍정적인 부분도 많다. 불안과 침체로 어려움이 있지만 비대면 디지털 경제는 급속하게 활성화 되고 있는 것이다.

불름버그 이코노미스트가 2020년 4월 1일에 발표한 경기지표를 보면 세계의 모든 증권지수는 4월에 마이너스 35%~20% 사이에서 등락을 거듭하고 있다고 발표하였다.

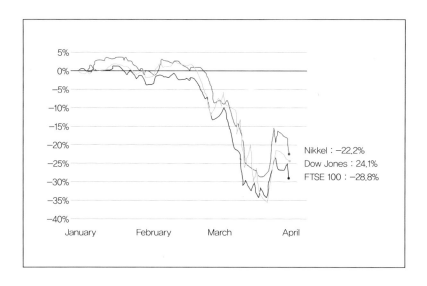

전 세계적인 코로나 팬데믹의 선포로 미국, 중국, 일본, 유럽 등 각 나라가 문을 잠그자 세계 경제가 일순간 마비된 결과다. OECD, IMF 는 과거에 경험하지 못했던 불확실성으로 인해 1930년대 대공황 이후 최악의 경기침체가 될 것이라고 발표하였고, WTO는 이로 인해 글로벌 교역이 대폭 위축될 것이라고 예측하고 있다.

코로나19는 위기일까, 기회일까

우리는 역사를 공부하고 분석하면서 역사가 주는 교훈을 통해 어느 정도 미래를 예측하고 답을 얻어낼 수 있다.

그런 면에서 14세기 중반 유럽 인구의 절반 가까이가 사망했던 흑사병의 결과는 어떠했는지 살펴보자.

40여 년에 걸쳐 엄청난 재앙을 가져오며 지속된 흑사병은 한편으로는 유럽 르네상스시대 개막에 결정적 원인이 되었다고 한다. 흑사병으로 인해 14세기 중반 유럽의 전통 사회구조가 붕괴되었기 때문이다. 즉 창궐하는 페스트에 대한 무력한 대응으로 교회는 그동안 누려온 절대 권력을 내려놓아야 했고, 봉건영주 체제의 경제가 도시자본제로 바뀌게 되었으며, 이로 인해 창의와 인간성이 중시되는 문화가 형성되며 이탈리아 도시를 중심으로 르네상스를 꽃 피우게 된다.

즉 포스트 코로나시대에는 새로운 번영이 시작될 수도 있다는 것이다. 윈스턴 처칠은 "낙관주의자는 위기 속에서 기회를 보고, 비관주의자는 기회 속에서 위기를 본다."고 했다.

그렇다면 코로나19는 콘텐츠 기업에 있어서 위기일까, 기회일까?

지금의 시장 상황을 정확히 분석하고 이를 바탕으로 현재를 어떻게 활용하느냐에 따라 위기를 기회로 만드는 결과를 얻을 수 있을 것이다.

우리는 이러한 점에서 포스트 코로나시대에는 어떻게 창의적인 콘텐츠기획을 할 수 있을 것인지 미리 준비하기 위하여 코로나 환경에서의 시장 환경과 기업들의 동향을 면밀히 살펴보아야 한다. 그리고 다양한 사례를 통해 코로나시대를 돌파하는 창의적 기획을 위한 인사이트를 얻어야 할 것이다.

　코로나19로 인해 MICE 산업, 항공, 관광, 호텔, 무역, 자동차산업 등이 1차적으로 도산의 위험에 빠졌고 이에 따라 2차적으로 공급망 위기에 따른 영향으로 중국 의존도가 높은 섬유, 플라스틱, 고무 및 전자제품 등 또한 어려움을 겪게 됨으로써 3차적으로 금융위기가 오게 될 것이다.
　중국에 의존하고 있던 산업들은 코로나로 중국 내 각 지역이 봉쇄되고 국경이 폐쇄됨에 따라 공급망이 붕괴되었다. 이로 인해 각 기업은 매출 실적이 악화되고, 부실기업들은 도산하게 되어 은행의 지불준비율이 악화되고 부실채권이 발생하여 금융위기로 이어지게 된다.

　2019년 한국 전체 수출에서 중국이 차지하는 비중은 25.1%였다. 코로나19 발생 이후 우리나라 역시 많은 기업들이 어려움을 겪게 되었고 이를 극복하기 위해 리쇼어링(해외에 나가 있는 자국 기업들을 각종 세제 혜택과 규제 완화 등을 통해 자국으로 불러들이는 것) 정책을 시행함으로써 공급망을 다변화 하고 확대하기 위해 노력을 하고 있다.
　예를 들어 2020년 2월 삼성전자는 폴더폰을 중심으로 스마트폰의 시장점유율에서 22%를 차지해, 14%를 차지한 애플과의 격차를 크게 벌렸다. 이유는 삼성전자는 베트남에 스마트폰 공장을 세워 전진기지로 삼고 부품 공급망 또한 다변화 한 반면 애플은 매출 15%를 차지하고 있는 중국을 생산 허브로 삼고 있었기 때문이다. 코로나19로 중국과의 공급망이 붕괴됨에 따라 애플은 2월 생산이 60% 감소되어 50만

대를 생산하는 데 그쳤다.

　특히 2020년 초 삼성전자 폴더폰에 대항하기 위해 애플에서도 폴더폰을 출시할 예정이었지만 부품 수급과 생산 불안정으로 뒤로 미뤄야 했다. 이처럼 코로나19로 기회를 만든 기업과 위기를 맞는 기업이 발생하게 된 것이다.

　코로나19는 국내 경제에도 큰 영향을 미쳤다.

　아래 표는 기획재정부에서 2020년 2월 매출을 전년과 비교한 것이다. 가장 크게 줄어든 것은 화훼, 즉 꽃을 중심으로 한 관상식물 산업으로 90%나 줄었다. 코로나19로 인해 졸업, 입학식이 사라졌기 때문이다. 여행은 62%로 그 다음이었다.

　반면에 온라인 매출은 27.4% 성장하였고, 해외는 80% 증가하였다.

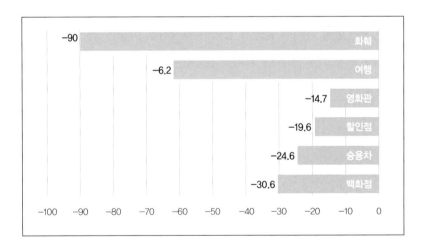

　코로나19로 인해 글로벌기업들도 명암이 엇갈렸다. 오프라인을 중심으로 하는 교육/멀티플랙스/오피스/회의장/영화사업/정유업체/식

당 설비제조업을 하던 기업들은 어려움에 처했고, 온라인을 활용한 화상회의/온라인 리테일/스트리밍/온라인 교육/원격근무/홈퍼니싱/결제 솔루션을 가진 회사들은 급속도로 발전하게 되었다.

그리고 코로나19로 인해 예상 외의 업종에서 매출이 성장한 경우도 있다. 하나금융경영연구원에서 발표한 〈코로나19가 가져온 소비행태의 변화〉 보고서에 따르면 3월 자전거 매출은 69% 급증하여 '최대 수혜'를 받았고, 여행사·영화관·테마파크는 '흐림', 인터넷쇼핑·홈쿡·홈술은 '맑음'이라고 나왔다. 사회적 거리두기와 집콕생활로 답답해진 마음을 자전거를 타면서 해소하고자 했던 것 같다.

우리는 이러한 보고서를 통해 향후 콘텐츠기획에 어떠한 카테고리에 어떤 아이템을 제안해야 할지를 추론해 낼 수 있을 것이다.

코로나19는 전 세계 소비의 패러다임을 변화시켰다. 편의점, 온라인 홈쇼핑, 배달/택배, 비대면 서비스, 위생용품, 건강보조식품, 상비약, 도시락, 홈웨어 등의 매출은 급등했고 대형마트, 백화점, 전통시장, 다중이용시설, 화장품, 명품, 액세서리, 아웃도어 등의 매출은 큰 폭으로 떨어졌다. 코로나19로 인해 온라인, 비대면, 건강 관련 수요는 크게 늘어난 반면, 사람들이 많이 모이는 마켓이나 놀이시설에 사람들이 가지 않게 되며 액세서리, 명품 등에 대한 수요가 줄고 마스크를 쓰고 외출하게 되면서 화장품에 대한 수요는 줄었다. 반면에 거리두기에 따른 스트레스를 풀기 위해 젤네일을 만드는 오호라의 매출은 급상승하였다. 특히 인터넷 보급 세계 1위인 우리나라는 50~60대의 온라인 활용이 가속화 하면서 이러한 현상은 더욱 심화되었다. 일례로 마트로 장을 보러 가는 대신 온라인 마켓을 통해 생활용품과 음식을 구매하는

5060 구매자들이 늘어난 것이다.

이제 세상은 BC와 AC로 나뉜다. 비포 코로나(Before Corona), 코로나 이전과 에프터 코로나(After Corona) 코로나 이후로 말이다.

우리는 코로나 이전의 일상으로 돌아가고 싶지만 언제가 될 것인지는 아직 예측할 수 없다. 그럼에도 앞에서 다양한 사례를 통해 살펴보았던 것처럼 위기 속에서도 새로운 기회를 발견하고 이를 비즈니스로 연결하여 성공한 콘텐츠 기업들 역시 많다.

우리는 코로나시대를 지혜롭게 극복할 수 있는 창의적 기획 및 제안을 위해 무엇을 준비해야 할까?

일본의 공간 디자이너이자 공간 작곡가 준지 타니가와는 우리나라에도 여러 번 초청되어 강연을 했던 소통과 공감을 위한 공간 창조에 주력하는 작가로, BCAC 마인드맵에서 물질, 자본, 효율, 독점의 BC와 정신, 공간, 참가, 공유의 AC로 구분하며 자유에서 안전으로의 변화에 맞추어 시공간, 고객, 규모, 업태, 고객 욕구, 회사, 사회가 어떻게 변해갈 것인지를 보여주었다.

그리고 결론적으로 이전의 이기적 경쟁세계(利己的 競爭世界)에서 향후에는 이타적 공창세계(利他的 共創世界)로 서로 상생하며 공동으로 창조하는 세계가 될 것이라고 주장하고 있다. 이를 위해서는 집객이 중요한 것이 아니라 콘텐츠에 머물러 있는 체류시간을 늘리는 회원중심제가 필요하다고 주장한다.

BCAC Mind Map

BC Before Corona	Freedom 자유 ─────────────────안전 Safety			AC After Corona
물질	Scale & Stock **집객집합형**	실공간	**시차분산형** Siow & Safe	정신
	Visitor **방문자중심**	고객	**회원중심** Members	
자본	Capacity **집객수**	규모	**체재·체류시간** Stay & Connect	공감
효율	Physical **접촉주체**	업태	**비접촉 주체** Digital	참가
	Gain **목적충족형**	고객욕구	**교류감동형** Pain	
독점	Company **기업중심**	주체자	**공동체중심** Society	공유
Egoism & Competition **이기적 경쟁세계**		사회	**이타적 공창세계** Altruism & Co-ceration	

©junji Tanigawa & JTQ 2020

우리는 이러한 자료를 통해 코로나 이후에 어떠한 콘텐츠기획을 하고 마케팅 전략을 구사할지를 모색해봐야 할 것이다. 찰스 다윈이 '결국 살아남는 개체는 강한 종이 아니라 변화에 적응하는 종이다.'라고 말했던 것처럼 코로나19로 급격한 변화를 맞은 새로운 일상, 뉴노멀의 시대에 성공하는 콘텐츠기획을 위해서는 능동적으로 변화에 대처하며 적극적으로 변신하는 스피드한 콘텐츠기획을 해야 할 것이다.

코로나19와 시가총액 변화

코로나 바이러스 중 하나로 2013년 사스 발생 이후 글로벌기업으로 성공한 회사는 어디일까?

정답은 '알리바바'다.

흑사병 이후 르네상스가 꽃을 피운 것처럼 2003년 5월 10일 알리바바는 직원이 사스 감염 판정을 받아 현재 상황처럼 이동이 제한되는 가운데 회사가 위기에 처하게 되었다. 이에 마윈은 '온라인만이 살길이다.'라는 선언과 함께 발상을 전환하여 온라인 쇼핑몰을 대폭 강화, 성장시킴으로써 세계적인 기업으로 성장하게 되었으며, 미국 장외 주식 시장인 나스닥에 상장되면서 글로벌기업으로 성장했다.

알리바바는 이날을 기념하여 알리데이(ALIDAY)라 정하고 매년 글로벌한 규모로 임직원을 위한 파티를 개최하고 있는데, 현재는 아시아 시가총액 1, 2위를 다투는 기업으로 성장하였다. 매년 11월 11일 슈퍼 위크 싱글(솔로)데이라 불리는 광군제 행사를 전 세계 50개국에 라이브 스트리밍을 시행하며 2020년에는 84조 원이라는 엄청난 매출을 기록했다.

지금까지 살펴본 것처럼 코로나19로 인해 기업들의 흥망성쇠가 일어나고 있다. 해외여행, 숙박, 공연, 영화 등은 매우 어려운 상황에 처하게 된 반면 온라인, 모바일, 비대면 언택트와 관련하여 OTT, 게임, 웹툰, 화상회의, 이커머스, 무인화 등의 산업은 흥하게 되었다.

여행 중에서도 해외여행은 국가와 국가 사이의 이동이 방문국 또는 여행 중 자가격리로 인해 어려워짐에 따라 로컬 여행이 활성화 되었고 이를 통해 국내의 여러 관광지들이 새롭게 조명되고 있다. 방송사들도 해외 제작 대신 국내여행, 관광지 방문 콘텐츠를 많이 만들고 있으며 캠핑과 더불어 인도어 캠핑, 호캉스 등도 활성화 되고 있다.

이러한 현상은 코로나가 종식되더라도 지속될 것으로 예상된다. 이러한 현상과 트렌드를 통해 우리는 집콕생활의 답답함을 해결해 줄 콘텐츠가 필요하는 것을 추론해 낼 수 있으며 유튜브, 인스타 등 소셜미디어를 통한 온라인 국내외 여행, 여행 책, 유명관광지 및 자원 컬러링북, 캐릭터를 이용한 아바타게임 등 새로운 아이템을 개발할 수 있을 것이다.

코로나19 시대로 인해 시장환경이 변화함에 따라 글로벌기업들의 시가총액 순위도 바뀌었다. 코로나가 없었다면 있을 수 없는 일들이 벌어진 것이다.

시가총액 변화와 관련된 다음의 문제 3개를 풀어보면 코로나시대를 지나 포스트 코로나시대의 키워드는 무엇이 될지를 가름할 수 있을 것 같다.

첫 번째 문제, 자동차 명품 BMW와 요가복을 만드는 룰루레몬 중 어느 기업의 시가총액이 클까?

정답은 '룰루레몬'이다.

2020년 8월 기준으로 룰루레몬은 55조, BMW는 48조 원이다. 룰루레몬 애틀라티카는 1998년 캐나다 밴쿠버에서 설립된 기능성 스포츠 웨어 브랜드다. 요가 바지 및 요가복 판매업체로 설립된 이후 온라인 스토어뿐만 아니라 전 세계에 489개 매장을 갖춘 브랜드로 성장했다. 현재는 요가복뿐만 아니라 기능성 셔츠, 반바지, 바지, 라이프 스타일 의류 및 요가 액세서리를 포함한 다양한 제품을 판매를 확대하고 있다.

'요가복계의 샤넬'로 불리는 룰루레몬 주가는 홈트(홈트레이닝·집에서 운동) 열풍을 타면서 코로나로 매장 194곳이 문을 닫았음에도 불구하고 주가는 165%나 올랐다. 2019년 말까지만 해도 BMW의 시가총액은 룰루레몬보다 24조 원 가량이나 높았다.

　두 번째 문제, 일본 자동차 회사인 닛산과 자전거 부품업체인 시마노 중 어느 기업의 시가총액이 클까?

　정답은 '시마노'다. 2020년 8월 기준으로 시마노는 24조, 닛산은 18조 원이다.

　'시마노'는 자전거를 타는 사람은 누구나 알고 있는 브랜드로 일본의 100년 된 자전거 부품회사다. 시마노 부품이 들어가면 자전거는 비싸질 정도로 시마노 시가총액은 작년 말 18조 원에서 2020년 24조 원으로 급상승하였다. 상장 후 최고 수준으로 같은 기간 일본에서 가장 오래된 자동차 회사 닛산은 시가총액이 29조 원에서 18조 원으로 줄었다. 코로나19로 체육시설에 셧다운 명령이 내려지자 대체품으로 자전거를 선택하는 사람들이 늘어난 영향 때문이다. 바이러스에 취약한 대중교통 대신 운송수단으로 자전거를 택한 사람이 늘어난 것이다.

　코로나시대 자전거 시장은 일본뿐 아니라 우리나라와 미국, 유럽 등 전 세계적으로도 크게 성장했다. 미국 자전거 및 자전거용품 매출은 2019년 대비 75% 증가하였고, 국내에서도 삼천리자전거가 129% 상승했다. 전문가들은 코로나 이후에도 자전거 열풍은 계속될 것으로 보고 있다. 미국, 유럽, 중국 등 여러 나라 정부 또한 친환경정책의 일환으로 자전거도로를 증설하고 있는 상황이다.

　세 번째 문제, 미국 집수리용품 판매회사인 홈디포는 미국 S&P500 기업 중 시가총액 순위가 작년 말 21위에서 7월말 14위까지 올랐다. 8월 시가총액은 347조 원을 기록하며 과거 시가총액 1위의 상징이었던 석유회사 엑손모빌(220조 원), 대표적 통신회사 버라이즌(287조 원), AT&T (256조 원) 등을 앞질렀다. 코로나19로 집에 머무는 시간이 늘어나 집을 수리하려는 수요가 증가할 것이란 전망이 홈디포 주가를 끌어 올린 것이다.

국내에서도 한샘 등 가구업체들이 기업의 영업 실적이 시장이 예상했던 것보다 높아 주가가 큰 폭으로 상승하는 어닝 서프라이즈 수준을 실적을 기록하며 코로나19의 수혜주임을 증명하기도 했다.

룰루레몬, 시마노, 홈디포의 사례처럼 코로나19로 인해 2020년 기업들의 시가총액 변화가 급격하고 다양하게 이루어지고 있다. 코로나 시대는 온라인, 모바일, 언택트, 건강 등과 관련된 기업들이 주목받는 시대이다.

코로나로 인해 세계 주식시장의 시가총액 순위는 물론 우리나라의 시가총액 순위 변화도 뒤흔들었다. 특히 코로나가 메인 이슈였던 상반기에는 삼성바이오로직스, 아스트라제네카 등 바이오 주와 네이버, 카카오 등 온라인 주, 전기자동차 관련주인 LG화학, 삼성SDI, 그리고 게임 주인 NC소프트의 시가총액 상승폭이 매우 컸다.

코로나시대에도 급부상하는 기업들은 많다.

바이오기업으로 코로나 치료제로 쓰이고 있는 렘데시비르를 개발한 길리어드, 백신을 개발한 화이자, 모데나, 셀프리온 등 코로나로 인해 인터넷을 사용하는 사람과 시간이 확대됨에 따라 클라우드 사업에 속도를 내는 '구글', 온오프라인 유통을 아우르고 의료시장을 넘보는 '아마존', 스트리밍 시장에 뛰어든 '페이스북', 틱톡 인수를 통해 소비자 데이터를 통해 실생활과 더욱 가까워지려는 '오라클', 기술 플랫폼

기업으로의 도약을 시도하고 있는 '네이버', 콘텐츠 시장으로 영역을 넓히고 있는 '카카오', 방콕 시대에 더욱 주목을 받는 '넷플릭스' 등 수많은 콘텐츠 기업들이 코로나시대에 맞는 창의적인 전략으로 급부상하고 있다.

우리는 이러한 기업들을 통해 무엇을 벤치마킹하여 콘텐츠기획에 적용해야 할 것인지 고민해봐야 할 것이다.

코로나19와 언택트

위기危機는 '위험한 기회'라고 해석할 수 있다.

위기 속에서도 기회를 발견하기 위해서는 혼란 속에서 질서를 찾고 문제를 해결하듯이 코로나시대의 키워드를 찾고 이에 주목하여 비즈니스화 해야 할 것이다.

코로나시대에 가장 주목을 받은 기업은 언택트 관련 기업들일 것이다.

언택트 관련 키워드를 추출하고 이를 활용하고자 한다면 1차적으로 증권사의 투자 포트폴리오를 참고하면 좋다. 증권사를 중심으로 투자사들은 언택트 관련 업종별로 철저한 시장조사를 통해 기회 요인을 분석하고 투자를 결정하기 때문이다. 즉 콘텐츠기획자들은 증권사들의 투자 포트폴리오를 바탕으로 키워드를 찾아내고 트렌드에 맞는 컨셉을 만든 후 시행 전략을 수립하면 되는 것이다.

코로나19로 인해 비대면 언택트 시장이 구성됨에 따라 언택트 기반의 서비스산업이 확대되었다. 홈코노미 부문에서는 건강관리(식품, 간편식, 대체식(Home Meal Replacement)), 재택근무(홈오피스), 온라인 수업(에듀테크), 원격의료, 미디어 투어, 홈캠핑, 중고거래가 확대되었다. 또한 집콕생활로 인한 K 문화가 전 세계적으로 전파되어 격리 음식, K푸드로 달고나 커피와 짜파구리, 만두, K팝, K웹툰/웹드라마, K볼로 프로야구, 프로 골프에 대한 관심이 높아졌다.

달고나 커피의 경우 우리나라 연예인이 마카오 여행 중 먹은 커피 맛이 달고나와 비슷하다고 말하며 제조 방법을 방송 프로그램에 소개한 후 많은 사람들이 집콕생활의 무료함을 달래기 위해 직접 만들어 보고 유튜브를 중심으로 한 소셜미디어에 올림으로써 검색 증가율이 5,000% 증가하였다. 이러한 달고나 커피의 파급으로 인해 유명 커피 프렌차이즈 및 카페에서 달고나 커피 메뉴가 만들어지고 큰 인기를 얻었다. 유통과 소비의 주체가 콘텐츠의 주체가 된 것이다.

그리고 언택트 소비가 증가함에 따라 오프라인을 대체한 온라인 거래가 급증하였고, 언택트 소비는 향후에도 장기적으로 성장이 예상되므로 오프라인에서도 매장 기술을 도입하고 있다. 언택트 시대의 경쟁력은 '차별화'일 것이다. 그렇다면 우리는 창의적인 콘텐츠기획을 위해 무엇을 차별화 해야 할까? 차별화를 위해 코로나로 인해 변화된 몇 가지의 사례를 살펴보도록 하자.

올해 무관중으로 개막된 프로야구 개막전의 시청률은 전년 대비 상승하였고, 무관중 개막임에도 불구하고 216만 명이 시청하였다. 오프라인 구장에서 개막을 하면 많아야 수 만 명, TV 중계를 하더라도 이만큼의 시청률은 나오지 않았을 것이다. 특히 미국에서 모든 프로 경기의 취소로 인해 미국 팬 40%는 "지금은 대안이 없으니, 한국야구 중계를 보겠다."는 말까지 나오며 한국 야구를 유튜브와 인터넷으로 보는

는 시청자들이 늘어 KBO에 대한 글로벌 관심이 높아짐으로 스포츠를 통한 온라인 글로벌시장 공략도 중요하게 되었다.

그리고 집콕생활과 K 문화의 발달로 카카오 웹툰 '픽코마'가 일본 매출 1위 달성, 세계 12위로 랭크되었다. 카카오재팬의 웹툰 플랫폼인 픽코마(piccoma)가 세계 최대 만화 시장인 일본에서 7월 월간 매출 1위를 기록한 것이다. 픽코마는 서비스 출시 후 매년 두 배 이상 매출이 증가해 왔으며 2020년 2분기까지 세 분기 연속 영업이익 흑자를 기록하며 수익성 역시 크게 성장하였다.

일본의 만화시장은 약 5조 7,000억 원 규모로 전 세계 1위이다. 2019년에는 사상 처음으로 디지털 만화시장 매출이 종이 만화시장을 역전하였는데, 디지털에선 거의 앱으로 만화를 보는 한국과 달리 일본에는 2조 1,500억 원의 웹(Web) 만화시장이 존재하며, 픽코마가 소속된 앱(App) 만화시장은 약 8,000억 원 규모로 웹의 절반 이하 수준이었다. 일본 시장에서도 지속적으로 모바일 콘텐츠 소비가 활성화 될 것으로 예상됨에 따라 픽코마의 성장은 계속 이어질 것으로 기대된다.

픽코마가 일본 만화 팬들을 매료시킨 원동력 중 하나는 한국형 비즈니스인 '웹툰'이다. 웹툰은 모바일에 최적화된 스낵 컬처 콘텐츠를 선호하는 젊은 세대를 중심으로 큰 인기를 얻고 있으며, 픽코마는 카카오 공동체의 카카오 페이지로부터 양질의 K-story IP(지식 재산권)를 공급받고 있으므로 더욱 발전할 것으로 예상된다.

또한 집콕생활과 K 문화의 발달로 게임에 대한 매출도 급증하게 되었다. 2020년 상반기 게임 회사 중 가장 놀라운 실적을 보인 곳을 꼽으라면 단연 '크래프톤'일 것이다. 인도와 동남아시아 등에서 배틀그라운드 모바일의 인기에 불이 붙으면서 2020년 상반기에만 총 8,872

억 원의 매출을 냈다. 이 기간 영업이익은 5,137억 원으로 크래프톤의 2019년 상반기 매출, 영업이익과 비교하면 1년 만에 매출은 95%, 영업이익은 295%가 늘어난 수치를 기록했다. 영업이익만 놓고 보면, 국내 게임사 중 넥슨에 이어 두 번째로 높은 성적을 거둔 것이다.

크래프톤이 최대의 실적을 이끌어 낸 키워드는 '모바일과 아시아'다. 아시아 지역 중에서도 인도, 동남아시아에서의 인기가 최대 실적을 견인하는 데 한몫을 했다.

언택트 소비에 따라 오프라인을 대체하여 온라인 소비가 급증하게 됨으로써 온라인, 모바일로의 디지털 진화속도가 가속화 되었다. 샤넬도 카카오로 살 수 있다. 화장품은 직접 발라보는 경험이 중요하기 때문에 '최후의 오프라인 소비재'로 남을 것이라고 믿었음에도 온라인시장이 확대되면서 배송 전쟁까지 벌어지고 있다.

명품브랜드도 온라인몰에 속속 등장하고 있다. 샤넬도 카카오톡 선물하기 브랜드관에 입점하여 립스틱, 향수, 핸드크림 등 22종을 판매하고 있으며, 2019년 8월부터 명품 제품군을 늘리고 있는 카카오톡 선물하기에는 현재 샤넬 외에도 입생로랑·디올·에스티로더 등 66개의 고가 브랜드가 입점하고 있다. 카카오에 따르면, 카카오톡 선물하기 내 명품의 상반기 거래액은 2019년과 비교해 두 배 넘게 성장했다.

코로나시대, 성장, 주목받는 기업

코로나시대, 대폭 성장하고 주목받는 글로벌 회사는 화상회의 플랫폼인 줌(ZOOM)과 숏폼 비디오 동영상 플랫폼인 틱톡(TikTok)일 것이다.

나스닥에 상장된 줌비디오 커뮤니케이션의 주가는 2020년 초(68달러)부터 계속 상승하여 10월에는 8배 이상 오른 568달러까지 올랐다. 화상회의 솔루션 기업인 줌은 코로나 이후 세계적으로 재택근무가 확대되고, 화상회의 수요가 늘면서 매출이 증가했다. 같은 분야에 스카이프, 웹엑스, 고투미팅 등 덩치 큰 경쟁기업이 많지만 유독 후발주자인 줌만 강세를 보였다. 각국 대기업을 비롯해 미국 상위 200개 대학 중 90% 이상이 줌을 채택했다. 이유는 유안 줌 대표가 주요 기능에 집중한 서비스를 내놓고 소비자 반응을 꾸준히 살폈기 때문이다.

2019년 4월 기업공개를 한 줌은 1년 반도 안 되는 짧은 시간 안에 시가총액에서 정보기술(IT)업계의 거인인 IBM을 넘어섰다. 코로나19 사태 이후 줌은 일반인과 기업뿐 아니라 각국 정부까지 사용할 정도로 일반화 됐기 때문이다. 코로나19 사태가 장기화 되는 상황에서 줌의 가치는 앞으로도 계속 상승할 것이다.

숏폼 동영상 비디오 플랫폼으로 틱톡은 지금까지 중국, 한국, 인도 등에서 인기를 끌다, 미국에서도 엄청난 사용자 증가를 보였고 이를 통해 2020년 글로벌 다운로드 20억 회를 넘겼다.

2019년 코로나19 이전의 모바일 트렌드는 각 나라마다 선호하는 콘텐츠가 달랐다. 그러나 2020년 코로나 이후 틱톡은 한국과 미국에서 앱 다운로드 1위를 기록하였다. 특히 전 세계적으로 코로나가 확산되던 3월에는 개학이 무기한 연기되면서 틱톡은 전 세계에서도 주요 앱으로 폭넓게 사용되기 시작한다. 이러한 틱톡의 인기는 코로나 이후에도 지속될 전망이다.

틱톡의 성공 요인은 전 세계 MZ 세대에서의 사용 증가와 더불어 라이브 스트리밍 덕분이다. 틱톡은 2020년 3월 말에 라이브 스트리밍 콘텐츠 #HappyAt를 도입했다. 이는 유명 크리에이터, 배우, 음악가 그리고 기타 유명인들이 출연해 음악 공연, 강연 등을 라이브 스트리밍을 하는 프로그램을 정기적으로 운영하며 엄청난 호응을 받았다.

이러한 현상은 우리나라에선 지코의 아무노래 댄스 챌린지의 형태로 이어지며 1억 뷰를 넘겼다. 지코의 아무노래 챌린지가 성공한 것은 음악을 단순히 듣는 것뿐 아니라 다른 사람들과 챌린지 하며 플레잉이 가능한 놀이로 차별화 하였기 때문이다.

지코의 아무노래 틱톡 챌린지는 코로나19로 수고하고 있는 의료진들을 위로하고 격려하는 컨셉 덕분에 챌린지로 이어졌고 다양한 형태의 #캠페인으로 확산되었다. 이러한 틱톡의 활용 사례를 통해 우리는 향후에 이러한 트렌드에 맞추어 #챌린지를 전략에 접목하는 방안을 고민해야 할 것이다.

전 세계적인 틱톡의 인기에 따라 JYP 엔터테인먼트는 틱톡을 통해 언택트(비대면) 오디션을 개최했다. JYP는 틱톡을 활용해 'JYPTOK(집톡)이라는 오디션'을 진행했는데, 언택트 시대에 발맞춰 JYP가 제안하는 새로운 형태의 오디션 컨셉으로, 동영상 플랫폼 틱톡을 통해 접수를 진행하며, 조건과 형식에 상관없이 남녀노소 누구나 지원이 가능하도록 했다. 지원자는 보컬, 랩, 댄스, 연기, 모델, 미술, 패션, 손재주, 악기 연주, 운동, 코미디 등 분야를 불문하고 자신의 끼와 재능을 보여줄 수 있는 영상을 본인의 얼굴이 보이도록 촬영해 해시태그 '#JYPTOK'과 함께 틱톡에 업로드 하면 된다. 코로나로 인해 집에 머물러야 할 수밖에 없는 시대 상황에서 집콕을 하며 즐기는 라이브 스테이지로서, 또는 유명가수들의 라이브 콘서트 스테이지로서 다양하게 활용되고 있다.

이러한 틱톡의 인기는 IBM사의 틱톡 인수로까지 연결되었다. 여러 복합적인 이유로 인해 미국 내에서의 틱톡의 사용이 어려워지자 IBM사는 이번 기회에 구글이나 페이스북, 아마존, 애플 등에 비해 부족한 소비자 데이터를 확보하고 이를 통해 클라우드 컴퓨팅과 소비자 데이터 사업 추진을 시행하고 있다.

2020년 8월 19일 애플 시가총액은 2조 달러를 돌파했다. 코로나19로 인해 중국 공급망이 붕괴되었음에도 불구하고 거둔 놀라운 실적이다. 애플은 불과 2년여 만에 시가총액이 두 배로 성장했다. 2018년 8월 2일 설립 42년 만에 시가총액 1조 달러를 돌파했고, 다시 2년 만에 2조 달러를 넘어선 것이다.

미국 상장기업으로는 처음이었다. 애플의 2조 달러 돌파는 코로나19 사태와 밀접하게 연관돼 있다. 올해 들어 코로나19 대유행으로 원격근무와 가상공간을 활용한 행사 등이 늘면서 애플뮤직, 아이클라우드, 애플TV+, 애플아케이드 등의 사업 매출이 크게 늘어 대표적인 정보통신(IT) 기업으로서 코로나19 수혜를 톡톡히 본 것이다.

〈월스트리트 저널〉은 "애플 기기에 대한 지속적인 수요와 함께 재택근무 등으로 소비자들의 기술에 대한 의존도가 증가"한 것을 그 요인으로 분석했는데, 애플의 시가총액은 우리나라 GDP보다도 큰 세계 7위 국가 수준이다. 코로나로 인해 FAANG이라 불리는 페이스북, 아마존, 애플, 넷플릭스, 구글 등 대표 IT 기업의 시가총액은 7조 달러를 넘는 것으로 평가되었다.

따라서 이러한 기업들의 동향을 주시하면서 향후 우리 기업들도 코로나시대에 어떠한 방향으로 나아가야 할지 창의적인 콘텐츠기획 전략을 수립하는 데 참고해야 할 것이다.

코로나19와 4차산업혁명

아래의 그래프는 세계보건기구(WHO)에서 3월에 조사한 중국 밖에서의 코로나 확진자 수를 나타낸 것이다. 1월부터 2월 중순까지는 거의 변동이 없다가 2월 중순을 지나면서 폭증하는 것을 볼 수 있다.

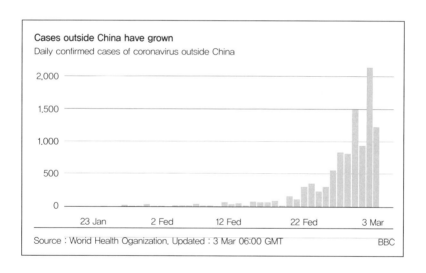

코로나 바이러스의 확산 형태는 4차산업혁명과 관계 있다. 코로나 확산의 지수곡선처럼 4차산업혁명으로 인한 변화는 기하급수적인 변

화를 가져왔다.

예를 들어 한 걸음씩 1미터를 배수로 30걸음을 걷게 된다면 지구를 28바퀴나 도는 거리가 된다. 여기서 전체 거리의 96%는 마지막 5걸음의 합과 같다.

이처럼 작은 변화로 시작되지만 작은 연결을 통한 기하급수적 변화를 거치게 되면 폭발적인 결과를 거두게 된다는 것을 볼 수 있다. 최근 100년의 변화는 지난 4,900년의 변화보다도 훨씬 크다.

앞에서 살펴본 것처럼 2018년의 시가총액이 1,000조였던 애플이 불과 2년 뒤인 2020년에는 2,000조를 돌파한 것, 그리고 아마존, 카카오 등이 전대미문의 성장을 기록 중인 것은 코로나19가 앞당긴 4차산업혁명으로 인한 변화일 것이다.

코로나19로 인한 온라인 상의 네트워크 연결 강화는 4차산업혁명을 더욱 가속화 시킬 것이며, 이는 스마트화로 연결되어 더욱 빨라짐으로써 IT, 콘텐츠 생태계를 재구성할 것이다. 즉 코로나19는 4차산업혁명을 폭발적으로 앞당길 촉매제가 될 것이다.

코로나19 바이러스 확산 방지를 위한 기술 연결 사례로는 4차산업혁명의 핵심기술들인 드론, 로봇, 자율주행, 5G 등을 연결하여 구호물품 전달, 스마트 진료, 방역 및 지역 관리 등 다양한 서비스를 제공할 수 있게 된 것이다.

이처럼 우리는 창의적인 콘텐츠 전략을 기획하기 위해 코로나19 시대의 산업 현황과 4차산업혁명의 주요 키워드 등을 잘 믹스하여 새로운 콘텐츠를 만들어야 할 것이다.

코로나19로 인한 삶의 변화, 뉴노멀

코로나 상황 속에서도 삶은 지속되고 있다. 단지, 이전과 조금 달라진 삶의 형태가 불편하게 느껴질 뿐이다. 사회적 거리두기의 단계에 따라 삶의 범위가 변화되는 것처럼 학교에서, 직장에서, 야외에서 이루어졌던 일들이 가정에서 그리고 온라인 내에서 이루어지고 있다. 즉 변화된 환경 가운데서 기업들은 시장 상황과 고객의 수요에 맞추어 새로운 콘텐츠와 서비스, 제품을 만들어 시장을 창출하는 뉴노멀의 시대가 되었음을 보여준다.

경기관광공사에서 2020년 4월에 조사한 '코로나19로 바뀐 일상에 관련된 설문조사에서, 먼저 코로나19가 종식되면 가장 하고 싶은 것으로 국내여행(47%)이 1위를 차지했다. 그리고 뒤를 이어 지인 모임(16.4%), 국외여행(15.6%), 영화·공연관람(14.2%), 운동(6.8%) 순으로 나타났다. 그리고 코로나19 발생 후 가장 많은 시간을 보내는 여가활동으로는 영상 시청(47%), 가족과 함께하기(40%)가 1, 2위를 차지했으며, 그 다음으로 독서(7%), 홈트레이닝(4%)이 뒤를 이었다.

이와 함께 '국내여행을 간다면 어디로 가고 싶은가?'에 대한 질문에는 강, 바다, 산, 호수 등 자연이 전체 응답의 39%였다. 이어 공원, 수목원, 휴양림(19%), 낚시·캠핑 등 레저활동(13%) 순으로 야외 장소가 상대적으로 많은 선택을 받았다. 여행 시기 관련 질문에는 응답자의 71%가 코로나19 종식 후 3개월 이내에 여행을 갈 예정이라고 답했다. 3개월 이내(41%), 1개월 이내(30%), 6개월 이내(20%), 1년 이내(9%) 순이었다.

사회적 거리두기, 외출 자제 등으로 자연스레 영상 시청 같은 실내

활동 시간이 늘어난 것으로 조사 항목에서 가족과 함께, 자연이라는 키워드에 주목하여 코로나19 이후의 여행 마케팅에도 영향을 미쳐 향후 가족과 함께 집에서 자연을 즐길 수 있는 다양한 콘텐츠가 많이 발생할 것으로 예상된다.

이러한 결과로 방송 콘텐츠들도 코로나시대에 변화를 주기 시작했다. 가장 큰 제약을 받은 해외여행을 하거나 순회공연을 하던 콘텐츠는 국내에서 코로나19의 기준에 맞추어 슬기로운 랜선여행, 코로나19로 인해 위로를 전해 주고 싶은 사람들에게 찾아가는 콘서트(비긴어게인2)로 변신하였다.

외국 현지에서 '한식이 통할 것일까?'를 키워드로 기획된 '현지에서 먹힐까?'는 '배달해서 먹힐까?'로, 코로나19 시대 캠핑 트렌드에 맞추어 안전하게 집에서 전국 여행을 하는 '바퀴달린 집' 등의 방송 콘텐츠가 새롭게 만들어진 것처럼 코로나 환경에 맞추어 변화를 주거나 트렌드에 맞추어 새로운 콘텐츠를 기획, 제작해야 할 것이다.

코로나19로 인해, 유튜브의 영향력이 더욱 높아지고 넷플릭스 등 OTT 시장이 크게 성장하자, TV는 점점 쇠퇴하고 있다. 이러한 트렌드에 따라 카카오M이 카카오톡이라는 거대 플랫폼과 자본, 인력을 기반으로 콘텐츠 시장에 진출하였다. 그리고 2020년 9월 카카오M은 '아만자' '연애혁명'이라는 디지털 드라마와 '찐경규' '내 꿈은 라이언' '카카오TV모닝' '페이스 아이디' '아름다운 남자 시벨롬(si bel homme)'이라는 예능 프로그램 5개 등 오리지널 콘텐츠 7개를 선보였다. 각 회별 10~20분 내외 분량의 숏폼 콘텐츠로, 일부 예능은 모바일 환경에 최적화 된 세로형 영상을 제공한다.

카카오M은 2018년부터 유명 배우·가수가 소속된 매니지먼트사, 스타 작가와 PD를 보유한 영화·드라마 제작사, 공연제작사 등을 인수해 콘텐츠 제작 기반을 만들어 왔다.

TV로 본방 사수를 위해 조기 퇴근을 하는 풍경은 역사 속으로 사라졌다. 사람들은 언제, 어디서든 원하는 콘텐츠를 마음껏 감상할 수 있는 콘텐츠시대가 된 것이다.

이제는 기존의 방식을 내려놓고 코로나19가 만든 뉴노멀의 새로운 환경에 맞추어 변화되어야 한다.

코로나19가 만든 변화의 시대

코로나19 시대는 '변화의 시대'다. 새로운 세상으로 삶의 키워드가 변해가고 있다. 사회적 거리두기, 재택근무, 원격교육으로 인해 홈에듀, 슬기로운 집콕생활, 홈오피스, 홈루덴스, 홈트레이닝, 방구석 1열, 언택트, OTT, 로컬&인도어 여행 등 새로운 용어들이 우리 삶을 가득 채우고 있다. 특히 음악 공연 부문은 오프라인 공연 취소로 인해 온라인 공연 중계가 확산되고 있으며, 다양한 무관중 랜선공연이 시행되었다. 사례로 레이디 가가의 코로나19 기금 마련을 위한 온라인 자선콘서트, 방탄소년단의 방방콘, SM엔터테인먼트의 슈퍼엠 라이브 콘서트 등이 AR, 3D 그래픽같은 첨단 기술을 활용하여 온라인으로 공연을 중계되었다.

대표적인 사례로 방탄소년단의 방방콘은 언택트 공연으로서 새 역사를 썼다. 방방콘은 유튜브 공식채널 '방탄TV'를 통해 공개한 온라인 스트리밍 축제로 '방에서 즐기는 콘서트'로 약 24시간 동안 조회수 5,059만 건을 기록했고, 최대 동시 접속자 수는 224만 명을 훌쩍 넘겼다. 위버스로 연결된 전 세계 아미 방은 50만 개로 162개 지역으로 연결되었고, 실시간 공연 감상 해시태그 수는 646만 건에 이르렀으며 107개 지역, 75만 명이 관람하며 257억 원의 매출을 기록했다.

원격교육, 홈에듀케이션의 경우 콘텐츠를 중심으로 접근한다면 어떻게 해야 할까? 온라인교육으로 인한 가장 큰 문제점으로 부각되는 것은 오프라인(학교) 수업보다 재미가 없고 집중도가 떨어져 교육 효과가 미흡하다는 것이다. 이로 인해 학생들 사이에 수준차가 더 커진다는 우려가 있다.

그렇다면 이 문제를 콘텐츠적으로 어떻게 해결할 수 있을까? 1차적으로 캐릭터, 2차적으로 웹툰 등 초등학생들이 좋아하는 콘텐츠 요소를 융합하여 교육콘텐츠를 만들어 재미있는 학습 참여를 유도하여야 할 것이다.

코로나시대의 가장 큰 키워드인 비대면, 언택트의 경우 콘텐츠적으로 접근하려면 어떻게 해야 할까?

언택트 트렌드에 따라 가장 크게 성장한 시장은 온라인 쇼핑 시장이다. 오프라인 시장이 급격히 축소됨에 따라 젊은 세대는 물론 5060세대의 수요도 크게 늘어남으로써 온라인 시장은 폭발적으로 증가하고 있다. 주목할 점은 오프라인에서 주로 장을 보던 5060세대가 신선식품 배송 서비스를 사용하는 비율이 크게 늘고 사진을 찍어 SNS에 올리며 친구들에게 자랑까지 하게 되었다는 것이다.

이런 현상을 콘텐츠기획에 효과적으로 적용하기 위해서는 트렌드와 수요에 맞는 차별화된 미디어 커머스 전략을 실행해야 할 것이다.

언택트로 인한 소비 트렌드의 변화

최근 들어 기업에서 가장 주목하는 키워드는 미디어 커머스일 것이다. 미디어 커머스란 미디어(Media)와 커머스(Commerce)를 결합한 말이다. 미디어 콘텐츠를 활용하여 마케팅 효과를 극대화 하는 형태의 전자상거래를 뜻하며, 콘텐츠가 무엇보다 중요한 시기, 콘텐츠로 진짜 돈을 만들어 내는 유통업계의 새로운 변신이 미디어 커머스이다. 비포before와 애프터after를 선명히 대비시키고 나와 같은 일반인이 재미있는 상황 설정으로 사용 후기를 페이스북, 인스타그램, 유튜브, 틱톡 등 SNS를 통해 보여주는 것이 '미디어 커머스'의 예라고 할 수 있다.

'미디어 커머스'는 주로 SNS 채널에 광고를 하여 자사 몰로 이동시켜 실제 구매를 일으키는 업태를 말한다. 쉽게 말해 '온라인상에서 트래픽이 많이 몰리는 SNS 채널에 순간적으로 나타나는 매장을 운영하는 것'이라고 생각하면 된다.

요즘 미디어 커머스는 숏폼 콘텐츠를 융합하여 MZ 세대를 노린 콘텐츠 커머스 시장을 공략하고 있다. 마약베개, 퓨어썸 샤워기, 클럭 마사지기 같은 상품이 미디어 커머스의 초대박 상품이다.

마약베개는 달걀이 깨지지 않는 자극적인 영상과 이미지로 유명한 베개로 120만 개 이상 판매하며 400억 원 이상의 매출을 올렸으며, 2030부터 5060에 이르기까지 '핫하다'는 젤네일 오호라는 전년 동기 대비 4배 이상 성장하였다.

미디어 커머스 기업으로는 마약베개, 퓨어썸 샤워기를 기획/판매한 블랭크코퍼레이션, 클럭 마사지기와 최근에 SNS에서 주목받는 젤네일 오호라를 만든 데일리엔코, 에이프릴 스킨의 APR, 무신사, 29CM, 스타일쉐어 등이 대표적이다. 이처럼 코로나시대에는 소비자와 소통하고 만나는 장소와 방식이 완전히 바뀐 새로운 방식의 비대면 마케팅 방식의 커머스가 제안되어야 한다.

미디어 커머스의 시대, 콘텐츠와 커머스의 경계가 무너졌다.

미디어 커머스와 같은 비대면 언택트 쇼핑 트렌드로 오프라인 유통은 소폭, 공연과 영화업종은 대폭 하락한 반면 쇼핑몰과 OTT서비스는 큰 폭으로 성장했다. 이처럼 코로나19는 온라인쇼핑의 공식을 바꾸었으며, 마스크와 비타민 등 건강용품은 대폭 증가하였고 생필품에 대한 수요도 40% 이상 증가하였다. 그리고 쇼핑 시간대도 심야시간대 판매 비중이 늘었다.

코로나19로 인한 트렌드를 알려면 우리의 삶과 가장 밀착된 소비 트렌드를 살펴봐야 한다.

이베이코리아는 G마켓과 옥션의 판매 데이터를 분석하여, 쇼핑키워드로 건강·면역용품(Health Care), 대용량(Oversize), 집콕(Life at home), 온라인쇼핑(Online Shopping) 등을 키워드로 첫 글자를 따서 홀로(H.O.L.O) 트렌드를 선정했다. 온라인 쇼핑몰 위메프는 상반기 소비 트렌드 키워드로 체인지(CHANGE)를 제시했다.

체인지란 건강에 대한 관심(Concern for Health), 홈코노미(Home + Economy), 미세먼지 차단(Anti-Dust), 새로운 소비패턴(New-Pattern), 새로운 취미(Get new hobby), 이커머스(E-commerce) 강세의 알파벳 앞 글자를 따서

조합한 용어다. 우리는 이러한 자료를 통해 코로나19로 인해 다양한 변화와 트렌드를 이해할 수 있고 이를 바탕으로 새로운 전략을 수립할 수 있을 것이다.

신한카드 빅데이터연구소는 '포스트(Post) 코로나'시대의 5가지 키워드로 '쇼크(S.H.O.C.K.)'를 제시했다. SHOCK는 온라인(Switching On-line)·홈라이프(Home-life Sourcing)·건강(On-going Health)·패턴변화(Changing Pattern)·디지털 경험(Knowing Digital)의 영문 앞 글자만 조합한 키워드다.

우리는 이러한 트렌드를 통해 향후 포스트 코로나가 가져올 새로운 소비 트렌드에 발맞춰 새로운 소비 영역을 지속 발굴하고 다변화된 시장 니즈에 부합하는 고도화된 라이프 스타일 콘텐츠와 서비스를 개발, 제공해 나가야 할 것이다. 즉 코로나시대의 위기를 지혜롭게 돌파하고 새로운 트렌드에 맞는 콘텐츠를 기획, 개발하기 위해서는 변화를 바탕으로 기업에서 소비자의 본질적 가치를 높이는 창의적인 콘텐츠가 필요할 것이다.

코로나19가 앞당긴 언택트 트렌드

언택트 마케팅이란 접촉을 뜻하는 콘택트와 부정의 접두어 '언'이 합성되어 '접촉하지 않는다'는 의미로, 사람과의 접촉을 최소화 하는 등 비대면 형태로 정보를 제공하는 마케팅을 말한다. 키오스크 VR(가상현실) 쇼핑, 챗봇 등 첨단기술을 활용해 판매직원이 소비자와 직접적으로 대면하지 않고 상품이나 서비를 제공하는 것을 의미한다.

CJ ENM 메조미디어에서 분석한 코로나19가 앞당긴 비대면 라이프로서 디지털시대, 일상이 된 〈언택트 트렌드 보고서〉에 따르면 언택트 라이프 스타일의 확산 배경에는 디지털 환경의 발달이 언택트의 기반이 되었음을 알 수 있다.

91%에 달하는 스마트폰 보유율과 5G 이동통신, IOT 사물인터넷 등 정보통신기술의 발달로 디지털 환경이 진화됨으로써 대면 소통보다 디지털 커뮤니케이션에 익숙한 디지털 네이티브 세대가 주요 소비계층으로 성장하였다. 디지털 네이티브는 언택트시대의 핵심 소비자로서 디지털환경 변화에 따라 디지털 언어를 자유자재로 사용하는 새로운 세대로 디지털 언어를 특정 언어의 원어민처럼 사용하여 디지털 네이티브로 지칭한다.

디지털 네이티브인 Z세대는 1990년대 중반~2000년대 초 출생한 세대로 스마트폰을 손에 쥐고 자란 세대이다. 디지털기기·인터넷 환경에 익숙하여 코로나 이후 '온택트' 시대를 주도하고 있다. Z세대의 74%가 온라인에서 시간을 보내고 있으며 떨어져 있어도 '연결'이 일상화 되어 있다.

2019년 말 닐슨코리아가 발표한 〈세대별 모바일 동영상 애플리케이션 이용행태 분석〉을 보면 Z세대는 다른 세대에서 볼 수 없는 차별화 된 이용 행태를 보인다. 모든 세대에서 유튜브가 압도적인 1위를 차지하기는 했지만, Z세대의 경우 유튜브를 가장 많이 사용한다는 응답자가 90%를 훌쩍 넘어 유튜브에 대해 가장 높은 충성도를 보였다. 이들은 유튜브 다음으로 '틱톡'이나 '브이라이브'를 즐겨 사용하는 것으로 조사됐다. 두 앱은 짧은 영상을 직접 제작해 공유하거나 실시간 방송을 시청할 수 있는 앱으로, 밀레니얼세대, X세대에서 넷플릭스나 웨이브 등 OTT가 상위권에 포진한 것과 대조적이다.

이런 흐름과 함께 비대면으로 연결해 주는 플랫폼도 다양해지는 추세다. 가장 대중적인 줌이나 행아웃, 페이스타임을 비롯해 MS의 팀즈, 아마존의 차임, 시스코의 웹엑스 등은 100여 명이 동시에 화상채팅(회의)을 할 수 있는 플랫폼이다.

언택트 트렌드는 소비 확대, 생활 및 기술의 변화를 일으켰다. 2030 세대뿐 아니라 코로나로 인해 외부 활동이 줄어든 4050세대의 비대면 소비도 크게 증가하면서 관련 매출액이 2년 만에 436%나 증가하였다. 그 결과로 배달, 배송 드라이브 스루, 셀프 스토어, 키오스크, 무인 매장, 간편 결제, 서빙 로봇 등 새로운 비대면 기술이 발전하게 되었다.

소비자조사 결과 과반수 정도가 무인점포를 이용할 의향이 있다고 응답했으며 종업원과의 비대면을 가장 큰 장점으로 인식하였다. 아마 앞으로는 매장에서 특별한 경우를 제외하고 종업원의 도움 없이 혼자서 편안하게 쇼핑하는 것이 자연스러워질 것으로 생각된다. 특히 무인 점포는 시간 제약 없이 24시간 이용이 가능한 점이 장점으로 꼽혔다. 그래서 온오프라인 소비 영역에서 무인 결제, 온라인 구매 상담, 비대면 계약, 픽업 딜리버리, 전자증명, 디지털 화폐 등 비대면 서비스가 개발, 적용될 것이다.

재택근무, 워라벨 등으로 집에 있는 삶이 증가함에 따라 식생활에서의 언택트 트렌드가 확산되고 있어 혼밥족을 위한 가정 간편식(HMR)과 식음료 제품이 각광받고 프리미엄 홈쿡 제품이 인기를 끌고 있으며 음식부터 재료까지 다양한 배달, 배송 구독 서비스도 증가하고 있다. 특히 국내에서 가정 간편식 시장은 2022년 5조 원에 이를 것으로 추산되고 있다.

비대면 구매를 선호하는 소비 형태의 증가에 따라 주요 유통회사는 로켓 프레시, 마켓 컬리 새벽 배송, 즉시 배송, 소량 배송 등 다양한 배송 서비스를 제공하고 있다. 집에서 모든 것을 즐기고자 하는 홈족이 늘면서 이들을 공략하기 위한 다양한 상품과 콘텐츠가 다양화 되고 있다. 홈족을 위한 콘텐츠로서 홈쿡, 홈트레이닝, 홈케어 등이 있다.

사례로 MBC의 '백파더 요리를 멈추지마'는 언택트시대 쌍방향 소통 요리쇼로서 집콕을 하는 '요린이'들을 위해 집에서 간단하게 해먹을 수 있는 다양한 요리를 짧은 시간에 같이 조리하며 질문과 코칭도 받을 수 있는 좋은 콘텐츠라고 생각된다.

이처럼 콘텐츠를 홀로 즐기면서 즐거움과 만족을 찾는 소비자가 증가하며 빠르게 성장하는 OTT 시장과 홈엔터테인먼트로 게임, 동영상 스트리밍 서비스, 웹툰, 웹소설 등의 소비가 지속적인 성장이 예상된다. 그래서 각 콘텐츠 회사별로 고객 맞춤형 다양한 서비스를 제공하고 있다.

언택트로 인한 기술도 빠르게 변화하고 있다. 키오스크부터 로봇 무인 매장, 인공지능 챗봇까지 고도화 된 기술로 비대면 서비스를 확장하고 있다. 5G와 클라우드, 빅데이트 등 ICT 환경의 획기적인 발전도 언택트 서비스 상용화에 큰 영향을 미치고 있다. 특히 실감형 콘텐츠로서 AR과 VR을 결합한 MR 혼합현실과 3D 기술을 접목하여 가상으로 피팅을 할 수 있는 쇼룸도 만들고 있다.

코로나로 인한 오프라인 행사의 변화

오프라인에서 열리던 축제도 각 지자체에서 온라인으로 개최하여 방에서도 즐길 수 있도록 하였다. 물론 오프라인의 생동감과 참여, 몰입도는 떨어지겠지만 코로나로 인한 언택트시대에 새로운 문화로 자리매김할 수 있었던 기회였다.

5G의 상용화로 초고속, 초저지연 통신환경이 구축되면서 다양한 AR/VR 콘텐츠 개발이 가속화 되었고 박물관, 미술관 등 문화, 역사공간 체험부터 쇼핑, 가상회의, 교육 등 다양한 분야에서 실감형 콘텐츠가 활용, 확산되고 있다.

사례로 AR/VR, 융복합 XR 기술로 신안 앞바다의 문화재 유물을 살펴볼 수 있는 박물관 체험과 북유럽의 작은 섬 페로제도의 리모트 투어가 있다. 리모트 투어는 코로나19로 해외여행이 어려워지자 스마트폰을 리모콘화 하고 현지인들에게 카메라를 장착하여 도보로, 말을 타고, 헬기를 타고 다양한 현지 투어 서비스를 제공하는 것이다.

코로나로 인해 테마파크도 변화하고 있다.

2020년 1월부터 전 세계 디즈니랜드를 폐쇄한 월트디즈니컴퍼니는 코로나로 꺾인 실적을 회복하기 위한 다양한 노력을 펼치면서 최근 서서히 영업을 재개하고 있다.

다만 입장객에게 인기가 많은 이벤트를 없애기로 했다고 하는데, 다시 문을 연 상하이 디즈니랜드의 경우에는 하루 입장객을 평상시의 30% 이내로 제한하고, 거리두기를 지키기 어려운 '캐릭터와 기념촬영'도 금지하고 있는 상황이다.

코로나 전후 미디어의 변화

한국콘텐츠진흥원에서는 코로나 이후 콘텐츠 분야에서 이용자들의 콘텐츠 수요 변화 및 소비패턴 변화를 분석하여, 향후의 콘텐츠 이용 변화 양상을 전망해보기 위해 콘텐츠 이용자 조사를 실시했다. 코로나 발생 이후 '비대면', '언택트' 등의 트렌드가 '뉴노멀'로 자리매김하며, 근본적인 사회구조의 변화가 전망되고 있다. 콘텐츠 분야에서 이러한 구조적인 변화를 전망하고 예측하기 위해서는 이용자들의 콘텐츠 수요 변화와 소비패턴의 변화를 관찰해 나가야 한다.

코로나19와 콘텐츠 이용에 대해 살펴본 내용을 요약하고 시사점을 살펴보면 코로나 이후 콘텐츠 이용 장르 변화와 관련해서는 코로나 발생 이후 키즈/교육용, 책/이북/오디오북, 웹동영상 장르의 이용량이 증가하였으며, 코로나 종료 이후에도 이 장르들 위주로 높은 이용량을 유지할 것으로 전망하였다.

코로나 이후 콘텐츠 이용공간 변화와 관련하여 코로나 발생 이후 집에서의 콘텐츠 이용이 큰 폭으로 늘어나는 한편 다른 공간들에 대한 이용이 감소하고 있으나, 코로나 종료 이후에는 발생 전 수준으로 회귀할 것으로 예상하였다.

코로나 이후 미디어 기기 이용 변화와 관련해 살펴보면 코로나 이후 게임 콘솔, 동영상 기기, 스마트 패드, 스마트형 기기 등의 이용량 증가율이 높게 나타났으며, 코로나 종료 이후에도 이러한 기기들의 이용량이 높은 수준을 유지할 것으로 예측하였다.

코로나 이후 콘텐츠 소비지출 변화에 대해서는 코로나 이후 영상, 웹툰/웹소설 플랫폼 지출이 대폭 증가하고, 음악 플랫폼 지출도 소폭 증가할 것으로 조사되었으며 코로나 종료 이후에도 영상, 음악, 웹툰/웹소설 플랫폼 소비지출이 코로나 발생 전보다 높은 수준을 유지할 것으로 전망하였다.

하지만 가장 규모가 큰 이용자 집단은 콘텐츠 유료 이용 의사가 없는 것으로 나타나, 콘텐츠시장의 급격한 확대에는 한계가 있을 것이다. 우리는 이러한 코로나19와 콘텐츠의 이용현황 결과를 바탕으로 향후 창의적인 콘텐츠 전략 기획을 구상해야 할 것이다.

코로나19 이후 우리는 미래에 대해 어떠한 전략적 대응을 해야 할까?

특히 코로나시대, 새로운 기회의 장을 연 콘텐츠 분야는 어떻게 생존하고 발전해야 할까? 이를 위해 언론, 연구기관 등의 자료를 참고하여야 할 것이다.

2020년 5월 5일 매일경제신문은 〈포스트 코로나, 30가지 생존 법칙〉을 발표하였다. 스티브 잡스의 스마트폰이 1차 터치혁명이었다면 코로나가 앞당긴 2차혁명은 30가지의 생존 법칙으로 달라질 것이라는 것이다.

30가지 생존 법칙 중 콘텐츠기획에서 주목할 것은 언택트, 무인점포, 드라이브 스루, 재택근무, 로봇, 집콕, 가성비보다 가안비(안전 우선), 비대면 교육 등으로 이러한 키워드에 주목하여 콘텐츠 전략을 기획해야 할 것이다.

그리고 한국과학기술기획평가원(KISTEP)은 '포스트 코로나19 시대의 유망기술 25개'를 선정하였는데, 디지털 트렌스포메이션의 시대에는 이제 콘텐츠도 기술과 융복합을 해야만 살 수 있다. 앞에서 살펴본

AR, VR, MR, XR, AI, 빅데이터 등 4차산업혁명 관련 기술과 함께 포스트 코로나시대에는 새로운 콘텐츠로 진화, 발전해야 살아남을 수 있을 것이다.

그러므로 8대 영역의 25가지 기술을 콘텐츠와 융복합하여 우리에게 맞는 콘텐츠로 변화, 발전시켜야 한다. 더불어 전략을 수립할 때는 우리나라 유망기술뿐 아니라 중국, 미국이 주목하고 있는 산업, 즉 글로벌 동향도 고려하여 전략을 수립해야 한다.

우리나라에서 선정한 산업과 비교하여 미국, 중국이 관심을 갖고 있는 사업은 무엇인지, 이를 우리 콘텐츠와 어떻게 연결할 것인지를 고민해야 할 것이다.

코로나시대의 콘텐츠 변화

코로나시대, 사회적 거리두기로 인한 다양한 기업들의 흥망성쇠에 대해 살펴보았다. 예상치 못했던 바이러스로 인해 사회경제적인 혼란이 가속화 되고 있는 지금, 문제해결을 위한 질서를 찾아내고 이를 글로벌 NO1 콘텐츠로 기획하려면 어떻게 해야 할까?

몇 가지 문제를 풀며 답을 찾기 위한 길을 고민해 보면서 해답을 찾아보고자 한다.

세계에서 가장 높은 산은 어디일까?

네팔 히말라야산맥에 있는 8,848미터 에베레스트봉이다. 그렇다면 이 산은 누가 처음 올랐을까? 1921년부터 세계의 많은 등반가들이 팀을 이루어 10차례에 걸쳐 많은 사람들이 목숨을 잃으면서 이 산을 정복하려고 했으나 실패하고 말았다.

처음으로 에베레스트 등정에 성공한 사람은 1953년 5월 29일 영국

출신의 에드먼드 힐러리와 세르파 텐징 노르게이였다.

첫 성공의 요인은 여러 가지가 있겠지만 에베레스트를 오를 수 있도록 길을 안내한 세르파 텐징 노르게이의 수고가 한몫 했을 것이다.

그런데 이렇게 어렵게 올랐던 에베레스트를 요즘도 힘들게 오를까?

그렇지 않다. 몇 년 전 KBS 뉴스에서 방송된 모습은 정상에 오르기 위한 등반 최적기인 3~5월 봄 시즌에는 전 세계 산악인들이 몰려들어 병목현상이 벌어지고 정상 부근에서 체류하는 시간이 길어져 산소 부족과 찬바람으로 체온이 떨어져서 사망하는 등 사고가 속출하고 있다는 안타까운 소식을 전했다. 유능한 세르파와 전문 가이드 및 장비가 일반화 되어 많은 사람들이 에베레스트 정상에 도전할 수 있게 된 영향일 것이다.

이것은 기업의 세계에서도 마찬가지다. 에베레스트 등반이 일반화된 것처럼 기존 시장 또한 수많은 경쟁자들이 치열한 경쟁을 벌이고 있으며, 콘텐츠기획의 세계에서도 정상에 오르기 위해 세계 최고의 기업들과 기획자들이 차별화된 기획을 하기 위해 최선을 다하고 있다.

그렇다면 다음의 사진처럼 정상에서 지체하지 않고 이를 뛰어넘을 수 있는 방법은 없을까?

쇠재두루미처럼 변화의 흐름을 타야!

KBS 다큐멘터리에서 방송된 영상을 보면 히말라야의 거봉들을 가볍게 넘는 한 무리의 새들을 볼 수 있었다. 쇠재두루미와 줄기러기는 몸집이 큰 새이면서도 최대한 에너지를 아끼고 상승 기류를 이용하는 롤러코스터식 비행을 통해 히말라야를 넘는다.

경쟁이 치열한 시장을 넘어 2등과의 초격차를 벌이기 위해서는 쇠재두리미처럼 변화의 흐름을 타고 앞날의 장애물을 넘을 수 있는 차별화되고 새로운 방식의 시도가 있어야 한다.

코로나와 아기상어!

다음 유튜브 콘텐츠로서 최고 조회수를 기록한 것은 무엇일까?
1. 싸이의 강남 스타일
2. BTS의 DNA

3. 핑크퐁의 아기상어

4. 블랙핑크의 뚜두 뚜두

정답은 핑크퐁의 아기상어(baby shark)다. 미국 전래동요를 원작으로 재탄생시킨 베이비샤크의 아이들 율동과 함께 하는 영상이 재미있다. 아기상어 유튜브 영상 조회수는 2021년 1월 현재 약 76억 회로 루이스 폰시의 데스파시토(69억 회)를 누르고 2020년 11월 세계 1위 자리에 등극했다. 그 이전의 세계 1등은 싸이의 '강남 스타일'로 38억 회를 기록했었다.

아기상어가 놀라운 것은 코로나19 상황이 시작되기 전인 2019년 12월에 38억 회였던 것이 코로나19 이후 1년 동안 무려 36억 회, 월 평균 3억 회씩 늘었다는 것이다.

이렇게 폭발적으로 증가한 이유는 무엇일까? 코로나19로 인해 개학이 늦어지고 온라인 수업이 병행되면서 유아를 중심으로 어린이들과 부모님들의 조회수가 폭증하게 된 것이다.

핑크퐁의 현재 구독자는 4,140만 명으로 세계적인 아이돌그룹 방탄소년단 4,130만 명보다도 더 많은 구독자를 보유하고 있으며, 국내 구독자 877만 명과 합하면 5,017만 명으로 이는 우리나라 1등인 블랙핑크 5,380만 명의 뒤를 이은 2등이다. 특히 1억 뷰 이상을 기록한 콘텐츠가 22개나 된다.

2011년부터 핑크퐁은 글로벌시장 공략을 위해 모바일앱을 애플 앱스토어, 구글 플레이스토어 등 앱마켓에 글로벌 동시 출시해 해외 시장에 진출했다. 164개국을 대상으로 앱스토어에서 약 125종의 앱 시리즈를 출시, 1억 5,000만 건 다운로드를 돌파했고, 전 세계 112개국에서 교육 카테고리 1위를 기록하고 있다.

핑크퐁을 만든 스마트스터디의 김민석 대표는 "모바일보다 큰 TV, 영화(극장)시장 진출을 통해 매출을 더욱 키움과 동시에 미국 아마존에 입점해 사운드북 등 오프라인 제품을 전 세계에 판매하는 식으로 상품 판매도 늘려나갔고 동남아 지역의 상어가족 인기(베이비 샤크 챌린지)를 계기로 인도네시아, 베트남, 필리핀 소재 백화점에 상품을 출시하는 계약도 완료했다. 장기적으로는 디즈니와 같이 글로벌시장을 대상으로 성공적인 콘텐츠 IP 사업을 하는 '글로벌 콘텐츠 회사'를 목표로 하고 있다."고 말했다.

놀랍게도 2019년 1월 8일에는 핑크퐁의 '아기상어' 영어버전이 빌보드 싱글 32위로 진입해 20주간 머물기도 했는데, 동요가 빌보드 메인 차트에 진입한 것은 이례적이었다고 한다. 또한 2019년 메이저리그 월드시리즈에서 창단 50년 만에 우승한 워싱턴 내셔널스는 응원가로 아기상어를 썼으며, 유튜브에 결승전 중 응원하는 동영상이 주목을 끌었다. 그리고 우승 반지에 아기상어 베이비샤크를 직접 심볼로 새겨 그 의미를 더하였다.

핑크퐁의 인기는 군대에서도 이어졌다. 미국 육군의 신병교육대 행군 중 군가로 불리는 베이비샤크송은 아기상어의 인기가 군대에까지 확산되고 있다는 사실을 보여준다.

코로나19 시대에 핑크퐁은 어떤 콘텐츠로 다가갈까?

핑크퐁은 코로나 바이러스와 싸우기 위해 손을 잘 씻고 양치질을 잘하고 밥도 잘 먹고 주사도 1년에 한 번씩 꼭 맞아야 한다고 보여주는 영상, 사회적 거리두기 영상, 마스크를 잘 쓰자는 영상 등 코로나 예방과 관련된 다양한 영상을 관공서와 공동으로 제작하고 있다.

BTS를 뛰어넘은 아기상어는 이제 엘사를 꿈꾸고 있다. "핑크퐁과 아기상어가 세계 시장에서 인기를 얻은 것은 절대 우연이 아니다. 아기들이 지식을 노래로 배운다는 점에 착안한 뒤 철저한 전략과 전술로 만들어 낸 성과"라고 스마트스터디 김민석 대표는 아기상어와 핑크퐁의 성공비결에 대해 이야기하고 있다.

핑크퐁은 이 회사가 만든 분홍색 여우 캐릭터이고, 아기상어는 노란색 상어 캐릭터이다. 현재 핑크퐁과 아기상어는 전 세계 0~3세 아기들에게 가장 인기 있는 캐릭터로 2019년 스마트스터디의 핑크퐁·아기상어 등 콘텐츠는 총 150억 회 재생되었다. 유튜브에서만 95억 회, TV·음원 등에서 55억 회 이상이 나갔다.

2019년 방탄소년단의 유튜브 조회수가 약 41억 회였다는 것과 비교해보면 핑크퐁의 재생수는 엄청난 기록이다. 이뿐만 아니다. 2019년 10월부터 미국에서 시작한 '베이비샤크(아기상어) 라이브' 뮤지컬 투어는 이미 보스턴·새너제이·필라델피아 등 33개 도시에서 9만 명의 관람객을 끌어모았다.

이처럼 전세계적으로 승승장구하고 있는 아기상어, 베이비샤크는 세계 최대 규모의 키즈 엔터테인먼트 채널 니켈로디언과 공동 제작하는 2D 애니메이션 시리즈 '베이비샤크 빅쇼(가제)' 크리스마스 스페셜 영상을 공개했다. 스마트스터디와 니켈로디언 애니메이션 스튜디오가 공동 제작하는 애니메이션 시리즈 '베이비샤크 빅쇼'는 약 30분 분량의 에피소드 26편으로, 아기상어가 단짝친구인 물고기 '윌리엄'과 함께 바닷속을 탐험하며 새로운 친구들을 만나고 함께 노래 부르는 재미있고 신나는 모험 이야기다.

'베이비샤크 빅쇼'는 크리스마스 스페셜 영상 첫 공개를 시작으로 2021년 봄 니켈로디언 유아동 플랫폼에 첫 방영이 된다. 또한 미국 출시를 기점으로, 전 세계 니켈로디언과 닉 주니어 채널을 통해 순차적으로 방영할 계획이다.

이상과 같이 글로벌 넘버원이 된 핑크퐁, 아기상어는 유아용 캐릭터로 시작하여 뮤지컬, 애니메이션, TV 시리즈로 업그레이드, 발전되고 있으며 2020년에는 이마트와 함께 콜라보 마케팅도 전개했다.

아기상어, 핑크퐁의 인기와 더불어 2020년 우리나라 대세인 캐릭터로는 펭수가 있다.

EBS 연습생으로 자이언트펭TV의 메인 호스트인 펭수는 남극에서 온 펭귄으로 펭귄의 펭, 빼어날 수에서 따온 이름으로 빼어난 펭귄이라는 의미를 가지고 있다. 어른들의 뽀로로, 장성규의 순한 맛이라는 별명을 가지고 있으며, 존경하는 인물을 자기 자신으로 으로 꼽는 자존감이 높은 펭수는 2030 직장인의 애환을 솔직한 화법으로 어루만져주고, 자의식이 강한 젊은 세대의 공감을 높이 산 것이 대세 캐릭터가 된 비결로 꼽히고 있다.

펭수 이모티콘은 출시되자마자 최단 기간, 최다 판매의 기록을 세웠다. 출시 전부터 화제가 된 펭수 이모티콘은 직장인들의 대통령, 즉 직통령으로 불리며 10대, 20대, 30대 전체 1등에 올랐다.

대세가 된 펭수는 관련 주인 예스 24, 유엔젤의 주가도 쑥쑥 오르게 만들었다. '니가 왜 거기서 나와'라는 노래처럼 펭수가 증권가에도 영향을 미친 것이다.

펭수는 셀럽과의 콜라보레션은 물론 방송가를 넘나드는 활동을 통해 인기를 더하였고, 가수로도 데뷔하였다. 이러한 펭수의 다채로운 활동은 불황에서도 콜라보한 상품이 완판되는 성과를 거두기도 했다. 사례로 스파오와 펭수의 콜라보 상품은 판매 10분 만에 수면 파자마 3종 세트가 완판되는 놀라운 기록을 세웠다.

유튜브시대의 펭수는 고객과의 지속적인 소통을 위해 자이언트펭TV에 트렌디한 콘텐츠를 계속 올리며 단기간 내에 200만이 넘는 구독자를 확보하게 되었다.

펭수의 성공 요인은 크게 캐릭터, 스토리텔링, 마케팅 3가지로 말할 수 있다.

첫째, 캐릭터는 푸근한 곰 스타일의 단순한 외곽 라인이 호감을 끄는 외형에 배짱과 솔직한 내면세계가 주목을 끌었고, 둘째로 스토리텔링은 미래 스타를 꿈꾸는 크리에이터 '연습생'으로 세상과 좌충우돌 부딪치며 살아가는 펭수로부터 자신의 모습을 발견하고 동질감을 느끼게 하였으며, 마치막으로 2030 타깃 고객층의 마음을 가장 잘 이해, 대변하는 연령대로 시청자가 원하는 것을 헤아리고 공감대 형성할 수 있도록 유도하였다.

마지막으로 마케팅 측면에서도 방송사를 넘나드는 다양한 채널 노출, 셀럽과의 콜라보레이션을 통한 인지도 확산, 온오프라인 이벤트를 통해 팬들과의 소통을 통한 공감대 확대가 성공 요인이라고 할 수 있다. 이러한 펭수가 핑크퐁처럼 글로벌하게 성공하기 위해서는 어떻게 해야 할까? 미키마우스, 헬로키티, 쿠마몬 등 글로벌하게 성공한 사례를 벤치마킹하여 펭수의 글로벌 진출을 도모해야 할 것이다.

2020년 코로나로 인해 한국을 몰라도 전 세계 안방에서 'K드라마

앓이'를 하고 있다. 〈사이코지만 괜찮아〉와 상반기에 큰 인기를 끈 〈사랑의 불시착〉 등 한국 드라마가 넷플릭스 세계 이용자를 사로잡으며 K 콘텐츠 열풍을 일으켰다. 코로나19 확산으로 집에 머무는 시간이 늘어난 '집콕족'의 콘텐츠 수요를 충족시키며 한류의 새로운 지평을 열고 있는 것이다. 이러한 현상을 고려하여 우리는 포스트 코로나시대의 K 콘텐츠 운영 방향을 새롭게 모색해 보아야 할 것이다.

그렇다면 앞에서 살펴본, 핑크퐁, 방탄소년단, 펭수, K드라마 등과 같이 글로벌 성공 콘텐츠를 기획하려면 어떻게 해야 할까?

글로벌 성공 콘텐츠를 만들려면

맛있는 요리를 만들려면 무엇이 필요할까?

첫 번째는 재료이고, 두 번째는 차별화 된 레시피이며, 마지막으로 재료와 나만의 레시피로 요리를 할 요리사가 필요하다.

맛있는 요리는 창의적 콘텐츠기획과 같다.

첫째, 재료는 시장에 나가 구하는 아이템이다. 요리를 하기 위해 무슨 재료가 필요한지를 생각하고 리스트를 적은 후에 시장에 나가 재료, 즉 아이템을 사게 된다.

둘째, 레시피recipe는 아이디어, 즉 기획력이다. 같은 재료라 하더라도 요리하는 방법에 따라 다양한 맛을 낼 수 있다. 이는 아이템을 차별화 시키는 아이디어로, 기획력이라고 할 수 있다.

셋째는 요리사, 즉 맛있게 요리하는 요리사와 마찬가지로 콘텐츠를 창의적으로 기획하려면 기획자가 필요하다.

그런데 TV나 인터넷에서 황금 레시피를 보고 그대로 해보면 생각한 것보다 맛을 제대로 내기 어려운 것처럼 창의적 콘텐츠기획을 위한 방법을 알고 있다고는 해도 막상 기획을 하려면 쉽지 않다.

안 되는 이유는 무엇일까? 그것은 시장에 갈 때 구입할 재료를 정하지 않고 가면 충동구매를 하게 되는 것처럼 기획을 할 때는 반드시 생각을 충분히 하고 기획을 해야 한다는 점을 경시하기 때문이다.

글자를 풀어서 보는 기획企劃의 의미

기획이란 무엇인가?

우리 모두가 알고 있는 쉬운 말인데, 막상 뜻을 설명해 보려고 하면 말로 표현하기가 어렵다.

기획은 사전적 의미로 '일을 꾀하여 계획함'이라고 나와 있다. 하지만 이것만 가지고는 기획의 뜻을 잘 이해하기가 쉽지 않다.

한 글자씩 한자를 풀어보어서 알아보면 다음과 같다.

企 : 人 + 止

꾀할 기   사람 인   그칠 지

剖 : 畵 + 刂(刀)

새길 획   그림 화   칼 도

사람이 멈춰서 꾀한 것을 칼로 그림을 새긴 것

꾀할 기(企)는 사람(人)과 그친다(止)는 글자가 합쳐져 이루어진 글자로 '사람이 그쳐야(멈춰야) 비로소 꾀할 수 있다.'는 의미다. 새길 획(劃)은 그림(畵)과 칼(刀)이 합쳐진 것으로 '칼로 그림을 새겨 그린다.'는 것이다. 이 두 글자를 합친 기획의 의미는 사람이 멈추어 서서 생각한 것을 상대방에게 그림처럼 이미지를 새겨주는 것을 말한다. 즉 생각한 것을 이미지로 만들어 상대방의 머리와 가슴에 남게 하는 것이 기획이라는 것이다.

우리는 무엇을 하려고 하거나 의문이 생기면 바로 컴퓨터나 스마트폰으로 검색부터 한다. 생각을 해야 고민을 하게 되고 이를 통해 문제를 해결하기 위한 방법을 찾을 수 있는데, 생각을 하는 대신 모든 것을 인터넷에서 검색을 하는 상황이다 보니 모두 동일한 답을 가지고 기획을 하게 됨으로써 다른 기획과의 차별점이 사라지게 된다.

생각을 하려면 먼저 스마트폰을 내려놓고 잠시 멈추어야 한다. 멈춰서 생각하고 시작해야 좋은 기획을 할 수 있다. 그럼에도 우리는 무엇인가 기획을 하려고 한다면 먼저 네이버나 구글이 알려주는 그대로 하려고 한다. 따라서 창의적인 기획은 사라지고 어디서 본 듯한, 베낀 듯한 기획이 된다.

기획은 상대방의 마음에 내 생각을 저장시키는 것이다.

그렇다면 기획한 콘텐츠를 어떤 컨셉으로 상대방에게 저장시켜야 할까? 이를 위해서는 콘텐츠기획 3단계를 알아야 한다.

콘텐츠기획 3단계

콘텐츠기획은 '생각하기- 글쓰기 - 말하기'의 3단계로 이루어진다.

1단계는 '생각하기'이다. '왜'라는 생각을 가지고, 기획을 해야 하는 이유와 조사할 방향, 아이템 선정, 아이디어 차별화, 스토리 등에 대한 구상을 해야 한다.

2단계는 '글쓰기'이다. 1단계의 생각을 기승전결, 서론, 본론, 결론처럼 논리적으로 기획서를 작성하는 것이다.

3단계는 '말하기'이다. 1단계의 생각을, 2단계에서 글로 정리하고, 이를 같이 일하는 사람이나 관련된 사람들에게 효과적으로 알리고 협력할 수 있도록 말하는 프레젠테이션, 피칭 등을 말한다.

콘텐츠기획의 3단계 중에서 가장 중요한 것은 1단계인 생각이다. 창의적인 생각을 잘해야 글쓰기와, 말하기를 부수적으로 이어서 잘 할 수 있기 때문이다.

생각의 중요성 : 빌 게이츠의 "생각 주간"

마이크로소프트사의 창업자 빌 게이츠는 1년에 두 번 '생각 주간 (Think Week)'을 갖는다고 한다. 이 시간 동안 빌 게이츠는 홀로 호숫가 통나무집에서 아무런 방해도 받지 않으면서, 모든 연락도 끊은 채 온전히 자신의 생각에 몰입하며 앞날을 구상한다.

그렇다면 세계 최고의 기업가로 매우 바쁜 시간을 보낼 수밖에 없는 빌 게이츠는 왜 '생각 주간'이라는 시간을 갖는 것일까?

10년 후의 미래 사업을 찾기 위해 고민하고 있는 기업의 CEO들처럼 빌 게이츠도 생각 주간을 통해 세상의 변화를 읽고 새로운 사업 방향을 구상하기 위함일 것이다.

Think Different Vs Something Different의 차이

'Think Different'는 아이폰을 만드는 애플의 마케팅 슬로건이고, 'Something Different는 TV, 음향기기와 같은 가전제품을 만드는 소니(SONY)의 슬로건이다. 생각을 달리하는 것과 무언가를 달리 만들고자 했던 두 회사는 현재 어떤 결과를 만들었을까?

2020년 12월 기준으로 애플은 시가총액 2,241조 원으로 세계 1위이며, 소니는 127조로 애플의 17분의 1에 불과하다.

소니는 1946년에 설립한 기업으로 1976년에 창립한 애플보다 무려 30년을 앞선다. 전자왕국을 넘어 콜롬비아픽처스, 트라이스타픽처스 등 영화를 중심으로 한 엔터테인먼트산업까지 진출한 소니가 어떻게 애플의 17분의 1에 불과한 기업 가치를 가지게 되었을까?

이유는 무엇일까? '생각을 달리 하라'와 '무언가를 달리 하라'는 애플과 소니의 슬로건에서 그 차이를 알 수 있을 것이다.

우리가 잘 알고 있는 맥킨토시 컴퓨터, 아이팟, 아이폰, 아이패드, 에어팟 등 기존의 생각을 뒤집는 혁신적인 제품을 출시한 애플은 아이폰을 통해 스마트시대의 모바일 혁명을 일으켰다. 현재 애플의 시가총액은 한국 주식시장 전체의 시가총액보다도 크다.

"일은 우리 인생의 많은 시간을 차지한다. 당신의 삶에 만족할 수 있는 유일한 방법은 당신이 하는 일이 '위대하다'고 믿는 것이다. 위대한 일을 하는 유일한 방법은 당신의 일을 사랑하는 것이다. 사랑하는 일을 찾지 못했다면 계속 찾아라."라는 스티브 잡스의 말에서 우리는 새로운 생각을 위해 세상과 타협하지 말고 자신이 좋아하는 일에 최선을 다할 때 최고가 될 수 있다는 확신을 얻게 된다.

새로움을 만들기 위해서는 무엇인가를 달리 하려 하지 말고 생각을 달리하는 발상의 전환이 선결되어야 한다.

생각은 어떻게 탄생되는가?

콘텐츠를 창의적으로 기획하기 위한 시작은 '생각'이다.

그렇다면 생각은 어떻게 탄생할까?

미시간 주립대학교 교수이며 창조성을 연구하는 사학자인 미셸 루트번스타인과 로버트 루트번스타인 부부가 공동으로 저술한 〈생각의 탄생〉은 다빈치에서 파인먼까지 창조성을 빛낸 사람들의 13가지 생각 도구를 설명하며 '생각'을 다시 생각하게 하는 다양한 방법을 제시해 준다. 이 책은 삼성을 세계적인 기업으로 성장시킨 이건희 회장이 여러 번 탐독했으며 그룹 임직원들에게 꼭 읽어보라고 권유했던 책으로도 유명하다.

이 책은 무한경쟁의 시장 환경에서 창조경영을 위해서는 과거의 사고방식에서 탈피하는 것이 중요하다고 강조하면서 역사적으로 가장 창조적이었던 사람들은 어떻게 남들과 다른 생각을 할 수 있었는지 13가지 사고법을 살펴보며 이를 경영에 접목할 것인지 탐색한다.

창조적 발상법을 가지기 위한 첫걸음은 '생각'이다. 콘텐츠기획의 차별화를 위해 무엇을 생각하는가에서 어떻게 생각하는가로 사고 방법을 바꾸어야 한다. 즉 외워서 문제를 푸는 것이 아니라 문제를 정확히 이해하고 이를 깊게 생각한 후에 창조적인 해결 방법을 강구해야 한다.

우리는 이 책을 통해 발상의 전환을 통한 창조적 발상법으로서 13가지의 생각 도구를 융복합 하여 새로운 창조적 사고를 해야 할 것이다.

기획을 창의적으로 변화시키려면?

창조적인 생각을 창의적인 콘텐츠기획으로 변화시키려면 요리사의 차별화 된 레시피처럼 기획자로서 통찰력, 논리력, 표현력 세 가지의 역량이 필요하다.

첫째, 통찰력은 사물이나 현상을 예리한 관찰력으로 꿰뚫어 보는 능력으로서 미래를 창조하는 기획자로서 앞날을 바라보고 무엇을 어떻게 할 것인가를 생각하는 힘으로 요즘과 같이 스피디하게 변화하는 시대에는 미래를 보는 통찰력이 있어야 한다. 즉 기획자는 현 상황 속에서 미래를 위해 무엇을 할 것인가를 정확히 파악하고, 결정하여 남들보다 먼저 실천해야 한다. 통찰력을 기르기 위해서는 무엇보다 독서가 좋다.

둘째, 논리력이다. 논리력은 창의적 기획에 있어 설득력을 높이기 위해 짜임새 있게 내용과 형식을 전개하는 힘이다. 즉 콘텐츠를 기획서로 작성하거나 보고할 때 올바르게 잘 인식하고 판단할 수 있도록 조리 있게 글을 쓰는 것이다. 논리력을 높이기 위해서는 인문학 서적과 신문을 읽고 이를 자신이 글로 옮겨보는 연습이 필요하다.

셋째, 표현력이다. 표현력은 자기 생각을 다른 사람에게 전달할 때 이해하기 쉽고, 관심을 가지고 볼 수 있도록 콘텐츠를 잘 만드는 힘이다. 즉 단순한 글(Text)보다는 도표, 이미지, 영상, 애니메이션, 인포그래픽(Infographic) 등을 활용하여 디자인함으로써 보기 좋게 꾸며주는 것이 좋다.

표현력을 기르려면 디자인, 광고와 관련이 있는 책을 많이 보고, 문화 관련 행사를 자주 관람하는 것이 좋다. 즉 통찰력 있는 생각, 논리적인 글쓰기, 표현이 살아 있는 말하기가 창의적인 콘텐츠기획을 만들어 줄 것이다.

창의적 기획을 위해서는 통찰력이 최우선!

창의적인 기획을 하기 위해서는 통찰력을 가장 먼저 가져야 한다.

기획자로서 통찰력에 대해 이해하고 적용하기 위해 뛰어난 통찰력으로 세계적으로 성공한 기업인과 회사의 사례를 살펴보도록 하겠다.

통찰력이 뛰어난 사람을 뽑자면 세계적인 투자가인 워렌 버핏을 꼽을 수 있을 것이다. 워렌 버핏은 뛰어난 기업인이자 투자가로서의 능력과 기부활동을 통해 흔히 '오마하의 현인'이라는 별칭으로 불린다. 2020년 12월 현재, 워렌 버핏의 재산은 96조 원으로 블룸버그(Bloomberg)는 그를 세계 부자 순위 6위에 올려놓았다.

엄청난 부자라는 것을 떠나 워렌 버핏은 자신의 재산 중 85%를 기부하여 세상의 존경까지 받고 있다.

워렌 버핏과의 점심식사 가격은?

축구선수 호날두, 미국 최고의 여성 방송인 오프라 윈프리, 투자의 귀재 워렌 버핏, 세계 최고의 싱어송라이터이자 배우인 테일러 스위프트 중 누구와 함께 먹는 점심식사가 가장 비쌀까?

세상에서 가장 비싼 식사는 몇 년 전 언론에 보도된 적이 있었다. 중국에서 12명의 손님들이 특별 주문을 해서 먹었다는 5,500만 원짜리 식사다. 한 사람당 약 460만 원 정도로 한 끼 식사비용으로는 엄청난 금액이다.

그런데 이보다 훨씬 비싼 점심이 있다. 바로 오마하의 현인이며 세계적인 투자회사인 벅셔 해서웨이의 '워렌 버핏과의 점심식사'이다.

워렌 버핏과 함께하는 점심식사 가격은 얼마일까? 참고로 미국 증시 시가총액 1위인 애플의 CEO 팀쿡과 한 시간 동안 커피 한 잔을 마시는 가격은 61만 달러(6억 9천만 원)로 경매에서 낙찰되었다.

워렌 버핏과의 식사는 매년 글라이드 재단에서 빈곤의 대물림을 타파하기 위한 기금 마련을 목적으로 이베이를 통해 경매를 한다. 2000년부터 시작된 이 자선모금 경매는 매년 6월에 있다.

웨렌 버핏과의 점심식사가 고가인 이유는 2시간 동안 특별하고 구체적인 투자 전망을 알려 주기 때문이다. 매년 30% 이상의 수익을 올리는 웨렌 버핏의 가치 있는 정보를 직접 듣는 것은 실로 엄청난 가치를 가지고 있다. 그래서 많은 투자자와 기업들이 이 점심식사 경매에 참여하는데, 실제로 그와 점심을 먹었던 투자회사들은 그 해 30% 이상의 이익을 얻었다고 한다.

실례로 2008년 홍콩의 펀드 투자가 자오단양은 211만 달러(약 23억)에 낙찰되어 점심식사를 하였다. 그는 워렌 버핏에게 자기 회사의 재무제표를 보여 주고 조언을 받은 후 다음 날 자사 주가가 2배 이상 올라 시세차익만 1,400만 달러(166억 원)를 얻음으로써 투자한 금액의 약 7배 정도 이익을 얻었다. 자오단양은 비싼 점심값을 지불하고도 충분히 남는 장사를 한 셈이다.

워렌 버핏의 비즈니스 경쟁력

워렌 버핏과의 점심식사 가격은 왜 이렇게 비쌀까?

이유는 세상을 읽고 투자하여 최고의 승률을 거두는 눈, 즉 세상을 보는 안목, 즉 미래를 보는 뛰어난 통찰력이 있기 때문이다.

워렌 버핏은 과거 코카콜라, 존슨&존슨, P&G, 월마트 등 단순한 프로세스를 가진 기업들에 집중적으로 투자하였으나, 시장의 변화와 트렌드에 맞추어 투자방향을 바꾸었다. 시장의 변화에 따라 존슨&존슨, 액손모빌 등의 주식을 팔고 미국 최고 인기 스포츠인 미식축구리그인 NFL을 중계하는 미국 최대 디지털 위성방송사인 다이렉 TV의 주식을 매입하였고, 2019년에는 IBM 주식을 팔고 애플 주식을 20조 원어치나 샀다.

이유는 우리 모두에게 있다. 세상 사람들 모두가 스마트폰을 가지고 있고, 아침에 일어나면서부터 저녁에 잠들 때까지 스마트폰 없이는 생활할 수 없는 시대가 되었기 때문이다.

워렌 버핏이 글로벌기업 주식을 팔고 다이렉 TV와 애플 주식을 산 이유는 디지털/모바일 시대로의 변화에 따라 스마트한 콘텐츠 비즈니스에 투자가 많은 수익을 가져다 줄 것이라고 판단을 하였다는 것을 알 수 있다.

워렌 버핏처럼 좋은 투자를 위해서는 시대의 변화를 읽고 이에 맞춘 투자를 하는 것이 중요하다.

아이팟, 아이폰을 만들고 애플을 전 세계 최고의 혁신기업으로 만든 스티브 잡스는 통찰력을 얻기 위해 "소크라테스와 오후 한나절을 보낼 수 있다면 우리 회사의 모든 테크놀로지를 주고도 아깝지 않다."라는 말을 남겼다. 이것은 세상의 흐름을 꿰뚫어보는 통찰력이 얼마나 중요한지를 말해주는 예라고 할 수 있다.

창의적인 콘텐츠기획을 위해서는 워렌 버핏처럼 지금의 현상을 보고 미래를 투자하는 통찰력과 스티브 잡스처럼 인문학적 사고를 바탕으로 기업의 방향을 결정하는 통찰력이 있어야 한다.

국내를 넘어 세계로

세계 최고의 전자회사는 가전, 통신, 반도체 등 부품에서 완성품까지 생산하는 삼성전자다.

삼성전자는 코로나19로 인한 경기침체 가운데서도 2020년도 매출액 236조, 영업이익 36조 원으로 전년(매출액 230조, 영업이익 27조) 대비 좋은 실적을 거두었으며 반도체, TV, 모니터 등의 분야에서 시장점유율 세계 1위를 차지하고 있다.

삼성전자의 2020년 매출액은 우리나라 콘텐츠 총매출액 125조보다 100조 이상 많으며, 기업 가치인 시가총액에 있어서 1990년대 벤치마킹 대상이었던 소니, 파나소닉, 샤프, 도시바, 히타치의 시가총액을 모두 합친 것보다 많다.

삼성전자는 2020년 인터브랜드에서 조사한 브랜드 순위 5위, 포브스에서 조사한 브랜드 가치 7위, 페이스북 브랜드 부문 팬 수 1위를 차지하는 세계적인 기업으로 성장하였다.

창립한 지 51년 만에 437만 배의 폭발적인 매출 성장을 거둔 삼성전자의 비결은 무엇일까?

세계 최고의 기업이 된 삼성전자의 모태는 1938년 말 '별표국수'란 상표로 대구에서 사업을 시작하였다. 그리고 이후 삼성물산, 제일제당, 제일모직, 삼성전자 등으로 사업 영역을 확장한다.

전자 분야에서도 1958년에 창립한 LG전자(전 금성사)보다 10년 이상 늦은 1969년에 사업을 시작하였지만 1989년 국내 시장점유율 1위를 달성하였고, 1993년 신경영선언과 함께 세계로 도약하기 위해 회사

로고를 바꾸면서 새로운 발판을 마련하였다.

그렇다면 삼성전자는 어떻게 세계 1위의 전자 회사가 될 수 있었을까?

경영자의 탁월한 리더십일까? 반도체 시장의 선점일까? 삼성맨들의 뛰어난 업무추진 능력 때문일까?

이 모든 것들이 복합적으로 이루어진 결과라고 할 수 있겠지만 삼성전자가 세계 1위가 될 수 있었던 비결은 국내를 넘어 세계를 대상으로 시야를 넓혀 글로벌 마케팅을 전개한 것에서 찾을 수 있다. 삼성전자는 국내를 넘어 세계에 브랜드를 알리기 위해 1997년 5월 7일 처음으로 올림픽공식 파트너가 된다. 즉 국내를 넘어 세계에 브랜드를 알리기 위해 올림픽 스폰서십을 획득한 것이다.

삼성전자는 1998년 나가노 동계올림픽을 시작으로 2028년 로스엔젤레스올림픽까지 무선통신 분야의 메인 스폰서로서 세계적인 브랜드를 확고히 하기 위한 활동을 계속하고 있다.

삼성전자의 90년대 초반 매출액은 현재 매출액의 약 1/48 수준으로 총매출이 5조 원 정도였다. 그러나 올림픽 스폰서로 활동을 시작한 1998년부터 급성장을 하면서 올림픽이 열리는 해마다 매출이 2배 이상씩 확대되었다.

올림픽 스폰서로 활동하기 위해서는 후원사로서의 권리를 획득하기 위해 1억 달러 정도를 지불해야 하고 효과를 보기 위해 스폰서 비용의 10배 정도를 마케팅 비용으로 투여해야 하므로 올림픽 스폰서가 된 회사는 최소 1조 원 이상의 비용을 사용해야 한다. 1조 원이 넘는 엄청난 비용에도 불구하고 삼성전자는 세계시장에 브랜드를 각인시키기 위해 과감하게 투자를 함으로써 반도체 1등 신화를 바탕으로 스마트폰, TV, 모니터, LCD 패널 등의 세계 1등 제품과 더불어 세계적인 브랜드 반열에 오를 수 있게 되었다. 세계를 목표로 정하고 이에 맞는 마케팅과 경영지원 시스템을 만듦으로써 세계 1등을 가능하게 한 것이다.

세계 1등이 되기 위해서는 세계를 무대로 한 목표와 이를 달성하기 위한 투자와 노력이 반드시 있어야 한다. 즉 삼성전자의 세계 1위 비결은 세계 시장을 목표로 마케팅을 시행한 글로벌한 통찰력에 기인한다고 볼 수 있다.

스마트시대로의 변화를 읽지 못하고 역사 속으로 사라진 기업들

매일 매일 급변하는 디지털 환경 속에서 새로운 제품으로 급부상을 했다가 세상의 흐름과 고객의 변화를 감지하지 못해 몰락하는 기업의 사례를 많이 볼 수 있다.

노키아, 모토롤라, 코닥 등 세계 일류 브랜드들이 역사 속에서 사라졌고, 코로나19로 더욱 어려워진 세계 경제 속에서 변화에 대응하지 못한 수많은 1등 기업들이 어려움을 겪고 있다.

치열한 경쟁 속에서 살아남아 1등으로서의 위치를 유지하기 위해서는 변화하는 트렌드와 고객의 기호에 맞춘 통찰력 있는 기획과 전략적 실행이 절대적으로 요구된다.

우리는 워렌 버핏, 스티브 잡스, 삼성전자 등 차별화된 통찰력으로 성공한 사례를 살펴보았다.

워렌 버핏처럼 지금의 현상을 보고 미래를 투자하는 통찰력, 스티브 잡스의 인문학적 사고를 바탕으로 기업의 방향을 결정하는 통찰력, 삼성전자의 글로벌 비즈니스를 위한 통찰력이 세계 1등을 만들었다. 이와 같이 1등 콘텐츠기획을 위해서는 세상의 변화를 읽고 인문학적으로 사고하며 이를 전 세계를 무대로 사업을 전개할 통찰력을 가져야 할 것이다.

하지만 요즘은 세상이 너무나도 빠르게 변하기 때문에 통찰력만 가지고는 성공할 수 없게 되었다. 그렇다면 통찰력을 높이기 위해서는 어떤 방법이 있을까?

새로운 시장을 개척하는 창조적 통찰력

급변하는 디지털시대에는 새로운 통찰력이 있어야 한다.예측하지 못했던 코로나19로 변화가 더욱 심화된 요즘에는 미래를 예측하는 것이 더욱 어렵기 때문에 현재에 안주하지 않고 새로운 세상을 개척하여야 하며, 이를 위해서는 새로운 시각으로서의 창조적 통찰력이 요구된다.

아마존의 제프 베조스, 구글의 래리 페이지, 페이스북의 마크 주커버그, 테슬라의 일론 머스크는 스마트시대로의 변화를 예측하고 미리 준비함으로써 세계적으로 성공을 거둔 CEO들이다. 이들의 공통점은 '창조적 통찰력'으로 새로운 시장을 개척하고 선점하여 세계 1등 기업이 되었다는 것이다.

이미 세상의 모든 시장은 포화상태이다. 그래서 많은 기업들이 새로운 시장을 선점하기 위해 10년 후의 사업을 고민하고 이를 준비하기 위해 많은 자원을 투자하고 있다.

그런데 제프 베조스, 래리 페이지, 마크 주커버그, 일론 머스크는 10년 후보다 더 멀리 미래를 생각하고 개척자처럼 새로운 세상을 발견하고 신시장을 넘어 신세계를 구축하고 있다.

이 위대한 CEO들 중에서도 전기자동차를 만든 테슬라의 일론 머스크는 가장 도전적인 창조적 통찰력을 가진 사람이라고 할 수 있다. 수많은 기업들이 돈을 벌 수 있는 최고의 방법은 무엇인가를 생각하지만 일론 머스크는 '인류의 미래에 지대한 영향을 줄 수 있는 핵심은 무엇인가를 생각'하는 모험가로서 전기자동차를 만드는 테슬라부터, 민간 우주여행 시대를 열어갈 스페이스X, 솔라시티 등 인류의 미래와 관련된 다양한 분야를 선구적으로 개척하고 있다.

2017년 14살이 된 테슬라는 114살의 자동차제국 포드의 시가총액을 넘어섰고, 2020년에 들어서면서 세계 자동차 생산 1위인 도요타를 누르고 시가총액 1위에 올랐다. 이로 인해 일론 머스크는 세계 2등 부자가 되었다.

어떻게 이런 일이 가능하게 되었을까?

일론 머스크는 미래 시장을 개척하는 모험가로서의 도전정신으로 투자자들을 모았으며, 전기차 외에도 차세대 이동 수단으로 '하이퍼루프(Hyperloop)'를 고안하고 시운전에 성공하였다. 하이퍼루프는 최고 시속 1,200km로 달리는 초고속 진공튜브 캡슐 열차로 서울에서 부산까지 20분이면 도착할 수 있다. 도심 근처까지 이동하는 철도의 특성을 고려하면 비행기보다 빠른 교통수단이 된다. 영화에서나 상상할 수 있던 것들이 일론 머스크의 멋진 상상과 실천력으로 현실 속에서 가능하게 된 것이다.

과학과 기술의 발전 속도가 급속히 빨라지는 요즘, 달로의 여행을 꿈꾸는 사람이 많다. 일론 머스크는 이를 현실화 하고자 우주개발기업 '스페이스X'를 이끌고 있다.

스페이스X는 펠컨 헤비로 본격적인 민간우주 시대의 문을 열었다. 2018년 2월 8일 펠컨 헤비로켓의 발사에 성공해 화성 주위의 소행성 단을 향해 순항 중이다. 2018년 9월 CNBC에 따르면 머스크는 스페이스X 차세대 우주선 BFR(Big Falcon Rocket)과 함께 일본 최대 온라인 쇼핑몰 '스타트 투데이'와 '조조타운'의 창업자인 마에자와 유사쿠가 2023년 달에 가는 것으로 계약하였다. 이것이 이루어진다면 1972년 아폴로의 달 탐사 이후 두 번째로 사람이 달에 발을 딛게 된다.

또한 2020년 11월에는 유인 우주선 발사에 성공하며 4명의 우주인이 국제우주정거장(International Space Station)에 2021년 봄까지 머무르게 된다.

스페이스X의 미래 모습은 2017년 10월, 우리나라에서 개봉했던 영화 지오스톰(Geostorm)에서 보면 기후 재난을 예방하기 위해 세계 인공위성 조직망을 통해 날씨를 조종할 수 있는 '더치 보이 프로그램'에 문제가 생기자 주인공이 공항으로 가서 우주선을 타는 모습과 유사하다. 항공우주국(NASA)으로 가야만 탈 수 있는 우주선을 민간인이 운영하는 공항에서 타게 되는 것이다.

지금은 달로 여행하려면 수십 억에서 수백 억 원의 엄청난 돈이 든다. 천문학적인 비용을 낮추기 위해 일론 머스크는 10년 간의 노력 끝에 발사 추진체를 재활용하는 방법에 성공하며 발사 비용을 기존의 10분의 1로 낮추는 쾌거를 이루었다. 남들은 그냥 버린다고 생각하는 엔진체를 재활용한다는 단순한 발상의 전환으로 놀라운 성과를 거둔 것이다.

이로 인해 2020년 11월에 발사한 유인우주선의 비용을 기존의 1인당 1,000억 원(러시아 소유즈 우주선 이용 비용)에 비해 200분의 1 수준인 5억 원 정도로 낮추었다.

스페이스X를 비롯하여 아마존 제프 베조스의 블루 오리진, 버진그룹 리처드 브랜슨의 버진 갤럭틱 등 민간 우주기업들이 달 관광, 달까지 화물 운송 등 우주 비즈니스 경쟁을 벌이고 있다. 일론 머스크와 제프 베조스의 목표는 화성에 사람이 살 수 있는 주거지를 만드는 것으로 그들은 2025년 유인우주선 발사를 계획하며 100년 내에 100만 명을 화성으로 이주시키겠다고 발표하였는데, 이를 위해 공중 급유 방식으로 연료를 보충하며 80일이 걸릴 것으로 예상되는 이동 시간을 30일로 단축하는 방법을 찾고 있다. 이러한 추세에 맞추어 방송, 영화 등에 다양한 우주 관련 콘텐츠가 기획되고 만들어지고 있다. 그 예로써 2018년 tvN에서 방송된 〈갈릴레오 깨어난 우주〉, 영화로는 〈인터스텔라〉, 〈마스〉, 〈그래비티〉 〈애드 아스트라〉, 최근 넷플릭스의 〈어웨이(Away)〉 시리즈 등이 있다.

구글의 래리 페이지는 칼리코라는 산하 기업을 통해 2013년부터 노화의 원인과 수명 연장을 연구하고 있다. 구글 칼리코 프로젝트는 벌거숭이 두더지쥐의 수명이 32년으로 다른 쥐보다 10배나 길고 암에 걸리지도 않으며 고통도 느끼지 않는 점에 주목하여 한 생물이 가지는 모든 '유전정보 유전체', 즉 게놈 해독으로 항노화, 수명연장의 유전자를 추적하며 '인간 500세 프로젝트'를 추진하고 있다.

이밖에도 구글은 아트엔컬쳐 프로젝트(artsandculture.google.com)를 통해 구글과 파트너 관계인 미술관 소유 작품을 온라인에서 고해상도로 감상할 수 있는 콘텐츠를 제공하고 있다. 현재 40개국 151개 미술관이 참여하고 있으며 3만 점 이상의 작품을 구글 아트엔컬쳐 홈페이지에서 다양하고 흥미로운 콘텐츠를 온라인으로 즐길 수 있다.

세상을 변화시키고 미래를 창조하기 위해서는 이처럼 창조적인 통찰력과 열정적인 실행력이 요구된다. 일론 머스크, 래리 페이지, 제프 베조스 등 세계적인 CEO들은 오늘도 원대한 목표와 열정을 가지고 변화의 주도권을 쥐기 위해 새로운 미래를 창조하기 위해 부단히 새로운 시장에 도전하고 있다.

신시장을 개척하기 위해서는 새로운 통찰력이 필요하다.

구글은 검색사업자 시장에서 검색 엔진이라는 지식의 패러다임을 바꾸어 새로운 시장을 만들었고, 페이스북은 기존 미디어들을 모아 플랫폼화 하여 모두의 미디어를 만듦으로써 24억 명이 쓰는 거대한 소셜 미디어 기업이 되었다. 아마존은 대시 버튼, 아마존고, 알렉사, 드론배송 등 편리한 쇼핑과 배송 방법을 변화하는 환경에 맞추어 만들어냄으로써 새로운 커머스의 세계를 열며 세계 1등 인터넷쇼핑 기업이 되었다. 애플은 ios라는 자신들만의 폐쇄 플랫폼으로 아이폰이라는 모바일 세상을 창조하였으며, 유튜브는 콘텐츠의 플랫폼으로 영상 공유, 검색 분야에서 최고의 기업이 되었다.

콘텐츠기획자들도 우주, 인공지능, 로봇, 의료 등 미래분야에 관심을 가지고 새롭고 창의적인 콘텐츠를 기획하는 것에 적극 활용해야 할 것이다.

통찰력을 키우는 5가지 키워드

통찰력을 키우기 위해서는 관심, 질문, 관점, 관찰, 정의라는 5가지 키워드에 주목해야 한다.

생각의 출발점으로 관심을 갖고 질문을 하게 되면 보는 관점이 생기고, 이를 통해 현상을 자세하게 관찰하여 세상을 보는 기준으로서 정의를 할 수 있게 됨으로써 자연스럽게 통찰력을 가지게 된다.

통찰력을 얻기 위해 중요한 것은 관심과 질문이다. 즉 무엇인가에 관심을 가지게 되면 가장 먼저 질문을 하게 된다.

왜 저렇게 되었을까?

왜 그렇게 하였을까?

성공 요인은 무엇일까?

어떻게 1등이 될 수 있었을까?

비용은 얼마나 들었을까?

언제부터 시작하였을까? 어디서부터 시장을 공략하였을까?

누가 기획하고 추진하고 있는가?

관심을 가지면 문제에 대한 다양한 질문을 하게 된다. 질문은 생각을 하게 만들고 답을 찾기 위해 다양한 정보를 수집하게 되며 이를 분석하여 문제 해결에 대한 관점을 가지게 된다.

관점은 현상을 자세하게 관찰할 수 있는 시각을 갖게 해 주며 나만의 통찰력을 갖게 한다. 즉 관심은 질문을, 질문은 관점을, 관점은 관찰을 하게 만들어 현상과 사물에 대한 통찰의 힘을 단계적으로 갖게 만들어 준다. 통찰력을 지속적으로 유지, 발전시키기 위해서는 '관심-질문-관점-관찰'의 프로세스를 반복하여 업그레이드 해야 한다.

삼성그룹을 탄생시킨 이병철 회장은 생전에 다섯 가지의 질문법을 통해 잘못된 부분을 바로 잡으며 새로운 사업에 대한 아이디어와 사업 운영에 대한 방향에 대한 아이디어를 얻었다.

첫째, 왜 그럴까? 둘째, 어떻게 그렇게 됐나? 셋째, 뭐가 잘못된 건가? 넷째, 어떻게 되고 있나? 다섯째, 어떻게 해야 하는가?

세상을 읽는 통찰력의 출발점으로 고 이병철 회장의 5WHY처럼 모든 일에 관심과 호기심을 가지고 나만의 차별화된 생각을 만들어 봐야 한다.

아마존 제프 베조스의 통찰력 넘치는 14가지 명언

세계 최대 인터넷 쇼핑몰을 운영하며 세계 1등 부자가 된 아마존의 제프 베조스는 비즈니스의 혁신을 이끌고 있는 CEO라고 할 수 있다. 그는 온라인 사이트 아마존을 열고 인터넷으로 책을 판매하면서 사업을 시작한 이후로 수없이 많은 혁신을 거듭하면서 아마존을 세계 1등 기업으로 성장시켰다.

온라인 미디어 비즈니스 인사이더에서 소개한, 세계 최고의 기업을 만든 제프 베조스가 내놓은 14가지 명언을 공유하고자 한다. 많은 사람들에게 통찰력을 제공한 제프 베조스의 명언을 참고하여 나만의 빛나는 통찰력을 갈고 닦아도록 하자.

1. 만족 : "회사는 화려하게 보이는 데 연연해서는 안 된다. 빛나는 것은 지속되지 않는다."

(On complacency : "A company shouldn't get addicted to being shiny, because shiny doesn't last.")

2. 혁신 : "다른 통제 요소와 마찬가지로 절약할 수밖에 없는 상황도 혁신을 채찍질한다. 비좁은 박스에서 탈출하기 위해선 빠져나가는 특별한 방법을 고안해내야 한다."

(On innovation : "I think frugality drives innovation, just like other constraints do. One of the only ways to get out of a tight box is to invent your way out.")

3. 발전 : "경쟁자만 바라본다면, 경쟁자가 무언가 새로운 것을 할 때까지 기다려야 한다. 고객에 집중하면 보다 선구자가 될 것이다."

(On progress : "If you're competitor-focused, you have to wait until there is a competitor doing something. Being customer-focused allows you to be more pioneering.")

4. 신생 기업의 조직 문화 : "회사 문화의 여러 부분은 경로 의존적이다. - 그것은 길을 가면서 배워 쌓는 것이다."

(On developing company culture : "Part of company culture is path-dependent - it's the lessons you learn along the way.")

5. 새로운 아이디어 : "발명을 하다 보면, 늘 예기치 않은 행운이 따르기 마련이다."

(On new ideas : "There'll always be serendipity involved in

discovery.")

6. 비판자들 : "비판받는 것을 두려워한다면, 그냥 아무것도 하지 않으면 된다."

(On haters : "If you never want to be criticized, for goodness 'sake don't do anything new.")

7. 동기 : "나는 선구자가 더 좋은 제품을 만든다고 확신한다. 그들은 더 많이 고민한다. 선구자에게는 어떤 일이 단순한 사업이 아니다. 돈이 돼야 하고, 말이 돼야 하지만 그게 전부가 아니다. 선구자는 자신을 설레게 만드는, 가치 넘치는 일을 한다."

(On motivation : "I strongly believe that missionaries make better products. They care more. For a missionary, it's not just about the business. There has to be a business, and the business has to make sense, but that's not why you do it. You do it because you have something meaningful that motivates you.")

8. 친구 사귀기 : "지혜롭지 않은 사람과 어울리기에 우리의 인생은 너무 짧다."

(On choosing friends : "Life's too short to hang out with people who aren't resourceful.")

9. 도덕 : "가장 끔찍했던 경험은 은행에서 사람들에게 '휴가를 즐기기 위해 집을 두 번째로 저당 잡혀라.'라고 광고하는 것을 본 것이었

다. 악마처럼 돈을 벌어선 안 된다."

(On morals : "The one thing that offends me the most is when I walk by a bank and see ads trying to convince people to take out second mortgages on their home so they can go on vacation. That's approaching evil.")

10. 전략 : "아마존은 18년 동안 3가지 생각으로 성공을 이룩했다. 고객을 우선 생각하라, 개발하라, 그리고 인내하며 기다려라."

(One strategy : "We've had three big ideas at Amazon that we've stuck with for 18 years, and they're the reason we're successful: Put the customer first. Invent. And be patient.")

11. 성장 : "모든 사업은 계속해서 젊어져야 한다. 고객이 당신과 함께 늙어간다면 당신은 지루하다고 불평하는 사람이 될 것이다."

(On growth : "All businesses need to be young forever. If your customer base ages with you, you're Woolworth's.")

12. 방향 선회 : "당신이 고집스럽지 않다면 실험을 너무 빨리 포기할 것이다. 당신이 유연하지 않다면 벽에 머리를 박기만 할 뿐, 문제를 풀 다른 해결책을 찾을 수 없을 것이다."

(On pivoting : "If you're not stubborn, you'll give up on experiments too soon. And if you're not flexible, you'll pound your head against the wall and you won't see a different solution to a problem you're trying to solve.")

13. 마케팅 : "과거에는 멋진 서비스를 만드는 데 30%, 이를 알리는데 70%의 시간을 썼다. 새 시대에는 반대다."

(On marketing : "In the old world, you devoted 30% of your time to building a great service and 70% of your time to shouting about it. In the new world, that inverts.")

14. 가격 : "세상에는 두 종류의 회사가 있다. 고객에게서 돈을 더 받기 위해서 일하는 회사와 덜 받기 위해서 일하는 회사. 아마존은 후자다."

(On pricing : "There are two kinds of companies, those that work to try to charge more and those that work to charge less. We will be the second.")

창의적 콘텐츠기획자의 6가지 역량

첫째, 시장 및 정보 분석 능력이 있어야 한다.
시장을 조사하고 수집한 정보를 분석하여 적용할 수 있도록 데이터를 가공하는 능력을 길러야 한다.

둘째, 프로모션 및 이벤트 기획력이 있어야 한다.
기획한 내용을 사람들에게 알리고, 오게 하고, 사게 할 수 있도록 세일즈 프로모션을 기획하는 힘이다.

셋째, 커뮤니케이션 능력이 있어야 한다.

기획한 내용을 공유하고 이를 효과적으로 수행할 수 있도록 관련된 사람들, 기관과 소통하는 힘을 말한다.

넷째, 매체 및 광고 집행력이 있어야 한다.

콘텐츠 홍보를 성공적으로 시행하기 위한 온오프 광고매체 수단을 선정하고 예산을 책정하는 능력이다.

다섯째, 제휴 및 협상 능력이 있어야 한다.

예산의 효율적 운영 및 마케팅 효율 극대화를 위해 관련된 기업, 기관과의 공동 마케팅을 위한 협상 능력을 말한다.

여섯째, 문서 작성 능력이 있어야 한다.

문서 작성 능력은 기획 내용을 내외부적으로 설득, 실행할 수 있도록 문서를 논리적으로 작성하는 힘이다.

21세기는 누가 성공할 수 있을까?

코로나시대, 창의적 기획자로 성공하려면 콘텐츠 전문가가 되어야 한다. "only the paranoids survive"는 인텔의 전 회장이었던 앤디 그루브가 한 말이다. 편집증을 가진 사람, 즉 한 우물 만을 파는 사람만이 살아남을 수 있다는 말로, 앞으로는 전문가가 되어야 성공할 수 있다는 뜻이다. 비슷한 말로 '불광불급(不狂不及)'이 있다. '미치지 않으면 미칠 수 없다.'는 뜻으로 전문가, 즉 프로가 되기 위해서는 자신이 좋아하는 분야에 미칠 정도로 푹 빠져야 목표한 위치에 도달할 수 있다는 것이다.

'덕후'는 어떤 분야에 몰두해 전문가 이상의 열정과 흥미를 가진 사람들을 지칭하는 말이다. 일본어 오타쿠(御宅, おたく)도 비슷한 말이다. 21세기는 IT가 변화의 중심이 되면서 덕후가 곧 능력자인 시대로, 전문가가 스타로 대접받는 시대다.

컴퓨터 덕후인 페이스북의 마크 주커버그는 중학생 때 프로그래밍을 시작해 집 근처 대학원에서 IT 수업을 청강하였고, 고등학교 재학 중에는 시냅스 미디어 플레이어라는 소프트웨어를 개발하였다. 대학교 때는 페이스북을 만들어 현재 세계에서 24억 명이 쓰는 소셜미디어를 만들었다.

영화 덕후인 쿠엔틴 타란티노는 어릴 때부터 극장을 돌아다닌 영화광으로 중학교 때부터 각본을 쓰기 시작했으며, 비디오가게 점원으로 일하면서 방대한 영화 지식을 바탕으로 손님들에게 영화를 추천해 준게 할리우드까지 알려지면서 봉준호 감독이 2020년 아카데미 시상식에서 존경을 표할 정도로 세계적인 영화감독이 되었다.

스마트 세계를 연 애플의 스티브 잡스, SNS로 세계를 제패한 페이스북 마크 주커버그, 최고 검색서비스 포털인 구글의 래리 페이지, 온라인게임 리니지로 성공한 엔씨소프트의 김택진 등 이들의 공통점은 한 분야에 집중하여 세계적으로 성공한 콘텐츠기획자라고 할 수 있다. 코로나시대는 더욱 콘텐츠에 대한 전문가의 시대로 패러다임이 변할 것이다.

콘텐츠기획 전문가의 조건

슈투트가르트 발레단의 수석 발레리나이며 독일 무형문화재인 우리나라 국립발레단의 강수진 예술감독은 30년 이상 하루에 18시간씩 20만 시간을 연습했다고 한다. 세계적인 베스트셀러 작가 로버트 그린은 찰스 다윈, 모차르트의 사례를 들면서 마스터가 되기 위해서는 2만 시간의 도제식 훈련이 필요하다고 말하였다.

2만 시간은 하루에 4시간씩 훈련했을 경우, 13.7년이 소요된다. 평범한 사람도 2만 시간, 즉 13년 이상의 혹독한 수련을 받으면 거장 반열에 오를 수 있다는 말이다.

그런데 2만 시간은 너무 긴 시간이다. 조금 더 시간을 줄일 수 있는 방법은 없을까?

베스트셀러 작가이자 경영사상가 말콤 글래드웰은 <아웃라이어> (OUTLIERS, 성공의 기회를 발견한 사람들)라는 책에서 프로, 즉 전문가가 되기 위해서는 '1만 시간'이 필요하다고 말하였다.

2009년 1월 16일 150여 명의 승객을 태운 US Airways 1549호는 새떼와의 충돌로 허드슨강에 불시착하게 되어 많은 사상자를 낼 수도 있었다. 그런데 무사히 강에 착륙하고 전원이 구출되는 기적과 같은 일이 벌어졌다. 한 사람도 다치지 않고 무사히 비행기 착륙하고 구출될 수 있었던 것은 1만 시간 이상의 비행기록을 갖고 있던 조종사의 판단과 숙련된 조종기술이었다.

1만 시간이란 1일 3시간, 1주일 20시간씩, 10년이 걸리는 시간이다. 즉 매일 3시간씩 10년을 노력한다면 최고의 전문가가 될 수 있다는 것이다.

그런데 10년 역시 강산도 변한다는 매우 긴 시간이다. 긴 시간을 앞당기기 위해 전직 사진가였던 미국의 댄 맥롤린은 체계적이고 치밀한 1만 시간의 훈련을 통해 PGA투어 선수가 되겠다는 꿈을 가지고 하루에 6시간씩, 주 6회, 6년 안에 목표를 달성하겠다는 계획을 세워 실행했다.

하지만 6년도 긴 시간이다. 조금 더 시간을 줄일 수는 없을까?

조금 더 빨리 전문가가 되기 위해서는 목표, 시간 관리, 기본이라는 세 가지가 필요하다.

첫째, 목표의 설정이다.

팀 페리스가 집필한 〈타이탄의 도구〉란 책에서 우리는 목표에 대한 방향과 방법을 알 수 있다. 저자는 '이 세상에서 가장 부유하고 지혜롭고 건강한 슈퍼히어로들, 세계적 클래스의 타이탄들도 초능력은 없었다. 대신 그들에게 뚜렷한 목표가 있었다. 물론 우리에게도 목표가 있다. 다만 결정적인 차이가 하나 있다. 타이탄들이 갖고 있는 목표는 종종 일반 사람들의 눈에는 정말 터무니없거나 실현 불가능한 것처럼 비친다.'고 말하였다.

타이탄은 그리스신화의 제우스를 중심으로 한 올림포스 신들이 통치하기 전에 세상을 다스리던 거대한 체격을 가진 막강한 신의 종족이다. 우리는 그들의 목표에서 현재는 실현불가능 하지만 뚜렷한 목표를 가지면 분명히 이룰 수 있다는 확신을 가질 수 있다.

목표 달성을 효과적으로 하기 위한 방법으로 만다라트 계획표가 있다. 만다라트 계획표는 일본 디자이너 이마이즈미 히로아키가 개발한 발상 기법으로 Manda(본질, 깨달음)에 La(소유, 성취)와 Art(기술)를 합친 말로 9개의 정사각형 칸을 그리고 가운데 칸에 목표를 적은 뒤, 나머지 칸에 그 목표를 이루기 위한 계획과 생각을 적는 계획 발상법이다.

현재는 미국 메이저리그 LA 에인절스에서 뛰고 있는 투수 오타니 쇼헤이가 고등학교 시절 작성했던계획표가 알려지면서 큰 주목을 받았다.

몸관리	영양제 먹기	FSQ 90kg	인스텝 개선	몸통 강화	축 흔들지 않기	각도를 만든다	위에서부터 공을 던진다	손목 강화
유연성	몸 만들기	FSQ 130kg	릴리즈 포인트 안정	제구	불안정 없애기	힘 모으기	구위	하반신 주도
스테미너	가동역	식사 저녁 7숟갈 아침 3숟갈	하체 강화	몸을 열지 않기	멘탈을 컨트롤	볼을 앞에서 릴리즈	회전수 증가	가동력
뚜렷한 목표, 목적	일희일비 하지 않기	머리는 차갑게 심장은 뜨겁게	몸만들기	제구	구위	축을 돌리기	하체 강화	체중 증가
펀치에 강하게	멘탈	분위기에 휩쓸리지 않기	멘탈	8구단 드래프트 1순위	스피드 160km/h	몸통 강화	스피드 160km/h	어깨주변 강화
마음의 파도를 안만들기	승리에 대한 집념	동료를 배려하는 마음	인간성	운	변화구	가동력	라이너 캐치볼	피칭 늘리기
감성	사랑받는 사람	계획성	인사하기	쓰레기 줍기	부실 청소	카운트 볼 늘리기	포크볼 완성	슬라이더 구위
배려	인간성	감사	물건을 소중히 쓰자	운	심판을 대하는 태도	늦게 낙차가 있는 커브	변화구	좌타자 결정구
예외	신뢰받는 사람	지속력	긍정적 사고	응원받는 사람	책읽기	직구와 같은 폼으로 던지기	스트라이크 볼을 던질때 제구	거리를 상상하기

계획표를 보면 중간에 8구단 드래프트 1순위라는 목표를 세우고, 주위에 이를 달성하기 위한 8가지 키워드를 추출한다. 그리고 8가지

키워드를 실천하기 위한 8가지의 실행계획으로 총 72가지의 계획을 기록하고 실행하는 것이다.

오타니 쇼헤이는 만다라트 계획표를 통해 불과 2년 만에 목표를 이루게 되었다고 한다.

전문가가 되기 위한 두 번째 방법은 시간 관리다.

시간 관리는 시간을 효율적으로 쓰는 것이다. 제한된 시간을 잘 쓰려면 다음과 같은 방법을 사용해야 한다.

1. 시간 분할 : 1년, 반기, 분기, 월, 일주일, 일, 오전, 오후 등으로 시간을 나누어 계획하고 실행하는 것이다. 처음에는 이렇게 세부적으로 시간을 나누는 것이 조금 힘들고 어색하겠지만 3~4일 하다 보면 계획적으로 시간을 활용하고 남는 시간에 더 많은 일을 할 수 있게 된다.

2. 우선순위 설정 : 단기, 중기, 장기 목표로 나누어 무엇을 먼저 할지 정하는 것이다.

3. 단기목표 시간계획 수립 : 목표를 이루려면 제일 먼저 단기목표를 세워야 한다. 예를 들어 졸업 후에 목표하는 것을 위해 단기적으로 이루기 위해 1학기, 더 세부적으로는 3월에 무엇을 할 것인지 목표를 확실하게 정해야 한다.

4. 일/주 단위 리뷰 및 재수립 : 월 계획을 주, 일별로 나누고 실행한 후에 평가하며 다시 계획을 수립하여 시간 관리를 하는 것이다.

마라톤에서 가장 중요한 것은 시간 관리다. 우승을 하기 위해서는 코스와 시간대 별로 어떠한 주법으로, 어느 정도의 스피드로 달릴 것인지에 대한 전략을 수립해야 한다. 스타트부터 승부처를 어디로 삼을지 구체적인 시간 전략과 이를 실천하며 준비하는 자세가 필요하다.

이상과 같이 시간 관리를 하면 자신이 세운 목표에 한 걸음 더 빠르게 갈 수 있을 것이다.

전문가가 되기 위한 세 번째 방법은 기본이다. 기본이 탄탄해야 목표를 이룰 수 있다.

창의적인 콘텐츠기획 전문가가 되기 위해서는 목표와 시간 관리가 필요하며 이를 실천하기 위한 기본이 되어 있어야 한다.

목표를 이루려면 절대 한순간의 노력만으로 이룰 수 없다. 목표의 실현이라는 고지를 향해 기본을 다지고 꾸준하게 준비하고 실천하는 사람만이 성공의 기쁨을 맛볼 수 있다. 그리고 목표를 정복하기 위해서는 성공한 전문가들을 롤모델로 삼고 이들이 어떻게 성공하였는지를 살펴보며 자신에 맞게 재설정하고 실행해야 한다.

대부분의 성공한 전문가들은 모두 기본에 충실했던 사람들이다. 목표를 달성하기 위한 기본이 무엇인지를 살펴보고 이를 바탕으로 목표 설정 및 시간 관리를 해야 할 것이다. 콘텐츠기획은 목표를 이루기 위해 콘텐츠를 어떻게 기획하고 실행할 것인가에 대한 기본을 만드는 것에 충실해야 한다.

콘텐츠기획을 잘 하려면 먼저 나 자신의 기획을 잘 해야 한다.

나는 누구인가를 가장 먼저 생각해보고 이를 바탕으로 나의 목표, 꿈은 무엇인지를 정한다. 그리고 꿈을 이루기 위해 목표를 세웠는지 체크하고, 이를 달성하기 위한 단기에서 중장기까지의 계획을 세운다.

계획을 세울 때는 너무 큰 목표보다는 가능한 목표를 세우고, 세운 계획은 반드시 실행할 수 있도록 지속적으로 점검하고 스스로를 평가하도록 한다.

콘텐츠기획의 기본은?

콘텐츠기획을 위해서는 앞에서 살펴본 바와 같이 기본이 튼튼해야 한다.

콘텐츠기획의 기본은 무엇일까? 개념과 프로세스를 정확히 이해하고 단계별로 적용하는 것이다. 즉 콘텐츠기획의 개념을 정확히 파악하고 이를 기획 프로세스에 맞추어 단계별로 적용하는 것이다.

콘텐츠기획을 위해서는 첫째, 개념을 정확히 파악해야 한다.

개념(槪念)이란 무엇인가?

사전을 찾아보면 개념, 즉 컨셉(Concept)은 개개의 사물로부터 공통적, 일반적 성질을 뽑아내서 이루어진 표상이다. 즉 여러 가지에서 공통되고 일반적인 것을 뽑아내 누구나 이해할 수 있도록 종합한 하나의 정의가 개념이다. 그래서 기획한 것을 한마디로 표현하고자 할 때 컨셉을 사용하는 것이다. 모든 일의 개념 정립이 운영의 출발점이며, 콘텐츠를 기획할 때도 개념, 즉 컨셉이 가장 중요하다.

필자가 대기업에 근무하며 CEO들에게 보고할 때 가장 먼저 질문하는 것이 기획의 컨셉이 무엇인가였다. 즉 기획의 기본으로 컨셉, 즉 개념이 정확히 잘 잡혀 있는가를 확인하고자 한 것이다.

창의적 콘텐츠기획을 위해서는 콘텐츠의 개념을 정확히 파악해야 한다.

콘텐츠란 사전적 의미로 내용물, 목차다. 그러나 일반적으로 콘텐츠를 칭하는 데 있어 멀티 미디어 콘텐츠, 디지털 콘텐츠, 인터넷 콘텐츠 등 혼농되어 사용되고 있다. 일반 텍스트 정보, 비디오, 음악 등 멀티

미디어 상품이나 서비스를 형성하는 지적재산권을 콘텐츠라 정의할 수도 있다. 즉 문자·음성·영상 등의 다양한 정보 형태가 통합되어 생성·전달·처리되도록 하는 시스템 및 서비스에서 활용되는 정보서비스 내용물을 가리킨다.

페이스북의 마크 주커버그, 알리바바의 잭 마윈, 해리포터의 조엔 롤링 등 세계적으로 유명한 이 사람들의 공통점은 무엇일까?

모두가 창조적인 콘텐츠로 성공한 사람들이다.

21세기의 패러다임은 지식 정보의 시대를 뛰어넘어 상상력, 창의력이 핵심이 되는 창조의 시대로 이동하였다. 특히 창조경제란 창조성을 바탕으로 다양한 영역에서 가치를 향상시키는 경제 구조다. 미래학자인 롤프 얀센(Rolf Jensen)은 '제품을 파는 것이 아니라 이야기가 주는 이미지와 감성을 파는 시대'라고 창조경제시대를 규정하였다.

창조경제의 핵심은 콘텐츠다. 요즘 분야를 막론하고 "콘텐츠가 관건이다." "콘텐츠가 풍부해야 한다." 등 '콘텐츠'라는 말이 자주 회자되고 있다. 우리나라도 세계 5대 콘텐츠강국 진입, 시장점유율 6%를 목표로 하고 있다.

이처럼 중요한 콘텐츠를 우리의 미래경쟁력으로 확보하기 위해서는 콘텐츠에 대한 정확한 개념 이해와 활용 방법을 고민해야 할 것이다. 콘텐츠의 시대에 가장 주목받고 있는 것은 '문화콘텐츠'다.

문화콘텐츠는 문화와 콘텐츠가 합쳐진 말이다.

문화란 무엇인가? 문화는 사전적 의미로 사회의 주요한 행동양식이나 상징 체계로 의식주, 언어, 풍습, 종교, 학문, 예술, 제도 등이 있다. 즉 문화는 사회구성원들로부터 배우고 전달받은 모든 것을 말한다. 그렇다면 우리는 문화를 통해 무엇을 전달할 것인가에 대한 콘텐츠기획이 필요하다.

그리고 문화콘텐츠는 문화와 콘텐츠의 복합어로 창조성이 있는 문화적 요소가 내포된 형태의 제품, 소프트웨어, 서비스 등의 내용물을 말한다. 문화콘텐츠는 정보, 데이터 등의 지식을 기반으로 인터넷, 디지털, SNS 등으로 전 세계가 네트워크화 되고 스마트 플랫폼으로의 기술 기반을 바탕으로 전통 자원, 문화예술, 생활양식, 이야기 등의 문화적 요소에 창의적 상상력 및 감성적인 스토리텔링을 통해 형성된 영화, 게임, 애니메이션, 캐릭터, 뮤지컬, 콘서트, 모바일 콘텐츠, AR, VR, 1인 미디어 등의 문화 산물을 지칭한다.

즉 문화콘텐츠는 생활양식, 역사적 기록, 이야기, 경험 등과 같은 문화의 원형적 요소에 창의적 기획력을 가미하여 경제적 부가가치를 창출하는 문화상품을 말한다, 문화콘텐츠산업은 "문화상품을 기획·제작·가공하여 생산하거나 유통, 마케팅 및 소비 과정에 참여하여 경제 가치를 창출하거나, 이를 지원하는 모든 연관 산업"이라고 말할 수 있다.

문화콘텐츠의 종류는 방송, 영화, 게임, 캐릭터, 애니메이션, 음악, 출판 등이 있고 아날로그에서 디지털로의 변화에 따라 디지털 영상, 이러닝, 디지털 음악, 전자출판, 콘텐츠 유통, 어플리케이션, 소셜네트워크서비스, 클라우드 컴퓨팅, AR, VR, AI, 블록체인 등의 디지털 콘텐츠로 다양하게 발전하고 있다. 그리고 유통 방식에 따라 유/무선 인터넷 콘텐츠, 방송 콘텐츠, 극장용 콘텐츠, PC게임, 아케이드게임, AR, VR 콘텐츠 등 다양한 형태로 구분되고 있다. 특히 하드웨어, 소프트웨어, 네트워크 서비스가 합쳐지는 3중 융합의 트라이버전스 현상이 일어났다. 이는 PC 기반의 인터넷, TV 기반의 미디어, 스마트폰 기반의 커뮤니케이션이 하나로 합쳐지는 것으로 디지털 융합은 더욱 가속화되어 새로운 디지털 콘텐츠가 다양한 장르로 재창조되고 있다.

  사회가 발전할수록 사람들은 일상을 통해 받게 되는 스트레스를 풀고, 재충전하기 위해 더욱 문화에 열중하게 된다. 코로나시대에는 사람들이 문화콘텐츠를 통해 위로받고 힐링하기 위해 더욱 수요가 늘어나고 있다. 그래서 문화콘텐츠 산업은 21세기 고부가가치의 신성장동력산업으로 세계 각국과 주요 기업들이 콘텐츠시장을 선점하기 위해 국가적 지원 및 과감한 투자를 경쟁적으로 늘려가면서 치열한 경쟁이 벌어지고 있다.

  문화콘텐츠는 국가경쟁력의 시작점이다. 한류를 일으킨 드라마, 현재 전 세계에 K-POP의 열풍을 일으킨 우리의 가요를 시작으로 방송, 게임, 에니메이션, 뮤지컬 등 다양한 문화콘텐츠로 우리나라의 대외 경쟁력이 높아지고 있다.

  단계적으로 살펴보면 한국 문화콘텐츠의 세계적인 확산은 우리 문화에 대한 관심을 높이게 되고 이를 통해 한국에 대한 이미지가 상승하게 된다. 이는 바로 스마트폰, TV, 자동차, 패션 상품 등 우리나라 기업에서 생산한 제품의 구매로 연결되고 마지막으로 한국 문화콘텐츠를 직접 보고 체험하기 위해 우리나라를 방문하는 관광산업과 비즈니스 체결이라는 커다란 결실을 맺게 된다.

  한국 문화콘텐츠산업의 2019년 매출액은 125조 원이며, 수출액 103억 달러로 연평균 16.2%의 높은 성장세를 기록하고 있다.

문화콘텐츠로 성공한 대표적인 해외 사례를 살펴보면 미국은 미키마우스 캐릭터 하나로 한 해 6조 원의 매출을 거두고 있다. 이는 미키마우스 콘텐츠를 가지고 방송, 테마파크 운영, 캐릭터 사업 등으로 영역을 확장했기 때문이다. 영국의 〈해리포터〉 시리즈는 7권의 책이 67개 언어로 번역되어 4억 5천만 부가 판매되었고, 8편의 영화로 70억 달러(8조 원)의 수입을 올렸다. 작가 조앤 롤링은 10억 달러(1.2조)의 수익을 얻었고, 테마파크 운영 등 총 300조 원 이상의 부가가치를 만들어 냈다.

이는 삼성전자 2019년 매출액 230조 원보다 70조 이상 크며, 우리나라 문화콘텐츠 산업 매출의 2배나 되는 엄청난 숫자이다. 일본의 포켓몬스터는 13년 동안 총 39조 원, 연간 3조 원의 매출을 올렸고, 애니메이션 콘텐츠로 만화, 영화, 캐릭터, 게임 등으로 확장하는 OSMU(One-Source Multi-Use) 전략에 기인한다.

이밖에도 영화 〈반지의 제왕〉으로 프로도 경제효과를 얻는 뉴질랜드는 2만 명의 고용 창출이 이루어졌고, 캐나다는 전 세계를 대상으로 '태양의 서커스' 공연을 통해 1조 원의 매출을 달성하는 예술경제를 이루었다.

태양의 서커스는 1984년 퀘백주 정부에서 100만 달러(11억)를 지원받아 시작되었다. 태양의 서커스는 당시 싼 가격, 스타 곡예사와 동물묘기에 의존함에 따라 쇠락하는 서커스를 완전히 새로운 문화예술 복합 콘텐츠로 재창조하자는 생각에서 출발하였다. 안락한 좌석과 편의시설을 갖춘 공간에서 전통적 서커스 요소에 연극, 뮤지컬, 무용 등의 다양한 예술 장르를 융합하여 공연의 질을 올린 고급스러운 문화공연으로 자리매김함으로써 비싼 관람료에도 관객이 찾게 되는 큰 성공을 거둘 수 있었다.

　태양의 서커스는 상설공연과 순회공연으로 200개의 도시에서 9천만 명 이상이 관람하며 2013년에 매출 10억 달러(1.2조 원)를 달성하였고, 〈아바타〉를 만든 제임스 카메론 감독과 〈나니아 연대기〉의 앤드류 아담슨 감독의 연출로 3D 영화(Worlds Away)까지 만들었다. 그리고 캐나다 본사 홈커밍데이를 통한 제작진, 공연가와의 만남, 여행사와 연계한 체험상품, MD상품 제작 등으로 비즈니스를 확대하였다.

　이상의 사례에서 본 것처럼 문화콘텐츠가 국가 경쟁력에 미치는 파급 효과는 대단하다는 것을 실감할 수 있을 것이다.

　우리나라의 문화콘텐츠로 성공한 최근 사례를 보면 방탄소년단, 핑크퐁, 배틀 그라운드 등이 있다. 방탄소년단(BTS)은 2019년에 이어 코로나19가 시작된 2020년에도 한국을 전 세계에 알리는 데 가장 큰 역할을 했다. 세계적인 보이 그룹, 방탄소년단의 경제효과는 'BTS 이코노미'라고 불리우는데, 2019년 6개월간 세계 10개 도시를 순회하는 월드스타디움 투어를 통해 창출한 직간접 경제 가치는 한해 평균 5조 5,600억 원에 이른다고 현대경제연구원은 보고서를 통해 발표하였다.

　방탄소년단은 미국에서 시작해 꿈의 무대라 불리는 영국 웸블리 스타디움을 거쳐 해외가수 단독으로는 처음으로 사우디아라비아 스타디움 공연 후 지난해 10월 서울에서 세 차례의 콘서트를 열었다. 2019년 마지막으로 열린 서울 콘서트에서 방탄소년단은 17일간 열렸던 평창 동계올림픽의 70%에 육박하는 경제적 효과를 창출하였다.

　2020년 'Dynamite'로 한국 가수 최초로 미국 빌보드 메인 싱글차트 '핫 100' 1위를 차지한 데 이어, 한글 가사로 된 신곡 'Life Goes On'도 정상에 오르며 빌보드 역사의 한 페이지를 장식하기도 했다.

11월 20일 발매한 앨범 'BE(Deluxe Edition)'는 메인 앨범 차트 '빌보드 200'에서 정상을 거머쥐었다. 타이틀곡 'Life Goes On'은 '핫 100' 차트 1위를 차지했다. 발매 첫 주 성적이 반영된 빌보드의 두 메인 차트 모두 1위로 진입하는 쾌거를 달성했다.

빌보드에 따르면, 한글 가사 위주의 곡이 '핫 100' 차트에서 1위에 오른 것은 빌보드 차트 62년 역사상 최초다. 뿐만 아니라 같은 주에 '핫 100'과 '빌보드 200' 두 메인 차트에서 동시 1위로 신규 진입한 그룹은 방탄소년단이 유일하다. 더욱 주목할 점은 디지털 싱글 'Dynamite'로 처음 '핫 100' 차트에서 1위를 했다는 소식을 접한 날, 일곱 멤버의 꾸밈없는 대화를 녹음한 'Skit'을 제외하고 'BE'에 수록된 7곡 모두 '핫 100' 차트에 올랐다는 것이다. 'BE' 앨범 8번 트랙에 실린 'Dynamite'가 3위로 전주 대비 11계단 급반등했고, 'Blue & Grey' 13위, 'Stay' 22위, '내 방을 여행하는 법' 69위, '잠시' 70위, '병' 72위 순으로 일제히 차트인 했다.

BTS처럼 한국을 대표하며 세계 무대에 진출한 콘텐츠는 유튜브 최고 조회수(74억 회)를 기록 중인 핑크퐁(캐릭터), 배틀 그라운드(게임), 레진코믹스(웹툰) 등이 있다.

문화콘텐츠가 국가 경제에 미치는 영향은 매우 크다. 한류의 세계화에 따라 게임, 음악, 드라마, 영화, 1인 미디어 등 많은 콘텐츠들이 수출되고 있다. 그런데 현재 우리나라 콘텐츠산업에서 보강할 부분도 있다. 이전에 중국에 판매한 콘텐츠에 대해 모 방송사에서는 '재주는 곰이 부리고 돈은 왕서방이 번다.'는 제목의 스페셜 프로그램을 방영하였는데, 주요 내용은 우수한 콘텐츠를 제대로 된 값으로 팔고 있지 못하고 있다는 것이었다. 이 문제를 해결하기 위해서는 콘텐츠 '기획'과 '마케팅'에 대한 보강이 필요하다고 생각된다.

첫째, 시장에 맞게 콘텐츠를 제작, 기획할 수 있는 '안목', 즉 통찰력이 있어야 한다. 특히 시장을 읽을 수 있는 기획 역량이 무엇보다 중요하다. 이를 위해 콘텐츠기획자에게는 문화, 사업, 시장 등을 분석하고 각 시장에 맞는 콘텐츠를 창조할 수 있는 복합적인 역량이 있어야 한다.

둘째, 기획한 콘텐츠를 좋은 가격으로 판매할 수 있는 능력, 즉 글로벌 마케팅 역량이 있어야 한다. 나라, 기업별로 비즈니스 관행의 차이와 계약 조건이 천양지차이므로 이에 대한 정확하고 차별화 된 마케팅을 해야 수익을 높일 수 있을 것이다.

세계 시장에서 성공할 수 있는 글로벌 문화콘텐츠를 기획하기 위해서는 다음 사항을 고려해야 한다.

첫째, 글로벌시장을 분석하면서 지역 특성을 고려하여 콘텐츠기획을 차별화 하여야 한다.

둘째, 경쟁이 격화되는 콘텐츠시장에서 새로운 시장을 위한 통찰력, 즉 안목을 길러야 한다.

셋째, 콘텐츠를 수용할 시장에 맞는 차별화 된 기획과 마케팅, 특히 소셜미디어를 활용한 SNS 마케팅 전략을 수립해야 한다.

넷째, 단계적으로 점진적인 세일즈 마케팅을 함으로써 실패 확률을 최소화 하고 수익을 극대화 시키도록 해야 한다. 특히 기획을 완료한 후에는 대상 국가별로 법과 계약 조건을 사전에 반드시 파악하여 손실을 입지 않도록 유의한다.

문화 CPND

우리는 지금 콘텐츠시대를 살고 있다. 콘텐츠시대의 핵심 기반은 ICT(Information and Communications Technologies) 정보통신기술로 모든 것이 연결되고 새로운 콘텐츠를 창조하게 된다. ICT의 키워드는 'CPND'다. 콘텐츠의 C, 플랫폼의 P, 네트워크의 N, 디바이스의 D에서 나온 CPND 생태계가 구축되어야 콘텐츠 경제는 성장할 수 있다.

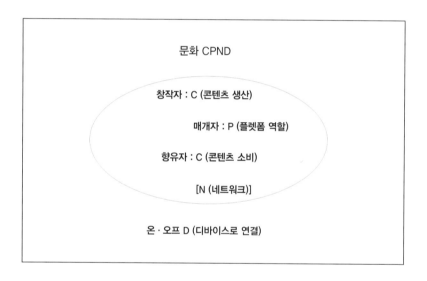

CPND의 개념은 무엇일까? 단순하게 콘텐츠, 플랫폼, 네트워크, 디바이스라고 이해할 것이 아니라 이것이 어우러져 만들어내는 하나의 현상을 이해해야 한다.

예를 들어 우리는 방송사의 콘텐츠를 인터넷 서비스라는 플랫폼을 통해 5G 네트워크를 활용, 스마트폰 디바이스를 중심으로 테블릿 PC, TV 등으로 볼 수 있는 것이다. 즉 콘텐츠가 운영될 수 있는 플랫폼이라는 무대에서 상호 유기적인 네트워크가 이루어져야 하며, 이는 디바이스를 통해 구현될 때 ICT가 성장할 수 있는 것이다.

문화콘텐츠 기획자, 창작자는 CPDN 생태계를 정확히 이해하고 콘텐츠를 소비하는 타깃을 목표로 유튜브, 인스타그램, 틱톡 같은 플랫폼을 통해 다양한 네크워크와 연계하며 스마트폰, 태블릿 PC, TV 등의 디바이스로 즐길 수 있는 콘텐츠를 만들어야 할 것이다.

문화콘텐츠기획 프로세스

문화콘텐츠의 개념을 정확히 이해했다면 이를 프로세스에 맞춰 기획을 해야 한다.

프로세스(Process)란 무엇인가?

프로세스는 사전적 의미로 여러 가지 현상이 관련을 맺으면서 법칙적으로 진행하는 것, 과정이라고 나와 있다. 컴퓨터에서는 연속적으로 실험되는 프로그램을 말한다. 즉 콘텐츠를 기획할 때 콘텐츠를 둘러싼 여러 환경을 이해하고 관련을 맺으면서 법칙적으로 정해진 순서에 맞추어 진행해야 한다는 것이다. 그렇다면 콘텐츠의 기획 프로세스는 어떻게 진행해야 할까? 성공적인 콘텐츠기획 프로세스를 알아보기 위해 세계 1등 스마트폰인 갤럭시 스마트폰의 기획 프로세스를 먼저 살펴보며 콘텐츠기획에 적용해 보면 되겠다.

다음은 삼성 갤럭시 스마트폰 신제품을 출시하기 위한 기획 프로세스이다.

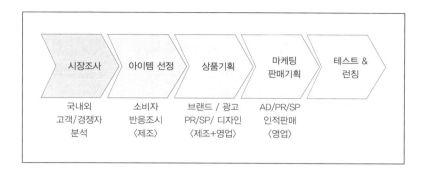

시장조사	아이템 선정	상품기획	마케팅 판매기획	테스트 & 런칭
국내외 고객/경쟁자 분석	소비자 반응조사 〈제조〉	브랜드 / 광고 PR/SP/ 디자인 〈제조+영업〉	AD/PR/SP 인적판매 〈영업〉	

새로운 스마트폰을 기획하기 위해서는 가장 먼저 시장조사를 해야 한다. 시장조사는 세계와 국내를 대상으로 고객은 어떤 스마트폰을 선호하는지, 니즈는 무엇인지, 경쟁자는 어떤 제품을 팔고, 만드는지를 파악하는 시장조사가 제일 먼저 이루어져야 한다. "현장에 답이 있다."라는 말에서도 기획의 첫걸음이 시장조사에 있음을 알 수 있다.

시장조사를 하게 되면 우리는 새로운 정보를 알게 되고, 이를 바탕으로 어떤 아이템을 개발할지를 협의하고, 소비자반응 조사를 통해 어떤 제품을 만들지에 대한 아이템을 선정하게 된다. 이를 바탕으로 새로운 스마트폰의 상품기획이 이루어지고, 이를 잘 알리고, 팔기 위해 브랜드, 광고, 홍보, 세일즈 프로모션, 디자인 등의 마케팅 전략을 기획한다. 스마폰이 완성되면 내부 필드 테스트를 통해 문제점을 사전에 파악하고 개선한 후 신제품을 런칭하게 된다.

이처럼 스마트폰 기획은 '시장조사-아이템선정-상품 기획-마케팅/판매기획-필드 테스트/런칭'의 프로세스에 맞추어 기획되고 만들어지게 된다.

예를 들어 갤럭시폰은 어떻게 세계 최고의 스마트폰이 될 수 있었을까?

애플을 제치고 세계 1위가 된 갤럭시폰은 삼성 스마트폰만의 정확한 개념 정립과 더불어 시장조사에서 런칭 단계까지 세분화 된 출시 프로세스를 수립하고, 이를 철저히 실행하며 문제점을 피드백함으로써 지속적으로 발전시켰기 때문에 가능했다.

콘텐츠기획 프로세스

성공하는 콘텐츠의 기획도 갤럭시폰과 마찬가지로 시장조사에서 런칭까지 콘텐츠 특성과 환경에 맞추어 정해진 순서에 따라 법칙적으로 만들어져야 한다. 즉 콘텐츠기획은 갤럭시 스마트폰 기획처럼 제일 먼저 국내외 콘텐츠시장을 조사하고, 이를 통해 얻은 정보를 바탕으로 새롭게 기획할 콘텐츠의 아이템을 선정한다. 아이템은 아직 가공되지 않은 순수한 현장의 정보이므로 이를 차별화 하기 위해 트렌드, 고객, 경쟁자를 고려하여 한 단계 업그레이드된 아이디어로 가공한 후 지속적인 경쟁력을 확보하기 위해 시기와 계절감을 살려 스토리텔링을 입힌다.

예를 들어 우리나라의 대표적인 수출 콘텐츠인 게임을 기획하기 위해서는 국내외 게임시장 조사를 통해 새롭게 제작할 게임의 아이템을 선정하고 이에 아이디어를 더해 기존게임과 차별화 하고 재미있고 설득력 있게 전달하기 위해 스토리텔링을 개발하여 베타 테스트를 거친 후 시장에 출시하게 된다. 즉 콘텐츠기획 프로세스는 아래 도표와 같이 '시장조사-아이템 선정-아이디어 차별화-스토리텔링-기획'의 5단계로 이루어진다.

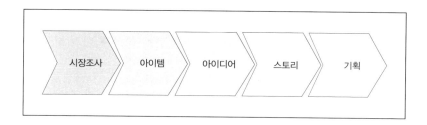

시장조사 → 아이템 → 아이디어 → 스토리 → 기획

시장조사에서 스토리텔링까지는 생각하는 단계이고, 이를 기획서로 옮기는 단계를 기획이라고 할 수 있다.

성공적인 콘텐츠기획을 위한 단계

방탄소년단, 핑크퐁, 해리포터, 미키마우스, 겨울왕국 등과 같이 세계적으로 성공한 글로벌 콘텐츠로 만들기 위해서는 3단계 기획을 해야 한다.

1단계는 기획할 콘텐츠에 대한 정확한 개념과 현황을 이해하는 것이다.

2단계는 콘텐츠기획 프로세스에 대해 단계별 연구를 하여 자신이 기획하는 콘텐츠에 적용해 보는 것이고, 3단계는 세계 1위 콘텐츠의 기획과 마케팅을 벤치마킹하여 차별화 된 방식으로 콘텐츠에 적용하는 것이다.

그렇다면 콘텐츠를 업그레이드 하기 위해서는 어떻게 해야 할까?

2020년 2월 JTBC에서 방송 중인 〈트레블러 아르헨티나〉라는 방송 프로그램에서 출연진들은 세계 3대폭포 중 하나라고 하는 이과수폭포를 방문한다. 이과수폭포는 약 3km에 걸쳐 최대 낙폭 80m 높이에서 270여 개의 엄청난 물줄기가 굉음과 함께 쏟아져 내려 보는 사람들을 압도한다.

이 폭포를 보고 떠오른 생각을 기획으로 연결시켜 매장을 열어 크게 성공한 사업가가 있다. 무슨 사업으로 성공했을까? 여러분이라면 이과수폭포 앞에서 어떤 매장을 운영하면 성공할 수 있을까? 잠시 생각해보자.

무더운 곳이므로 생수, 주스, 콜라 등 시원한 음료수를 파는 곳, 세계적인 관광명소이므로 기념품상점, 거대한 폭포수로 인해 물안개가 많이 일어나므로 우비 판매점 등 여러 가지를 생각을 할 수 있다.

이곳에서 성공한 사업가가 운영한 것은 과일빙수카페였다. 이과수폭포라는 지역적 특성과 폭포 앞이라는 고온다습한 기후 조건, 뜨거운 태양이 내리쬐는 곳에서 여러분이 관광객이라면 가장 필요한 것은 무엇일까?

강렬한 햇빛과 폭포에서 나오는 습기를 피하며 장엄한 폭포를 구경할 수 있는 시원하고 쾌적한 장소, 갈증과 무더위를 해결해 줄 시원한 먹을거리가 제일 먼저 생각날 것이다. 과일빙수카페를 오픈한 사업가는 이과수폭포라는 지리적 요소에 자신이 관광을 하면서 느꼈던 생각에서 아이템을 추출하고 여기에 아이디어를 더하여 창업하고 성공하게 되었다.

사업가의 아이템은 이과수폭포 앞에 더위와 습기를 피할 수 있는 커다란 유리창이 달린 카페에서 빙수를 파는 것이었다. 이 아이템에 외국인들이 팥을 먹지 않는다는 점을 고려하여 이과수폭포 지역에서는 값싸게 구입할 수 있는 싱싱한 열대과일이 듬뿍 담긴 시원한 빙수로 아이디어를 더하여 큰 성공을 거두었다.

이는 폭포라는 원형 콘텐츠에 시원하고 쾌적함을 원하는 고객의 니즈(Needs)를 반영하여 한 단계 업그레이드된 차별화된 기획을 하여 만든 성공사례이다.

콘텐츠기획을 한 단계 더 업그레이드 하기 위해서는?

이과수폭포 앞에 1차적인 매장이 아니라 환경을 고려하여 기존 매장을 업그레이드한 과일빙수카페로 성공한 사례처럼 콘텐츠기획을 한 단계 더 업그레이드 하려면 어떻게 해야 할까?

인문학, 자연과학, 미래학 등 3가지 학문을 단계별로 업그레이드 하며 활용하는 방법이 있다.

1단계는 인문학적인 융합이다. 이는 문화적 요소에 사회적 하드웨어, 소프트웨어를 믹스하여 새로운 콘텐츠를 만들어 내는 것이다. 즉 스토리, 멜로디, 드라마, 갤러리 등의 문화적 코드에 텍스트, 이미지, 소리, 무대, 미디어 등의 요소를 융합하여 새로운 콘텐츠를 만들어 내는 것이다.

예를 들면 신화, 전설, 민담 등의 이야기 소재에 철학, 문학, 역사학, 고고학, 종교학 등의 인문학적 요소를 결합하여 새로운 융합 콘텐츠를 만드는 것이다. 전통적인 도깨비의 무서운 모습에 아이들을 타깃으로 귀엽고 익살스러운 아기 도깨비 뮤지컬, 애니메이션, 연극 같은 콘텐츠를 만들어 내는 것이다.

2017년에는 tvN 드라마 〈도깨비〉가 우리에게 다가왔다. 케이블 TV

최고의 시청률을 기록한 〈도깨비〉의 방영과 함께 갑자기 판매가 급증한 콘텐츠가 있다. 그것은 시집이었다. 주인공 공유가 낭송했던 '사랑의 물리학'이라는 시가 시집 판매에 영향을 미친 것이다.

공유가 읽었던 김인육의 시인의 '사랑의 물리학'을 보자.

"질량의 크기는 부피와 비례하지 않는다 제비꽃 같이 조그마한 계집애가 꽃잎같이 하늘거리는 그 계집애가 지구보다 더 큰 질량으로 나를 끌어당긴다 순간, 나는 뉴턴의 사과처럼 사정없이 그녀에게로 굴러떨어졌다 쿵 소리를 내며, 쿵쿵 소리를 내며 심장이 하늘에서 끝까지 아찔한 진자 운동을 계속하였다. 첫사랑이었다."

이 예에서 보면, 드라마의 인기에 힘입어 시집이라는 콘텐츠가 팔리게 되었다는 점이다. 특히 읽는 시집이 아니라 독자가 시 옆에 직접 적을 수 있는 참여형 필사 시집이었다. 한글을 넣은 한복, 양복, 스카프 등 패션 상품도 이러한 사례라 할 수 있다.

콘텐츠를 차별화 하고 업그레이드 시키기 위해 최근 인문학에 주목하고 있으며, 이는 콘텐츠를 글로벌하게 기획하고 마케팅하기 위함이다. 인문학 중 심리학과 역사학을 통해 우리는 고객의 심리를 파악하고 역사 속의 전쟁사를 통해 승리의 아이디어를 얻을 수 있다.

차별화 된 콘텐츠기획을 위해서는 인문, 역사 관련 책을 많이 읽어야 한다. 인류의 역사는 대부분 전쟁을 통하여 발전해 왔고 이를 통해 승자가 되기 위한 방법을 역사를 통해 배울 수 있기 때문이다.

그리고 인문학 서적을 통해서는 콘텐츠를 구매하는 고객을 이해하고 접근하는 방법을 논리적으로 풀어가는 방법을 습득할 수 있다. 즉 전쟁과 같은 콘텐츠시장의 경쟁 관계 속에서 승자의 조건을 발견하기 위해서는 인문학에 관심을 가지고 이를 전략적으로 콘텐츠 개발, 기획, 마케팅에 활용해야 할 것이다. 그래서 요즘 애플, 삼성, 구글, 페이스북과 같은 세계적인 콘텐츠 기업들은 인문학적 소양을 갖춘 소프트웨어 전문가를 채용하는 데 주력하고 있다.

2단계는 인문학에서 한 걸음 더 나아가 수학, 의학, 과학 등의 자연과학 분야와 결합하여 좀 더 업그레이드 되고 차별화 된 콘텐츠를 만드는 것이다. 세계적으로 크게 히트한 '토이스토리'는 애니메이션에 기하학, 미분을 적용하여 제작비를 줄임으로써 애플에서 나온 스티브 잡스의 재기에 발판을 마련해 주었고 이를 계기로 애플로 금의환향할 수 있게 해 주었다.

구글을 만든 세르게이 브린은 전공인 응용수학을 활용하여 검색엔진의 알고리즘을 만들고 이를 통해 세계 최고의 인터넷 검색기업으로 성장하게 되었다.

이처럼 세계적인 콘텐츠 기업인 애플과 구글의 성공 뒤에는 수학이 있었다. 소설과 수학이 만난 무라카미 하루키의 〈1Q84〉, 댄 브라운의 〈로스트 심볼〉, 이선영의 〈천년의 침묵〉 등이 수학지식을 인용하거나 수학 역사의 실재 사건을 통해 소설이라는 콘텐츠의 영역을 확대한 경우이며, 양자물리학, 평행우주론 등 과학을 활용한 영화와 소설 등의 콘텐츠들도 활발하게 만들어지고 있다. 수학을 싫어하는 학생들에게 재미와 자신감을 주기 위하여 스토리텔링 수학책이 나오는 것도 자연과학과 연계한 콘텐츠로 업그레이드한 사례라 할 수 있다.

3단계는 미래학이다. 기존의 콘텐츠와 완전 차별화 및 시장을 선점하는 것이다. 미래학(futures studies, futurology)은 미래에 일어날 일을 시간축에서 연구하는 학문으로 과거 또는 현재의 상황을 바탕으로 미래사회의 모습을 예측하고, 그 모델을 제공하는 학문으로 미래의 상황에 대비하고 현재 진행하고 있는 일의 방향을 알아보는 일 등에 사용된다.

기획은 현재 하는 일이지만 콘텐츠를 런칭하는 것은 미래의 일이므로 콘텐츠를 성공적으로 기획하고 마케팅하기 위해서는 다가올 미래를 파악하고 이를 적용하고 준비해야 하기 때문에 미래학의 학습과 적용이 필요하다.

다음 사진에서 우리는 미래학의 중요성을 엿볼 수 있다. 그렇다면, 미래의 모습을 상상해 그린 아래의 그림은 몇 년도에 그려졌을까?

담배를 피우면서 헤드셋을 착용한 채 화상통화를 하는 두 여인의 모습을 상상해서 그린 이 그림은 놀랍게도 지금으로부터 144년 전인

1877년에 그려진 것이다. 현재의 화상통화를 거의 정확하게 상상하여 그렸다.

대규모 프로젝트의 콘텐츠를 기획하는 경우, 작성하는 시점과 실행하는 시점은 차이가 많으므로 실행할 시점의 상황을 예측하기 위해서는 미래에 대한 이해와 적용이 절대적으로 요구된다.

예를 들어 출산율 저하와 초고령화 사회로의 인구구조 변화, 대도시로의 집중화, 기후 변화 등 앞으로 다가올 메가트렌드를 통해 새로운 유망 콘텐츠와 사업을 예측할 수 있다. 즉 글로벌 경쟁이 치열하게 이루어지는 현재에서 새롭게 다가올 미래 시장을 선점하기 위해서는 이러한 미래를 예측하기 위한 메가트렌드에 주목하고 준비를 해야 할 것이다. 미래에 대한 지식과 통찰력을 가지기 위해서는 아무래도 미래 사회와 관련된 책과 자료를 보며 콘텐츠를 기획하고 준비하는 것이 가장 좋을 것이다.

콘텐츠기획의 시작은 시장조사와 환경 분석

콘텐츠기획의 시작은 어디서부터 해야 할까?

세계적인 경영학자이며 마케팅 권위자인 필립 코틀러는 모든 전략은 기획에서 출발하며, 기획은 시장조사에서 시작된다고 말하였다. 전략을 수립하기 위해서는 기획부터 해야 하며 기획을 하기 위해서는 국내외, 온오프 시장조사가 가장 먼저 이루어져야 한다는 뜻이다.

콘텐츠기획을 시작하기 위해서는 시장조사, 즉 현재의 글로벌 환경에 대한 조사와 분석을 해야 한다.

콘텐츠기획의 출발을 위해서는 현재의 시대 특성을 정확히 파악하고 이해해야 한다.

지금은 스마트시대, 뉴미디어시대, 4차산업혁명의 시대이다.

먼저 스마트시대의 환경에 대해 살펴보자.

지금 우리는 매일 새로운 콘텐츠와 기술이 나오며 급속하게 변화하는 시대에 살고 있다. 우리 주위를 둘러싼 의식주, 모든 환경이 너무나 빠르게 변화되고 있다. 수렵사회에서 농경사회로 오는 데까지 3만 년, 농경사회에서 산업사회로 변화하는 데 3천 년, 산업사회에서 정보사회로 이동하기까지 3백 년이 걸렸다. 그런데 PC와 인터넷으로 빠르게 진행되던 정보사회가 창조사회로 옮겨가는 데는 30년밖에 걸리지 않았다.

코로나19로 시작된 2020년은 새로운 세상, 새로운 일상의 뉴노멀로 매일 매일 새로운 변화를 만나고 있다. 과거의 3만 년, 3천 년, 3백 년, 30년의 진화가 이제는 1년도 채 걸리지 않게 된 것이다.

그 이유는 무엇일까?

지금으로부터 30년 전 PC가 보급되기 시작할 무렵 저장 매체로 활용되던 플로피디스크는 디스켓으로, 디스켓은 작은 이동식 저장장치인 USB(Universal Serial Bus)로, USB는 메모리카드로 점점 소형화 되었고, 지금은 이러한 유형의 저장 매체보다 데이터를 인터넷과 연결된 중앙컴퓨터에 저장해서 인터넷에 접속하기만 하면 언제 어디서든 데이터를 이용할 수 있는 클라우드라는 가상공간에 저장하는 시대가 되었다.

저장하는 매체가 점차 소형화 되고 현재는 가상공간을 활용 가능하게 된 것은 스마트폰 때문이다. 중국은 최근 10년 동안 급속도로 성장하여 미국과 함께 G2 체제를 구축하고 있는데, 이러한 배경에는 중국의 사회 환경이 PC 시대를 넘어 스마트폰을 사용하는 모바일 체계로 시스템이 변화된 것도 큰 이유일 것이다.

자, 그렇다면 스마트시대에는 1분 동안 어떠한 일이 일어날까?

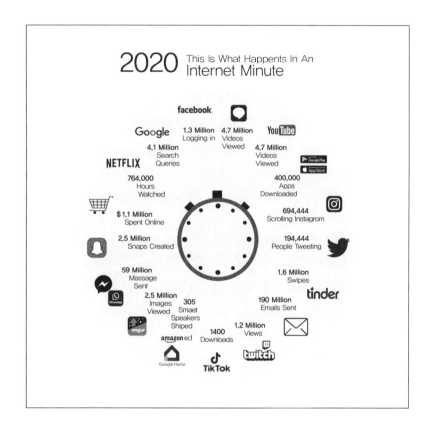

2020년 기준으로 1분 동안 트위터에서는 19만 트윗이 보내지고, 40만 개의 앱이 다운로드 되며 페이스북은 130만 번 로그인 된다. 유튜브에서는 470만 개의 비디오를 보며, 1시간에 1년 동안 볼 수 있는 유튜브 영상이 만들어지고 업로드 된다. 실로 엄청난 세상이다.

스마트시대의 하루는 몇 시간일까? 우리가 모두 알고 있듯이 하루는 24시간이지만 스마트시대에는 하루가 31시간 28분이라고 한다. IITP(정보통신기획평가원)의 ICT(정보통신기술) 〈Brief 보고서〉에서 인용한 자료에 따르면, 미국 성인이 하루 평균 소비하는 시간은 31시간 28분으로 물리적 시간인 24시간보다 7시간 28분을 더 초과해 소비한다고 한다.

특히 7시간 28분은 오디오 콘텐츠를 들으며 운동, 운전, 회사 업무 등 한 번에 두 가지 이상 일을 동시에 하는 것으로 조사됐다.

우리는 멀티태스킹 시대에 살고 있다. 이를 가능하게 한 것은 스마트폰이다. 우리 모두는 손에 스마트폰이라는 슈퍼 컴퓨터를 들고 다니는 시대에 살고 있는 것이다.

5G로 엄청나게 빨라진 인터넷, 모든 모바일 사용자가 SNS로 연결되고 저장된 신용카드로 해외직구를 하는 국경이 없는 세상 속에 살고 있다. 이러한 스마트폰으로 인해 세상이 급변함으로써 많은 기업들이 성공하고 또 실패하게 되었다.

스마트한 시대의 변화

페트로차이나, 엑손모빌, GE, 중국이동통신, 마이크로소프트, 중국공상은행, 페트로브라스, 로얄더치셸, AT&T, P&G는 2008년 세계 시가총액 상위 10개 기업이었다. 이들 기업들은 2018년 어떻게 되었을까? 2008년 10위 안에 있던 기업 중 2018년에도 계속 남아 있는 기업은 마이크로소프트뿐이다. 왜 이렇게 되었을까?

2018년 세계 10위 안에 든 회사는 투자전문회사인 버크셔헤서웨이, JP모건, 생활용품 관련 기업인 존슨&존슨과 애플, 알파벳, 아마존, 마이크로소프트, 텐센트, 페이스북, 알리바바 등 스마트폰과 관련된 콘텐츠를 생산, 서비스하고 있는 회사들이다.

불과 10년 만에 어떻게 한 개의 기업을 빼고 모든 기업들이 10위권 밖으로 밀려났을까?

스마트폰을 중심으로 한 모바일 디지털로의 환경변화를 그 원인으로 들 수 있다. 즉 10위 밖으로 밀려난 기업들은 스마트 환경으로의 변화를 읽지 못하고 고객들에게 원하는 새로운 가치를 제공하지 못했기 때문이다.

그렇다면 빅데이터, 인공지능(AI), 블록체인, AR/VR 등 급속하게 발전하는 기술의 변화를 어떻게 활용해야 앞으로 주도권을 잡을 수 있을까?

이를 위해서는 시장을 읽고 변화를 주도할 수 있는 새로운 생각, 즉 새로운 시장을 창조하는 통찰력이 필요하다. 2021년 1월 블룸버그에서 발표한 세계 부자순위 1~10를 살펴보면 1위는 테슬라의 일런 머스크이며, 2위는 아마존의 제프 베조스, 3위는 마이크로소프트의 빌 게이츠, 5위 페이스북의 마크 주커버그, 7, 8위는 구글의 래리 페이지와 세르게이 브린, 9위 마이크로소프트의 스티브 발머 등 7명이 스마트한 기술과 콘텐츠 관련된 기업가 들이다.

특히 아마존의 제프 베조스는 예스24와 같은 인터넷서점을 시작으로 인터넷과 스마트시대의 가치를 순차적으로 동시에 공략하며 이전

부동의 세계 1위였던 마이크로소프트사의 빌 게이츠를 제치고 2019년부터 세계 1위의 부자로 등극하였다.

이렇게 시가총액이 바뀌고 부자의 순위가 달라진 것은 스마트시대로의 변화에 따른 소비자 가치의 변화를 파악하고 이를 효과적으로 공략하였기 때문이다.

스마트시대의 가장 큰 변화가 일어나고 있는 나라는 중국이라고 해도 과언이 아니다. 2019년 중국 부자 순위를 살펴보면 1위 알리바바의 잭 마윈, 2위인 텐센트의 마화텅 그리고 10위까지 6명이 인터넷, IT 콘텐츠와 관련된 사람들이다.

이들 중 텐센트와 알리바바에 우리는 주목해야 한다.

2018년 기준 아시아 시가총액 1위 기업은 중국의 텐센트이다. 텐센트는 PC 메신저 QQ, 모바일 메신저 '위쳇', 온라인 포털 QQ.com, 인터넷 및 모바일게임 서비스, '위뱅크' 등 핀테크 서비스, 위쳇을 기반으로 각종 O2O(Online to Offline) 서비스를 주로 하고 있는 회사다.

이 회사가 스마트시대에 주목받은 이유는 QQ, 위쳇, 게임 등을 포함한 주요 서비스 콘텐츠를 스마트폰으로 월간 30억 명이 사용한다는 것이다. 이는 세계에서 회원수가 24억 명으로 가장 많은 페이스북보다 6억 명이나 많은 숫자다. 텐센트는 마화텅이 1998년에 설립한 회사로 어떻게 20여 년 만에 아시아 시가총액 1위 기업이 될 수 있었을까?

CEO인 마화텅은 "남들이 고양이를 보고 고양이를 그릴 때 텐센트는 고양이를 본떠 호랑이를 그렸다."고 창조적인 모방을 강조하였다. 성공사례를 롤모델로 삼고 벤치마킹한 결과이다. 베끼기로 시작하여 혁신으로 재창조하며 스마트시대로의 전환에 맞게 세계 1등 서비스를 창조와 혁신으로 바꾸어 텐센트는 아시아 1등 기업이 된 것이다

8번의 사업 실패 끝에 2014년 미국 증시에 역대 최대 규모로 기업을 성공적으로 공개하며 중국 최대 부자에 오른 사람은 알리바바의 잭 마윈이다. 알리바바는 인터넷을 기반으로 한 온오프라인 비즈니스를 하는 회사로 우리에게는 해외직구 사이트인 알리익스프레스, 결제 시스템인 알리페이, 쇼핑몰인 타오바오로 잘 알려져 있다. 이 회사는 매년 11월 11일 광군제(슈퍼위크, 솔로데이)라는 특별 할인행사를 시행한다. 우리나라에서는 빼빼로데이로 불리는 11월 11일, 알리바바 광군제의 당일 매출액은 실로 어마어마한 규모다.

2019년 광군제 행사는 세계 톱가수인 테일러스위프트의 전야제를 시작으로 전 세계 50개국에 생중계하며 하루에 44조 원의 매출액을 올렸고, 2020년에는 11월 1일부터 10일간 예약판매를 포함하여 2019년보다 약 86% 상승한 84조 원이라는 놀라운 성과를 거두었다. 이는 특별할인행사의 대명사인 미국의 블랙프라이데이 거래액의 10배가 넘는 금액이며 삼성전자 1년 매출액의 33% 정도에 해당하는 금액이다.

타오바오 라이브 수입 부문 BJ 랭킹 1위인 '슈퍼 왕홍 웨이야'는 한국화장품 축제로 1초에 2만 개씩 85만 개의 화장품을 2시간 만에 완판하고, 한국 라면, 6만 개를 2초 만에 완판하며 광군제 하루 동안 매출 3억 3,000만 위안(약 557억 원)을 달성하여 세상을 놀라게 했다. 그리고 패션 부문 왕홍 장다이는 2018년 5,000억 원의 매출을 올리며, 2019년 미국 증권시장인 나스닥에도 상장하였다. 더욱 놀라운 것은 이날 팔린 23억 개 이상의 물건을 배송하기 위해 우리나라의 KTX 같

은 고속철 수백 편을 긴급 투입하여 객실에 물건을 싣고 최대한 빠르게 배송한다는 것이다.

지금은 1년 전과 다르고 다가올 세상은 예상하기 어려운 만큼 빨리 변하고 있다. 예측이 불확실할 정도로 빠르게 변화는 스마트시대, 우리는 세상의 변화에 보다 깊은 관심을 가지고 자신만의 레이더로서 통찰력을 키워 스마트한 콘텐츠를 기획해야 할 것이다.

미디어의 변화, 뉴미디어의 시대!

스마트폰으로 인한 또 다른 변화는 무엇일까?

미디어는 정보를 전달(전송)하는 매체를 지칭한다.

사회에서는 자신의 의사나 감정 또는 객관적 정보를 서로 주고받을 수 있도록 마련한 수단을 말한다. 우리의 생활과 뗄 수 없는 미디어가 스마트폰의 등장으로 인해 다양하게 변화하고 있다. 4대 매체였던 TV, 신문, 라디오, 잡지의 전통적인 미디어가 쇠퇴하고 인터넷과 스마트폰의 등장으로 서로 다른 미디어들이 융합과 진보를 이루면서 다양한 뉴미디어들이 등장, 발전하고 있다. 일방적이었던 올드미디어가 약화되며 고속 통신망을 중심으로 유무선 디지털 단말기과 다양한 플랫폼을 통해 정보를 주고받는 뉴미디어 시대로 변화되고 있다.

2011년 3월 미야기현과 이와타현 등 일본의 동북부 지역에 리히터 9.0 규모의 지진이 발생하였다. 지진은 해일로 변하면서 거대한 쓰나미로 후쿠시마 원자력발전소가 폭발하고 사망 및 실종자가 2만여 명에 이르는 어마어마한 피해를 입었다.

이러한 엄청난 사건을 가장 먼저 전 세계에 전한 매체가 TV나 신문, 라디오 같은 전통 매체가 아니라 트위터, 페이스북 같은 소셜미디어였다.

아래 사진은 사건 당시 일본을 중심으로 전 세계로 퍼져나가는 트위팅 모습이다.

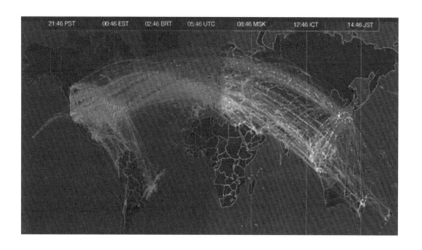

일본에서 트위팅된 내용이 다시 전 세계로 리트윗 되는 것을 볼 수 있다. 우리나라의 2016년 촛불집회도 소셜미디어를 통해 전 세계로 생중계되기도 하였다.

이처럼 방송과 통신이 융합된 뉴미디어는 기술의 발전과 더불어 하루가 다르게 진화되면서 최근 영향력이 가장 큰 매체로 소셜미디어가 꼽히고 있다.

카톡, 페이스북, 인스타그램, 트위터, 블로그 등 많은 사람들이 사용하고 공유하는 소셜미디어는 누구나 미디어가 되는 세상을 만들고 1인 크리에이터, 인플루언서, 브이로거 등 소셜미디어 스타를 탄생시켰다.

누구나 미디어가 되고 스타가 되는 시대

포털보다 유튜브를 통해 검색을 하는 사람들이 많아짐에 따라 유튜브에 영상 콘텐츠를 제작하여 올리고 수익을 창출하는 1인 크리에이터(미디어콘텐츠 창작자)들이 수없이 등장하고 있다. 이것은 전 세계적인 현상이며 수백 억 원을 버는 유투버 스타들도 탄생하게 되었다.

포브스와 소셜블레이드에서 발표한 2019년 유튜버 소득 순위에서 보면, 1위를 차지한 '라이언 월드'는 8살 라이언 카지가 엄마와 함께 여러 가지 장난감을 리뷰하는 내용이다. 구독자가 2억 7,400만 명에 달해 1년에 303억 원이라는 엄청난 수입을 올렸다.

3위인 러시아 출신의 5살 소녀 아나스타샤 라드진스카야는 209억 원을 벌었다. 아나스타샤는 과거 뇌성마비로 말을 할 수 없을 것이란 진단을 받자 부모는 친구, 친척들이 그녀의 치료 경과를 볼 수 있도록 영상을 제작해 공유하기 시작했는데, 아빠와 장난감을 갖고 놀거나 평범한 일상을 공유하기 시작하여 '라이크 나스티야 브이로그(Lke Nastya Vlog, 6700만)'와 '퍼니 스테이시(Funny Stacy, 2600만)'를 운영하고 있는데, 두 채널의 구독자를 합하면 9,300만 명이 넘는다.

우리나라에서도 키즈, 게임, 뷰티, 먹방 등 다양한 분야에서 많은 유튜버들이 활동하고 있다.

2019년 8월 기준으로 소셜블레이드에서 조사한 자료에 의하면 1위는 7살 어린이였던 이보람 양의 토이 리뷰 '보람튜브'가 차지했다.

이처럼 국내외의 고소득 유튜버로 어린이들이 많으며 우리나라의 경우 유튜브 수익 채널 10위 내에 9개가 키즈 관련 채널이다. 이밖에도 고령화 시대에 따라 구글 본사에 2년 연속으로 초청받고 구글 및 유튜브 사장과 만난 박막례 할머니(72세)와 재미있게 먹방을 하는 김영원 할머니(82세) 등 실버 크리에이터들도 인기를 끌고 있다.

이러한 인기에 따라 CJ E&M에서는 1인 방송을 TV에서도 볼 수 있도록 '다이아 TV'를 개국하기도 하였고, 크리에이터들을 관리하기 위한 다양한 MCN 회사들이 생겨나게 되었다.

지금은 1인 미디어 크리에이터 전성시대이다.

유튜브의 대세로 크리에이터들은 연예인 이상으로 인기를 얻고 있으며, 2019년 교육부에서 조사한 자료에 의하면 초등학생들의 장래 희망 순위로 유튜버(인터넷방송 진행자)가 운동선수, 교사에 이어 3위를 차지하였다.

요즘 10대들은 유튜버로 세상을 읽는다. 10대는 문자보다 영상을 좋아하고, 포털사이트보다 유튜브에서 검색하는 것이 익숙하다. 이들은 모든 것을 유튜브를 통해서 알아보고 배우며, 새로운 영상을 적극적으로 생산한다. 유튜버와 더불어 소셜미디어 서비스가 발달함에 따라 각 소셜미디어(페이스북, 인스타그램, 트위터, 블로그, 유튜브)별로 수 천 명에서 수 만 명의 팔로워(follower)를 보유하게 되었다.

이러한 사람들은 브랜드를 선도하거나 타인에게 영향을 미치는 사람으로 인플루언서(influencer)라고 불리며 이전의 유명 연예인을 통한 마케팅보다 옆집 언니, 누나처럼 친근한 이미지로 자연스럽게 젊은 층들에게 다가간다. 글로 소통하는 파워블로거보다 영상을 활용한 인플루언서들은 동영상을 선호하는 젊은 층의 기호에 맞추어 콘텐츠를 생산하며 유튜브, 인스타그램을 기반으로 활발한 활동을 하고 있다. 즉 미디어의 변화에 따라 인플루언서가 파워블로거를 대체하고 있다.

그리고 자신의 일상을 동영상으로 촬영한 영상 콘텐츠를 올리는 브이로그(VLOG)가 있다. 브이로그는 비디어(Video)와 블로그(blog)의 합성어이다. 초중고 학생들부터 성인들에게 이르기까지 소소한 일상을 이야기하는 브이로그가 인기가 있다. 브이로거 중 '노잼봇'이라는 공시생의 유튜브는 6시간 이상 아무 말도 없이 가만히 공부하며 단순히 밑줄을 긋는 동영상인데도 50만 뷰 이상 조회수를 기록하였다. 화려한 연출보다는 소소한 일상을 꾸밈없이 자연스럽게 보여주면서 소통을 이끌어낸 것으로 생각된다.

누구나 미디어가 되는 시대, 개인이 만들어 내는 콘텐츠가 뉴스가 되는 세상이다.

뉴미디어와 4차산업혁명 시대의 연결

뉴미디어시대 통찰력을 갖기 위해서는 4차산업혁명에 대해 주목해야 한다.

4차산업혁명은 증기기관으로 기계화된 1차산업혁명, 전기에너지로 대량생산을 하게 된 2차산업혁명, 컴퓨터와 인터넷 기반의 지식정보혁명인 3차산업혁명을 거쳐 모든 것이 연결되고 보다 지능적인 사회로 진화된 2차정보혁명을 말한다.

4차산업혁명은 2016년 스위스 다보스에서 열린 세계경제포럼의 주제로 제조업과 창조경제의 기반인 ICT(Information and Communications Technologies)와의 융합을 통해 기존에 없던 제품과 서비스를 현재보다 10배는 빠르게 성장하는 것을 말한다.

4차산업혁명은 데이터가 에너지로 1~3차산업혁명이 하드웨어와 연관이 되어 있다면, 4차산업혁명은 상상력과 빅데이터가 합해진 소프트웨어혁명이다. 4차산업혁명의 키워드는 '연결(connectivity, 連結)'이다.

2007년 애플의 스티브 잡스는 아이팟(iPod)과 전화(Phone), 인터넷을 결합하여 아이폰을 만들었다. 스마트폰의 시초인 아이폰은 MP3, 전화, 인터넷 3가지를 연결하여 스마트혁명을 촉발시켰다. 지금 우리는 스마트폰 없이 살 수가 없을 정도로 생활에 밀착되어 있다.

스마트폰은 우리 생활에 많은 변화를 일으켰다. 예를 들어 생활용품, 식품을 구입할 때 적립하던 포인트 카드, 집 근처 카페에서 커피를 먹을 때 스탬프로 도장을 찍어주던 종이 카드는 이제 스마트폰 안에 어플리케이션(Applicatiion, 스마트폰의 응용프로그램, 이하 앱)으로 대체되게 되었다. 우리는 물건을 살 때, 지하철이나 버스를 탈 때, 자동차를 운전할 때, 책이나 영화를 볼 때도 스마트폰을 이용하고 있다. 중국의 경우, 스마트폰을 사용하는 8억 2천만 명 중 모바일 독서족이 6억 명이라는 것은 놀라운 숫자이다.(출처 : 한국콘텐츠진흥원 베이징사무소 조사자료)

우리는 스마트폰을 촉매제로 지구의 모든 사람들과 연결되고 무한

한 정보를 매일 생성해 내고 있다. 특히 4차산업혁명과 관련된 사물인 터넷(IoT, Internet of Things)은 2020년 268억 개의 기기가 연결된다고 예 측(가트너, 한국정보화진흥원)하였다.

핸드폰에 인터넷과 아이팟 3가지를 연결하여 만들어진 스마트폰을 통해 엄청난 변화의 오늘을 만들었는데, 이제 수백 억 개의 기기가 연 결된다면 과연 어떠한 변화가 일어날지 정말 미래를 예측하기조차 어 렵다.

4차산업혁명은 단순한 연결을 넘어 '초연결(超連結)'을 지향하고 있다.

그러므로 우리는 '연결'을 통한 다양한 성공사례를 통해 콘텐츠와 소비자를 연결하는 방안을 다각적으로 더욱 많이 모색해야 할 것이다. 급변하는 변화 속에서 다양한 소비자의 니즈(Needs)를 충족시키기 위 해 고객과의 연결고리를 찾아야 많은 사람들에게 사랑받는 콘텐츠가 될 것이다.

스마트한 '연결'을 통해 성공한 두 가지 사례가 있다.

첫 번째 사례는 일본 도쿄 이케부쿠로에는 '선샤인 아쿠아리움'이 다. 이 아쿠아리움(aquarium 수족관)은 지하철역에서 1km나 떨어져 있 는데다 찾아가는 길이 복잡해 관람객들이 찾는 데 어려움이 많았다.

이러한 문제를 해결하기 위해 '펭귄 내비(PENGUIN NAVI)'가 만들어 졌다. 누구나 가지고 있는 스마트폰에 '펭귄 내비'를 실행시키면 귀여 운 펭귄들이 아쿠아리움으로 길안내를 하는 것이다. 이 내비게이션은 사람이 본능적으로 동물을 쫓아다니는 것에 착안하여 아쿠아리움을 대표하는 펭귄을 캐릭터로 만들고, 증강현실(VR, Virtual Reality)과 연결 하여 만든 것이다. 그 결과 선샤인 아쿠아리움은 펭귄 내비게이션을 통해 관람객이 152%나 늘어났다.

두 번째 사례는 브라질 상파울로 피나코테카미술관(Pinacoteca do Estado de São Paulo)이다. 브라질 국민들의 72%는 박물관을 한 번도 방문하지 않았다. 어디에 있는지도 몰랐고 가게 되더라도 흥미를 느낄 만한 게 없었기 때문이다. 어렵고 지루한 설명은 많은 사람들이 다가가기에 높은 장벽이었다.

피나코테카 박물관에서는 '어떻게 하면 방문객들이 재미있고 친숙하게 관람할 수 있을까?'를 고민하게 되었다. 그래서 박물관은 IBM사와 함께 인공지능(AI) 프로그램인 왓슨(Watson)을 이용한 대화형 앱 '보이스 오브 아트(The Voice of Art)'를 도입하였다. IBM은 도서, 신문, 인터넷 등의 미술 작품에 대한 빅데이터를 분석하여 작품에 대한 역사적인 사실, 활용된 기법 등에 대한 질문에 응답하도록 앱을 만들었다.

왓슨은 이전까지 일방적으로 정보를 전달하는 오디오 가이드가 아니라 방문자의 질문을 알아듣고 그에 맞춰 대답을 해 준다. 궁금한 점만 골라 질문하면, 인공지능 왓슨이 재미있게 맞춤형 대답을 해 주는 것이다. 이를 통해 미술관의 방문객은 200%가 늘었다. 4차산업혁명의 주요 기술인 인공지능과 빅데이터를 박물관과 연결하여 멋진 결과를 얻어낸 것이다.

이밖에도 수백 억 개가 연결되는 사물인터넷의 시대에는 자율주행자동차, 하늘을 나는 택시, 스마트 장난감, 코딩을 배우는 레고블록, AR, VR, 인공지능을 통한 의료기술, 무인상점(아마존고, 알리바바의 하마선생 등) 등이 만들어져 사람들의 생활을 편리하고 풍성하게 해 주고 있거나 해 줄 것이다.

우리는 모든 것이 스마트폰으로 연결되고 문제가 해결되는 세상에 살고 있다.

스마트시대의 문화콘텐츠는 융복합을 통한 '창조적 연결'을 해야 한다. 4차산업혁명은 연결을 통해 빅데이터를 만들고 이를 인공지능이 학습하여 파괴적인 혁신을 촉발하고 있는 것이다. 초연결과 초지능으로 만들어지는 4차산업혁명 시대는 창조적 융합을 통해 사람들의 생활을 보다 편리하고 더욱 풍성하게 해 주어야 할 것이다.

4차산업혁명, 스마트시대의 또 다른 이슈는 VR(Virtual Reality, 가상현실), AR(Augmented Reality, 증강현실), MR(Mixed Reality, 혼합현실, XR(Extended Reality, 확장현실)이다. 실감형 콘텐츠에 대한 관심이 높아지는 시대에는 AR, VR, MR의 기술을 문화콘텐츠와 잘 융합하여 삶에 유용하고 향유할 수 있는 새로운 콘텐츠를 만들어야 한다.

4차산업혁명 시대는 콘텐츠의 연결, 즉 융합을 통해 미래를 창조하는 시대다.

미래를 창조하기 위해서는 무엇을 벤치마킹할 것인지 성공사례를 찾아보고 시장의 변화를 이해하며 어떻게 창조적으로 연결하여 새로운 콘텐츠를 만들 것인가에 대해 기획을 해야 한다.

콘텐츠를 기획하기 위해 제일 먼저 알아야 할 것은?

시대적 상황과 국내외 현황, 트렌드를 바탕으로 이제 본격적으로 콘텐츠기획을 위한 프로세스별 개념 및 세부 내용을 살펴보고자 한다.

그런데 콘텐츠를 기획하려면 제일 먼저 무엇부터 알아야 할까?

기획의 기본 시스템 구축을 위해서는 콘텐츠 조직에 대한 이해가 필수다. 구글을 만든 세르게이 브린과 래리 페이지가 가장 먼저 생각하고 결정한 것이 고용을 통한 조직의 구성이었다.

이처럼 콘텐츠를 기획하려면 가장 먼저 콘텐츠를 중심으로 한 '조직'을 알아야 한다.

콘텐츠를 둘러싼 국내외 환경 분석, 시장조사, 예산 체크 및 확보 등 여러 가지가 있겠지만 가장 먼저 파악해야 할 것은 콘텐츠를 중심으로 한 조직에 대한 분석과 이해를 해야 한다. 조직에 대한 분석과 이해란 추진할 프로젝트 콘텐츠기획과 관련하여 관련된 국내외 관련 회사와 업체 등 기획에 필요한 전체 조직을 말한다.

조직의 분석과 이해는 콘텐츠의 생산, 유통, 판매하는 회사의 조직을 살펴보며 어떻게 접근할 것인지를 모색해야 한다. 작은 업무기획부터 대형 프로젝트를 기획할 때 기획자를 중심으로 관련된 회사, 계열사, 연관 업체 등 정책, 인력, 지원, 마케팅, 판매, 서비스, 고객상담 등 전방위적인 조직 체계를 감안하고 기획을 실시해야 한다. 조직을 정확히 알고 콘텐츠를 기획해야만 관련된 사람들이 관심을 갖고 검토하며, 원활히 추진할 수 있기 때문이다.

그러므로 기획을 하기 위해서는 가장 먼저 기획할 콘텐츠를 중심으로 관련된 조직의 체계를 살펴보고, 이를 효과적으로 운영하기 위한 밑그림을 그린 후 기획을 시작해야 한다. 그리고 고객 중심적이며 시장 환경에 맞춘 기획을 위해서는 동종업종의 조직도 및 최근 주목받는 이종업계의 국내외 조직도 역시 함께 살펴봐야 한다. 특히 동종업종 및 다른 업계를 살펴볼 때는 1위 회사를 반드시 참고해 벤치마킹을 해야 한다.

예를 들어 유튜브, 애플, 구글, 페이스북, 디즈니 등 세계 유명 콘텐츠 기업들의 조직도를 살펴보고 관련된 국내 기업들과 어떻게 다른지 비교하며 유기적이고 창의적인 조직 구성을 생각해보면 좋을 것이다.

코로나시대, 창의 기획 프로세스 :
시장조사에서 스토리텔링까지

　조직에 대한 이해를 한 뒤에는 본격적으로 콘텐츠기획을 해야
한다.
　콘텐츠기획을 위해서는 프로세스를 정확히 파악하고 단계별 개념
에 맞추어 기획을 해야 한다. 콘텐츠기획을 위한 프로세스는 "시장조
사 → 아이템 선정 → 아이디어 차별화 → 스토리텔링-기획"에 이르기
까지 총 5단계로 이루어진다.
　조금 더 구체적으로 프로세스를 설명하면 성공하는 콘텐츠기획은
가장 먼저 국내외 콘텐츠시장을 조사하고, 이를 통해 얻은 정보를 바
탕으로 새롭게 기획할 콘텐츠의 아이템을 선정한다. 아이템은 아직 가
공되지 않은 순수한 현장의 정보이므로 이를 차별화 하기 위해 트렌
드, 고객, 경쟁자를 고려하여 한 단계 업그레이드 된 아이디어로 가공
한 후 지속적인 경쟁력을 확보하기 위해 시기와 계절감을 살려 바이럴
이 될 수 있는 스토리텔링을 한다.
　예를 들어 1인 미디어 콘텐츠를 기획하기 위해서는 국내외 미디어
시장 및 유튜버들의 콘텐츠 조사를 통해 새롭게 제작할 콘텐츠 아이템

을 선정하고 이에 아이디어를 더해 기존 1인 미디어와 차별화 하며, 재미있고 설득력 있게 전달하기 위해 스토리를 만들고 향유자들이 참가하여 즐길 수 있도록 테스트를 거친 후 미디어를 운영한다.

콘텐츠기획 1단계 : 전방위 시장조사

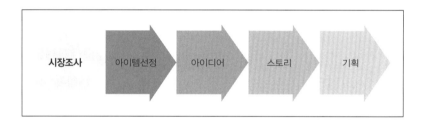

기획의 1단계는 '시장조사'이다. 온라인과 오프라인, 즉 현장까지 전방위적인 시장조사를 통해 소비자, 고객의 기호를 알고 콘텐츠기획을 시작해야 한다.

마케팅의 아버지라 불리는 필립 코틀러 박사는 "모든 비즈니스 전략은 기획에서 출발하고, 또한 모든 기획은 시장조사에서 출발한다." 고 하였다. 즉 콘텐츠를 기획하고자 할 때 처음 시작하는 일이 '시장조사'이다.

일을 순조롭게 잘 하기 위해서는 첫단추를 잘 꿰야 하는 것처럼 콘텐츠기획의 첫 단계인 시장조사는 매우 중요하다. 철저한 시장조사를 하여야만 콘텐츠기획의 방향을 잘 정할 수 있기 때문이다. 그래서 기획을 할 때 시장조사에 80% 이상의 시간이 소요된다. 시장조사에 대해 정확히 알고 제대로 시행해야 성공적인 콘텐츠를 기획할 수 있게 되기 때문이다.

　문제의 개념을 분명히 파악해야 문제를 잘 풀 수 있듯이 시장조사를 잘 하기 위해서는 '시장조사'에 대한 개념을 정확히 알아야 한다.

　시장조사를 사전에서 찾아보면 '상품의 판매촉진이나 제품 개량 따위를 목적으로 생산자가 소비와 생산과의 관계나 상품의 질과 양 그리고 구매동기 따위의 자료를 과학적으로 조사하는 일'이라고 나와 있다. 즉 '시장조사'란 시장에 나가 상품(또는 서비스, 콘텐츠 등)이 판매(유통)되는 상황을 구체적이고 과학적으로 조사하여 살펴보는 것을 말한다. 간략하게 말하자면 '시장에 나가 현장을 살펴보고 현황 및 문제점을 알아보는 것'이다.

현장에 답이 있다

　"현장에 답이 있다."는 말이 있다. 문제를 풀기 위해서는 반드시 현장에 나가야 한다는 것이다.

　과거에 임금님이 민심을 살피기 위해 잠행을 다니며 백성들의 생활을 살펴보는 일이 있었다. 이는 현실을 파악하여 문제를 해결하기 위해서는 현장 방문이 필요했기 때문일 것이다.

　대부분의 사람들이 기획을 시작하게 되면 제일 먼저 PC를 켜 포털에 검색어를 치고 자료를 찾고 해결 방안을 얻으려 한다.

　그렇게 되면 콘텐츠기획의 생명인 '차별화'는 거둘 수 없다. 포털 검색을 통해 얻게 된 동일한 결과를 통해 어디서 본 듯한 획일화 된 기획을 하게 된다. 차별화 된 아이템을 얻고 정확한 현장의 이야기를 수렴

하여 기획에 반영하기 위해서는 반드시 시장조사를 하며 고객을 만나 생생한 의견을 들어야 한다. 즉 기획의 출발은 시장조사에 있으며, 창의적인 콘텐츠기획에는 현장에서 청취한 고객의 의견이 반드시 반영되어야 한다. 이를 위해 현장을 방문할 때에는 반드시 사전질문지를 통해 고객의 의견을 청취하고, 조사를 마친 후에는 고객의 행동을 분석하여 기획에 반영해야 프로젝트를 성공시킬 수 있다.

필자가 삼성전자에서 근무할 때 상사로부터 늘 들었던 말은 탁상공론을 하지 말라는 것이었다. 아무리 바빠도 현장에 나가 문제를 발견하고 해결책을 찾으라는 이야기다. 결제를 받을 때 아무리 잘 만들어진 기획이라고 해도 현장의 이야기가 반영되어 있지 않으면 반려되기 일쑤였다. 우리의 문제를 해결하기 위해서는 현장에 답이 있음을 반드시 기억해야 할 것이다.

시장조사 목적

시장(현장)을 조사하는 목적은 3가지가 있다.

첫째, 현장의 목소리를 듣기 위함이다. 시장이란 기획의 대상이 되는 회사, 고객, 경쟁사 등으로 이루어져 있으며, 이들의 관심사와 동향을 파악하는 것이 시장조사의 첫 번째 목적이다.

시장의 목소리를 듣는 방법은 여러 가지가 있다. 기본적으로 전화조사, 설문조사 등의 방법이 있으며, 요즘 같은 SNS의 시대에는 페이스북, 카카오톡, 트위터나 네이버폼, 구글폼 등을 활용하기도 한다. 기획자는 시장조사를 통해 기획 대상(타깃)의 관심사(기호)와 움직임 (동향)

을 파악하기 위해 이들과 관련된 현장의 살아 있는 데이터를 수집해야 한다.

현장의 목소리를 듣기 위해서는 인터뷰가 좋은 방법이다. 직접 인터뷰가 어려울 경우에는 각 분야의 전문가가 쓴 책을 참고하며 어떻게 콘텐츠기획에 적용할지 참고하면 좋을 것 같다. 즉 책을 통해 생생한 경험과 조언을 듣는 것도 콘텐츠기획의 문제를 해결하고 기획 아이템을 얻을 수 있는 좋은 시장조사 방법이다.

둘째, 현장에서 문제점을 발견하고 이에 대한 해결책을 발견할 수 있다. 책상에 앉아 PC만 보면서는 기획의 답을 얻을 수는 없다. 문제점을 해결하기 위해서는 반드시 현장을 방문해야 하고 이곳에서 우리는 해결책으로서 새로운 콘텐츠 비즈니스의 기회를 발견할 수 있다.

기획의 중요한 포인트 중 하나가 기획에 고객의 의견을 반영하는 것이다. 아무리 인터넷이 발달하더라도 시장과 거리에서 직접 고객의 반응과 목소리를 듣는 과정은 꼭 필요하다. 또 현장에 가보면 학교나 사무실에서는 발견할 수 없었던 생동감 넘치는 아이디어를 얻을 수 있다. 시장의 방향을 나타내는 유행과 트렌드를 발견하기 위해서는 유동인구가 많이 움직이는 밀집 지역(번화가)을 방문하는 것이 좋다. 사람들이 무엇에 관심을 가지고 어떤 상품, 서비스, 콘텐츠에 눈길을 한 번 더 주는지에 대해 살펴보고 직접 경험도 해보면 고객 지향적인 현장 밀착형 콘텐츠기획을 할 수 있다.

현장의 목소리를 잘 듣고 문제를 해결하여 성공한 사례가 있다.

세계에서 시장 성장성과 규모가 가장 큰 중국을 향해 많은 기업들이 진출을 했다. 한류를 바탕으로 다양한 분야의 콘텐츠 회사는 물론 삼성, LG, SK, 이랜드 등 대기업에서부터 이마트, 편의점 등 소매업과 오리온, 풀무원 등 식품회사까지 수백 개의 기업이 중국시장을 공략하기 위해 땀을 흘렸다. 중국에 진출한 많은 기업 중 현장밀착형 시장조사를 통해 크게 성공한 기업이 이랜드(중국 명칭 이렌웨이)다.

이랜드는 '중국에 뼈를 묻어라.'라는 정신으로 시장 트렌드 파악에 사활을 걸며 중국 대륙의 마음을 얻었다. 중국시장에 맞는 의류 상품 개발을 위해 사진학과 대학생 아르바이트 조사원을 통해 주 3회 길거리에서 오가는 사람들의 사진 21만 장을 찍어 패션 리더들이 입는 옷의 디자인을 분석하고 이를 2~3개월 안에 뜰 아이템을 찾아내서 고객들에게 제안했고, 중국 전역은 물론 오지까지 목숨 걸고 답사하는 시장조사를 통해 뼛속까지 현지화 하는 전략으로 큰 성공을 거두었다.

시장조사의 결과로 디자인도 철저하게 현지화 했다. 우리나라에서 먼저 런칭한 '티니위니' 브랜드는 중국 매장에서는 국내 제품과는 달리 가슴 한복판에 곰 모양 로고가 큼지막하게 새겨져 있다. 이는 브랜드 과시욕이 강한 중국인의 성향을 시장조사를 통해 감안하여 적용한 것이다. 이로써 티니위니는 중국 내 1,200개 매장에서 5,000억 원 이상의 매출을 달성하였다.

셋째, 시장조사를 통해 기획의 아이템을 수집할 수 있다.

시장조사를 하게 되면 현장에서 만나는 고객, 방문하는 매장 등에서 기획할 콘텐츠에 대한 다양한 자료들을 수집하게 된다.

자료는 새로운 경쟁 콘텐츠, 신규서비스, 마케팅 활동, 조직 운영 등 현장에서 얻게 되는 여러 종류의 유무형 정보를 말하며 판매원, 고객 등의 의견도 중요한 자료에 속한다. 현장에서 수집한 자료를 기획에 잘 활용하기 위해서는 추진할 기획과 고객의 입장을 고려하여 적절하게 변형하는 것이 중요하다.

필자가 일본으로 출장을 갔을 때 시장점유율 1등 통신사 NTT Docomo는 지역별로 고객들의 성향과 상권 분위기를 조사한 후 이를 감안하여 매장을 지역별로 차별화 한 것을 볼 수 있었다.

예를 들어 긴자는 명품매장과 백화점이 많은 것을 감안하여 블랙과 골드를 가미한 인테리어를 하였고, 신주쿠는 비즈니스 중심지이므로 화이트로 깨끗한 이미지를 전달하고자 하였으며, 하라주쿠 매장은 젊은 패션리더들이 많이 방문하는 점을 감안하여 핑크와 매장 내부 버블 기둥을 만들어 밝고 경쾌한 분위기의 매장으로 고객들의 구매를 촉진하고 있었다.

이처럼 시장조사를 통해 우리는 현장의 생생한 목소리를 들음으로써 콘텐츠 비즈니스의 기회를 발견하게 되고 기획 아이템을 수집하게 된다.

시장조사 감각을 높이기 위한 연습, 신문 보기

현장에서의 시장조사가 제일 중요하기는 하지만 바쁘게 일을 하다 보면 도저히 현장에 나갈 시간이 없을 때가 있다. 그리고 세계 전체, 우리나라 전체에 대한 현장조사는 직접 할 수 없는 경우가 많다. 요즘처럼 하루가 다르게 변화되는 세상에선 매일의 변화를 체크하고 기획에 반영해야 하므로 일일이 현장에 나가지 않고 시장조사를 할 수 있는 방법을 강구해야 한다.

평소에 시장조사의 감각을 높일 수 있는 방법은 무엇이 있을까?

매일 접하는 신문이나 인터넷 뉴스의 기사를 통해 시장조사를 할 수도 있다. 즉 매일매일 시장조사의 감각을 높이기 위해서는 신문을 구독하거나 인터넷신문을 보는 것이다. 그냥 신문을 보는 것은 시간이 많이 걸리므로 업무나 관심 있는 분야를 정한 후 하루에 1시간 정도 검색을 하고 기획에 도움이 될 만한 것은 메모나 스크랩을 해서 향후 기획을 할 때 활용하는 것이다.

요즘 전 세계적으로 가장 큰 관심은 코로나19지만 앞으로 가장 중요한 것은 인구 변화, 즉 콘텐츠를 소비할 인구에 대한 변화의 방향이다. 거의 매일 인구통계에 대한 자료가 나오고 있는데, 이러한 자료를 보고 어떤 콘텐츠가 필요하고 무엇을 기획하여야 할지를 유추해 내는 것이다.

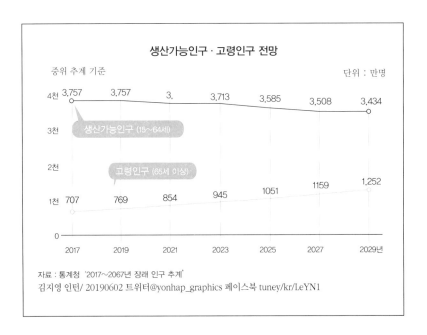

생산가능인구 · 고령인구 전망

중위 추계 기준   단위 : 만명

연도	2017	2019	2021	2023	2025	2027	2029년
생산가능인구 (15~64세)	3,757	3,757	3,	3,713	3,585	3,508	3,434
고령인구 (65세 이상)	707	769	854	945	1051	1159	1,252

자료 : 통계청 '2017~2067년 장래 인구 추계'
김지영 인턴/ 20190602 트위터@yonhap_graphics 페이스북 tuney/kr/LeYN1

예를 들어 위의 연합뉴스에 게재된 도표를 보면 1차적으로 고령인구가 급속히 늘고 있고, 생산가능인구는 줄고 있음을 알 수 있다. 그래프를 보면서 우리는 늘어나는 고령인구의 생활 형태를 분석하고 이에 대해 어떠한 콘텐츠를 만들어 공급할지를 고민해야 할 것이다. 그리고 줄어드는 15세~64세의 생산가능인구로서 Z세대, 밀레니얼세대, 베이비부머세대에 대해서는 인구는 줄지만 각각의 세대에 맞춘 콘텐츠를 기획하여 틈새 수요를 창출하는 방법을 고민해야 할 것이다.

다음 도표는 연령별 필수적인 매체를 조사한 자료이다.

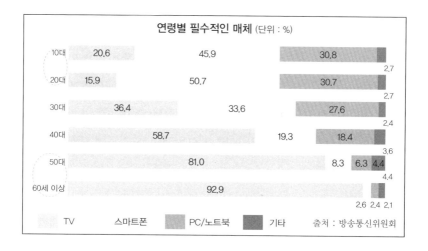

이 자료를 통해 우리는 50대 이상의 연령층이 보는 매체는 TV 비중이 매우 높고, 반면에 20대 이하는 스마트폰의 비중이 높음을 알 수 있다. 이를 바탕으로 앞으로 TV 방송 프로그램의 비중은 50대 이상의 계층에 맞추어 편성되고, 이에 부합되는 광고를 유치해야 함을 추론해 낼 수 있다. 그리고 20대 이하에게는 스마트폰을 통한 홍보 및 광고에 주력해야 함을 알 수 있다. 그리고 통계나 도표뿐 아니라 다양한 콘텐츠, 문화예술 관련 국내외 뉴스를 통해서도 새로운 콘텐츠를 기획할 아이템을 얻을 수 있다.

이상과 같이 우리는 신문, 인터넷의 정보를 가지고 시장조사를 대체할 수 있다. 단, 신문이나 인터넷으로 조사한 결과는 한계가 있으므로 반드시 조사한 자료는 현장에 나가 확인을 해야만 신뢰도를 높일 수 있다.

현재와 같이 코로나가 심각한 상황에서 세계 경제가 어렵지만 반대로 성장하는 분야가 있는데, 어떤 분야일까?

사회적 거리두기 운동과 모임을 지양하는 사회적 분위기에서 집에 있는 시간이 많아지다 보니 게임을 하거나 넷플릭스, 왓챠 같은 동영상 서비스를 이용하는 사람들이 많아져 크게 성장하는 사업이 되고 있다. 이러한 현상은 최근의 신문기사와 게재된 도표와 같은 자료를 통해 추론할 수 있으므로 현장의 생생함이 살아 있는 콘텐츠기획을 위해 신문, 인터넷을 통한 매일 매일의 시장조사로 기획에 대한 감각을 높여야 할 것이다.

시장을 읽기 위해 보아야 할 것 3가지

시장은 자사, 경쟁사, 타깃 고객으로 이루어진다. 이중 가장 중요한 것이 고객, 즉 타깃이다. 우리가 시장을 읽기 위해서는 3가지를 보아야 하는데, 타깃 고객을 중심으로 시장 환경인 트렌드, 경쟁자의 동향이다.

첫 번째로 보아야 할 것은 타깃, 즉 고객이다. 우리는 기획의 목표가 되는 고객에 대한 분석을 통해 그들이 원하는 기호(Needs)를 파악해야 한다. 일본에서 한류 열풍이 시작되었을 때 배용준 씨와 권상우 씨 두 배우가 가장 유명했다. 배용준 씨는 욘사마로, 권상우 씨는 권사마로 불렸다.

그렇다면 두 사람 중 어떤 사람이 더 수입이 많았을까? 젠틀한 배용준 씨일까, 좀 더 젊은 권상우 씨일까? 그냥 생각해보면 젊은 배우가 더 인기가 많고 이에 따라 수입도 많을 것 같다. 그런데 배용준 씨가 권상우 씨보다 수입이 많았다고 한다.

이유는 무엇일까?

배용준 씨의 팬층은 주로 40~50대의 주부층부터 노년층까지이고 권상우 씨의 팬층은 20~30대의 대학생 및 회사원들이 주축을 이뤘다고 한다.

여러분이 생각하기에 주부, 대학생, 회사원 중 누가 소비하는 돈이 가장 많을까? 당연히 40~50대의 주부이다. 즉 권상우 씨를 좋아하는 여성들은 여대생, 직장인들이 많아 결혼과 미래를 준비하기 위해 지출보다는 저축을 더 많이 하는 반면 40~50대 주부는 자녀들이 성장하여 학교에 다니고, 여가시간이 많아 자신을 위해 돈을 소비하게 된다.

다른 사례로 프로야구 롯데자이언츠의 거포 이대호 선수와 롤(LOL)이라 불리는 게임 리그 오브 레전드(League of Legends)의 세계적인 선수로 SK텔레콤 T1의 페이커(이상혁) 선수 중 누구의 연봉이 많을까? 어려서부터 야구선수로 성장해온 이대호 선수가 96년생 이상혁 선수보다 많을 것 같다.

그러나 2018년에 발표된 기준으로 보면 이상혁 선수는 연봉 30억,

이대호 선수는 연봉 25억으로 이상혁 선수가 5억 원이나 더 많다. 특히 중국에서 유명한 이상혁 선수는 광고모델료로만 연봉의 몇 배를 더 번다고 한다. 이는 야구장에서 프로야구를 즐기는 고객의 수와 세계에서 게임을 하는 사람의 수의 차이에서 비롯된 것이라고 할 수 있다.

특히 스마트폰으로 게임이 이어지면서 게임에 대한 수요는 더 커지고 있고 우리나라 콘텐츠 수출 1위가 게임인 것으로 인해 이러한 수입의 변화가 일어난 것이다. 이처럼 시대의 변화에 따라 타깃의 수요와 더불어 소비와 지출 규모가 변하고 달라지므로 이러한 점을 고려하여 콘텐츠를 기획을 해야 한다.

타깃(목표 고객) 분석

시장을 읽기 위해 첫 번째로 보아야 할 것은 타깃, 목표 고객에 대한 분석이다. 타깃은 콘텐츠기획의 대상으로 콘텐츠를 향유하게 될 사람을 말한다.

최근 식생활 개선 및 의학의 발달에 따라 초고령사회로 진입하면서 UN에서는 새로운 연령 분류에 대한 표준 규정을 5단계로 나눠 발표하였다. UN은 세계 인류의 체질과 평균수명을 측정하여 한 살에서 17살까지는 미성년자, 18세부터 65세까지를 청년, 66세부터 79세까지를 중년, 80세부터 99세까지는 노년, 100세 이상을 장수 노인으로 분류하였다.

최근에 나온 보도에 따르면 작년에 태어난 아이는 142살까지 산다고 하니 새로운 연령 구분은 더 상향 조정될 것으로 보인다. 이러한 연령 구분과 더불어 최근 주목받은 고객들이 있다.

우리나라의 BIG 4세대로 베이비부머세대, 싱글세대(1인가구), 밀레니얼세대, Z세대로 이들은 향후 콘텐츠를 포함한 소비의 주요 대상으로 주목받고 있다.

대한민국 BIG 4 세대

첫째, 베이비부머세대는 1955년부터 1964년까지 태어난 세대로 대상 인구는 780만 명으로 전체 인구의 15%이다. 이 세대는 6.25전쟁 후 출생자가 급증하는 베이비붐 시기에 태어나서 베이비붐세대로 불리게 되었다. 전쟁 후 출생으로 어렵지만 미래에 대한 기대가 컸던 세대로 우리나라의 경제 재건 시기의 주역인 세대로 자부심이 매우 크다. 전반적으로 보수 안정적 성향이 있으나, 이들 중 일부가 386세대로 80년대 학생운동을 했던 진보세대도 포함된다. 지금은 50대 후반에서 60대 중반으로 퇴직과 노후를 겪는 세대이고, 이들 중 일부는 기성세대의 관성에서 벗어난 새로운 60대라는 의미에서 뉴 식스티로 진화되었다.

둘째, 싱글세대는 혼자 사는 1인가구를 지칭한다. 젊은 층은 물론 이혼, 사별 등으로 혼자 생활하는 인구들을 모두 포함한다. 싱글세대는 1990년대 1가구 4인에서 2000년대 1가구 2인을 거쳐 인구 구조의 변화로 인한 새로운 가족 형태를 말한다. 국내 1인가구는 현재 607만 가구로 전체 가구의 30% 정도를 차지하고 있다. 1인가구로의 인구 구조 변화는 우리나라뿐만이 아니라 미국, 중국 등 세계 주요 나라들도 동일한 가구 비율을 보이고 있다.

셋째, 밀레니얼세대는 1984년에서 1999년 사이에 태어난 세대로 대상 인구는 1,100만 명으로 전체 인구의 21%이다. 이 세대는 베이비부머세대의 자녀세대로서 미래의 기성세대이자 향후 경제, 소비의 중심 세력으로 가장 큰 관심을 받고 있다.

밀레니얼세대는 새로운 천 년인 2000년대가 시작될 때의 첫 세대라는 의미로 밀레니얼세대란 이름이 붙었다. 소유보다는 경험과 공유에 가치를 두며, 기업에서도 밀레니얼세대 직원의 비중이 높아지고 있다. 이들은 소비와 생산활동 모두에서 향후 10년 동안 가장 큰 영향력을 가진 세대이다.

마지막으로 Z세대는 2000년에서 2009년 사이에 태어난 세대로 대상 인구는 520만 명으로 전체 인구의 10%이다. 이 세대는 콘텐츠 및 상품 소비에 영향력이 커지면서 역사상 가장 생산적이고 역동적인 10대를 말한다. 부모의 소비에 영향력을 행사하고 디지털 및 스마트 환경에 매우 능숙하고 텍스트보다는 동영상에 익숙하며 어느 세대보다 소셜미디어를 주도하고 있다. 이들은 개인주의적인 성향이 강하고, 환경 및 사회문제에 대한 인식에서 매우 진보적이다.

이상의 세대 구분은 우리나라뿐만이 아니라 미국, 중국, 일본 등에도 동일하게 적용된다.

우리나라의 소비시장을 이끄는 빅4 세대인 베이비부머세대, 싱글세대, 밀레니얼세대, Z세대에 대해 세부적으로 살펴봐야 콘텐츠기획을 잘 할 수 있다.

각 세대의 특징을 살펴보며 어떠한 콘텐츠기획으로 연결할 수 있을지 고민해야 할 것이다.

베이비부머세대

첫 번째로 살펴볼 세대는 '베이비부머세대'이다. 이들은 기존의 실버세대와는 구별되는 뉴실버세대로 새로운 특징을 갖고 있다. 이미지 측면에서는 밝고 유연하며 합리적이고 긍정적이다. 다양한 취미생활을 통해 여유롭고 즐거운 생활을 영위하려고 하며 변화에 대해 개방적으로 다른 세대와 소통하려고 노력한다. 콘텐츠기획의 측면에서는 여가를 즐기고, 다양한 취미생활에 관심이 많으며 동호회 활동을 좋아하는 것에 주목할 필요가 있다.

삼성경제연구소에서 발표한 베이비부머세대의 5대 트렌드는 다음과 같다.

첫째, '건강'이다.

나이가 들수록 자존감이 떨어지므로 건강을 통해 신체에 활력을 주고 자존감을 유지하려고 노력한다.

둘째, '가족'이다. 이전까지는 부모님을 직접 모시고 봉양하였으나 원거리 효도로 바뀌고 있다.

셋째, '여가'이다. 이전 세대가 문화에 대해 큰 관심이 없었다면 베이비부머는 문화에 대한 특히, 콘텐츠에 대한 관심도가 높은 문화 주류층이다.

넷째, '사회참여'로 사회에서 수혜를 받던 것을 넘어 가진 것을 나누는 사회 기여층으로 활동하고 있다.

마지막으로 인터넷과 디지털에 관심이 많은 '스마트 실버로 디지털 라이프'를 즐기고 있다. 베이비부머를 대상으로 콘텐츠를 기획하고자 할 때에는 건강, 가족, 여가, 사회참여, 디지털 라이프 5가지 키워드를 잘 활용하여야 할 것이다.

참고로 기업들은 5가지 트렌드에 주목하여 건강은 미용, 건강, 서비스, 가족은 원격의료서비스, 여가는 지적 욕구를 충족시키는 문화콘텐츠와 함께 하는 휴식제공서비스, 사회참여는 커뮤니티 참여와 사회공헌의 기회를 제공하는 서비스, 디지털 라이프는 IT 기기를 활용한 스마트 비즈니스의 배움 기회를 제공하는 서비스를 개발, 운영하고 있다.

개발한 사례로는 건강의 경우 육체적 케어는 물론 심리적 안정까지 지원하는 두뇌헬스클럽, 가족의 경우 독거노인의 전기, 가스 사용량과 시간을 측정하여 자녀에게 제공하는 서비스, 여가의 경우 전문가들과 함께 여행과 교육을 결합한 여가상품 제공, 사회참여는 은퇴 후 경험을 지역사회와 나눌 수 있도록 중소기업에 노하우를 전수하는 나눔지원활동, 디지털 라이프는 실버층을 위한 온라인 쇼핑몰로 연령층에 맞춘 세분화 된 맞춤상품 제공 등이 있다.

제품개발 사례로는 소프트뱅크 손정의 회장이 개발한 커뮤니케이션 로봇 페퍼(pepper), 혼자 사는 노인을 위한 대화형 인공지능 로봇 파르미(Palmi), 마트료시카 인형에서 착안한 약품 용기, 컬러 지팡이 등이 있다. 베이비부머를 대상으로 기획하고 만들어진 방송 콘텐츠로는 tvN의 '꽃보다 할배' 시리즈가 있으며 이 프로그램은 미국에 방송 포맷 수출 방식으로 진출돼 첫 방송부터 대박을 터뜨리며 방송 한류를 만들기도 했다. 그리고 은퇴한 세대를 대상으로 한 영화 '인턴', '비밥바룰라', 시골 할머니들의 일상을 그린 '칠곡 가시나들' 등 다수의 콘텐츠가 만들어졌다. 특히 스마트폰 익숙한 액티브 시니어들을 대상으로 SK텔레콤, KT, LG U+ 등 각 통신사에서는 중노년층을 대상으로 하는 실버 마케팅을 활발하게 전개하고 있다.

통신사업자들의 스마트한 환경을 제공하면서 60대의 SNS 이용시간이 40대를 넘어섰다. 한국은 지금 실버 서퍼의 시대가 되었다. 실버 서퍼 중에는 음식점을 운영하다가 유튜버로 활발히 활동하고 있는 73세의 박막례 할머니, 패션 컨설턴트로서 젊은 층에게 패션 관련 꿀팁을 조언하는 69세 장명숙 씨가 있다. 해외에도 게임, 먹방 등 다양한 분야에 실버 유튜버들이 있다. 미국 유튜브 채널 '로스 스미스'는 91세의 할머니 폴린카나와 손자인 로스 스미스(Ross Smith)가 운영하는 채널로 구독자수가 현재 110만에 이르고 있다.

박막례 할머니는 70세까지 음식점을 운영하다가 병원에서 초기 치매 판정을 받고 손녀와 함께 호주로 해외여행을 하면서 영상 기록을 유튜브에 올리기 시작해 현재는 구독자수 130만 명으로 우리나라 대표 시니어 유튜버가 되었다. 2019년에는 유튜브 CEO 수잔 보이치키, 구글 CEO 순다 피차이와 만나기도 했으며, 영국 대표 방송사인 BBC 메인 프로그램에 소개되는 등 세계적인 관심을 받으면서도 집에서 비빔국수를 먹는 먹방으로 우리 할머니의 친근함과 유쾌함을 보여주고 있는 중이다.

할머니와 함께 채널을 운영하는 손녀 김유라 PD는 할머니가 치매 위험 진단을 받자 회사에 사표를 낸 뒤 호주여행을 떠났고, 여행 영상을 유튜브에 올려 가족과 지인들에게 보여주다가 할머니의 다양한 메이크업 영상이 화제가 되며 단시간에 15만 구독자를 달성하였다. 콘텐츠 관련 업무에 종사했던 손녀의 영상 제작 스킬과 할머니의 의외성이 합쳐져 재미있고 개성 있는 채널을 만든 것이다.

박막례 할머니 채널에서 860만 뷰로 가장 많은 조회수를 기록한 영상은 대충 대충 만드는 비빔국수 레시피로 식당을 운영한 할머니만의 요리 내공을 엿볼 수 있다. 이 영상이 인기를 얻으면서 잔치국수, 간장 비빔국수 영상 등으로 콘텐츠를 확장하며 화제를 불러일으켰다. 이러한 할머니의 온라인 활동은 〈박막례 이대로 죽을 수 없다〉 〈박막레시피〉라는 책으로 발간되기도 하였다.

젊은 대학생들 사이에서 가장 옷을 잘 입는 할머니로 통하는 유튜버 '밀라논나' 장명숙 씨는 패션계에서 40년 이상 몸담은 베테랑 패션 컨설턴트이다. 그녀는 이탈리아 밀라노에 유학해 패션을 공부하고 에스콰이어, 삼성문화재단의 디자인 고문으로 일했던 경험을 바탕으로 유튜버가 되었다.

이탈리아 말로 밀라노 할머니라는 '밀라논나'라는 이름으로 2019년 10월 유튜브를 시작한 그녀는 2020년 12월 현재, 구독자수가 70만 명에 이르고 있으며 각종 패션팁과 인생 경험담을 들려주며 젊은 세대에게 친숙하게 다가와 큰 인기를 끌고 있다.

그녀의 채널에 올린 영상을 보면 스파매장, 아울렛매장 등을 방문해 명품처럼 옷을 입거나 예쁜 옷을 득템하는 방법을 알려준다. 특히 그녀는 브랜드에 상관없이 합리적인 가격으로 자신에게 어울리는 옷을 입는 것이 중요하다고 말하며 세심하게 쇼핑 꿀팁까지 알려준다.

이 밖에도 먹방을 하는 82세의 최고령 유튜버 김영원 할머니, 농촌 생활을 알려주는 농민 유튜버 안성덕 할아버지 등 실버 유튜버들이 수십 만 명의 구독자를 보유하고 있다.

해외에서도 이러한 트렌드는 비슷하여 60부터 100세까지 많은 실버서퍼들이 다양한 콘텐츠의 유튜브 채널을 운영하고 있다. 국내의 박막례 할머니처럼 손녀와 함께하는 비슷한 사례가 미국에도 있다. 미국의 91세 폴린카나 할머니는 보디빌더들에게 다짜고짜 질문을 던지거나 힘들게 만든 햄버거를 채식주의자라며 버리는 영상은 웃음이 빵빵 터지게 한다. 예측하기 힘든 할머니의 코미디 채널은 손자 로스 스미스의 전폭적인 지원으로 만들어지고 있다.

손자인 로스 스미스는 아직도 할머니에게 많은 점을 배우고 있다면서 오래 세상을 살아오면서 겪은 할머니의 경험에 존경의 마음을 담아 콘텐츠를 같이 제작하고 있다. 2020년 12월 현재 162만 명의 구독자를 보유하고 있다.

이러한 사례들처럼 젊은 MZ세대들이 가족이나 친척 중 어르신이나 아직 일하고 싶은 어르신들과 함께 유튜브 채널을 함께 만들어 보는 것도 추천해 드리고 싶다.

이상에서 살펴본 베이비부머와 실버서퍼세대들을 타깃으로 한 콘텐츠들이 다양하게 만들어지고 공유되고 있다. 이러한 활발한 활동은 베이비부머 콘텐츠 트렌드로 자리잡고 있으며 비즈니스로 연결, 발전하고 있다. 그 트렌드를 살펴보면 앞에서 살펴본 베이비부머의 관심사와도 연계되어 건강한 노후생활, 교육과 여행이 결합된 교육 탐험여행, 나이가 들어감에 따라 노후화 되는 피부와 옷차림에 대한 아름다운 피부미용과 패션, 살아온 경험을 정리하는 자서전 출판 등으로 사업화 되고 있다.

싱글세대 (1인가구)

두번째로 살펴볼 세대는 싱글세대, 즉 1인가구이다. 싱글세대는 가구원이 한 명인 1인가구를 지칭하며, 젊은 층은 물론 이혼, 사별 등으로 혼자 생활하는 이들을 모두 포함한다.

싱글세대는 1990년대 1가구 4인가구에서 2000년대 1가구 2인가구를 거쳐 현재는 혼자 사는 1인가구로 인구구조의 변화로 인한 새로운 가족 형태를 말한다.

국내 1인가구는 2000년대 이후 결혼 시기가 늦춰지고 이혼율 증가와 함께 사회가 고령화 되면서 1인가구의 비중이 높아져 현재는 607만 가구로 전체의 30% 정도를 차지하고 있다. 2030년이 되면 720만 가구로 33%가 상승할 것으로 예상된다.

이러한 1인가구로의 인구 구조 변화는 우리나라뿐만이 아니라 미국은 전체 인구의 40%로 매우 높으며, 중국은 사회의 급변화로 인한 싱글세대의 증가로 1인 소비시장이 뜨는 등 세계 주요 나라들도 동일한 추세를 보이고 있다.

1인가구의 증가에 따라 경제 트렌드도 바뀌어 솔로 이코노미가 이루어지고 있다. 즉 1인용 소파, 침대가 잘 팔리고 1인용 소파·침대 잘 팔리고 TV·전기밥솥도 소형제품의 인기가 높다. 스마트폰의 주 활용으로 집전화 가입률이 급감하고 부동산 시장도 1인가구 특수를 누리고 있다.

이들은 소비시장의 주력으로 부상하여 '베이비붐 다음으로 큰 변화'를 이끌고 있으며, 기업들은 1인가구를 위한 상품개발·판매·마케팅 등 적극 공략에 나서고 있다.

1인가구의 4대 소비 트렌드는 소형, 효율, 안전, 자기관리다.

첫 번째 키워드는 소형으로 가구와 가전이 설치되어 있는 콤펙트형 원룸주택의 수요 급증, 사이즈는 줄이되 성능은 그대로 유지하는 가전제품의 출시, 1인 가구에 맞게 소포장한 식품이나 생활용품 시장의 확대다.

두 번째 키워드는 효율로 제한된 주거공간을 효율적으로 사용하기 위한 빌트인가전, 가변형 가구, 시스템 가구 등이 인기를 끌고 있으며 간편하게 식사를 해결할 수 있는 레토로트식품 시장의 성장이다.

세 번째 키워드는 안전으로 여성과 고령 1인가구를 중심으로 안전에 대한 관심이 높아져 소셜미디어를 통한 정서적 안정을 돕는 메시징 서비스 수요가 증가하고 있다.

네 번째 키워드는 자기관리로 가족부양에 대한 의무가 없어 자기관리와 개발을 위한 지출에 관대해져 외국어, 운동, 교양 등 성인 학습시장이 확대되고 있다. 특히 경제적으로 불황인 요즘에는 팍팍해진 살림 속에서 자신에게 가치를 줄 수 있는 상품과 콘텐츠를 골라 집중적으로 소비하는 나홀로 소비 트렌드가 늘고 있다.

이로 인해 맛있는 디저트를 통한 힐링, 혼술을 즐기는 낭만족의 증가, 혼자 자유롭게 여행하는 것과 카쉐어링, 인테리어를 렌탈하는 시장이 증가하고 있다.

홈루덴스족 탄생

나홀로 소비와 더불어 집에서 혼자 노는 게 제일 좋다는 홈루덴스족이 등장하게 되었다.

홈루덴스라는 말을 가정을 뜻하는 홈과 놀이를 뜻하는 루덴스의 합성어로, 밖에서 활동하지 않고 주로 집에서 시간을 보내며 다양한 활동을 즐기는 사람들을 가리키는 신조어를 말한다.

밀레니얼세대의 70%가 홈루덴스족이며, 이들은 홈무비, 홈카페, 홈트레이닝 등 집에서 모든 것을 해결한다.

이성에 대한 관심보다 '자기애'가 강한 것이 특징으로 에어프라이어를 활용한 홈쿠킹, 소형 빔프로젝트를 통한 홈무빙 및 홈게임, 자수 등을 즐겨 싱글세대와 관련된 제품 판매과 콘텐츠가 확대되고 있다.

집에서만 있다 보니 건강을 생각하여 홈트레이닝을 하는 홈트족도 생겨나게 되었다. 이로 인해 애슬레저룩, 요가복, 필라테스복, 런닝웨어, 레깅스 등 패션 제품과 러닝머신, 중량 조절형 덤벨, 요가매트, 워킹패드, 향초 등의 판매가 증가되었다.

에슬레져 패션시장은 3조 원대로 매우 크며, 관련 브랜드 중 안다르의 신애련 대표는 요가강사로 활동하다 28살에 연매출 700억 원을 기록하는 놀라운 성과를 거두기도 했다. 특히 신 대표는 MBC의 1인 방송 프로그램인 마리텔 시즌2에 출연하여 방송 참가자와 셀럽들에게 레깅스를 활용한 다양한 패션 연출을 제안하였고, 애롱tv라는 유튜브 채널을 운영하며 싱글세대 홈트족을 공략하기 위한 다양한 콘텐츠를 보여주고 있다.

이러한 홈트족, 혼밥족으로 인해 배달 앱, 새벽 배송이 증가되고 외로움을 달래기 위한 반려견, 반려묘, 개, 고양이 이모티콘, 액세서리 등 반려동물 관련 등 관련 시장이 확대되고 있는 것도 주목할 일이다.

싱글세대와 관련한 콘텐츠로는 예능 프로그램으로 MBC '나 혼자 산다', SBS '미운 우리 새끼', '불타는 청춘' 등이 연령대별로 차별화 돼 방영되고 있으며 혼자라서 더 외롭고 배고픈 사람들의 군침 도는 먹방 이야기를 그린 tvN의 '식샤를 합시다'가 시즌 3까지 방영되었다.

싱글세대, 즉 1인가구의 증가와 함께 인터넷 개인방송인 1인 방송도 더 많아져 MBC의 마리텔, JTBC의 '랜선라이프', SBS '룸메이트' 등의 프로그램이 방송되었다. 특히 '랜선라이프'에서는 대도서관, 윰댕, 씬님 등 유명 유튜버들이 직접 출연하여 일상을 보여주는 프로그램을 통해 많은 사람들의 관심을 받았다. 이로 인해 1인 방송이 대세가 됨에 따라 CJENM에서는 다이아TV를 개국하고 1인 방송에 주력하는 콘텐츠 크리에이터 시대를 열었다.

이밖에도 싱글세대의 생활을 보다 편리하게 하는 AI 스피커로 네이버의 일본 회사인 라인에서 인수한 게이트박스, 이를 벤치마킹하여 레드벨벳 웬디를 활용한 홀로박스가 있다.

그리고 스타트업계에서 1인 가구를 위한 푸드벤처 쇼핑몰을 온라인에 열어 연 수십 억 원의 매출을 거두기도 하였다.

이처럼 전 인구의 30% 이상을 차지하는 싱글세대가 보편화 된 트렌드로 자리잡음으로써 이와 관련된 콘텐츠가 제작됨에 주목하여 다양한 싱글세대 공략 콘텐츠를 기획해봐야 할 것이다.

밀레니얼세대

세번째로 살펴볼 세대는 '밀레니얼세대'이다.

통계청과 고용노동부 자료에 따르면 연령은 22세에서 47세로 1984년에서 1999년 사이에 태어난 세대로 대상 인구는 1,100만 명으로 전체 인구의 21%이며, 1인가구의 비중은 55%이다. 월평균 소득은 280만 원이다.

이 세대는 베이비부머세대의 자녀세대로서 미래의 기성세대이자 향후 경제, 소비의 중심세력으로 가장 큰 관심을 받고 있다. 밀레니얼세대는 새로운 천 년인 2000년대가 시작될 때의 첫 세대라는 의미로 밀레니얼세대란 이름이 붙었다. 소유보다는 경험과 공유에 가치를 두며, 기업에서도 밀레니얼세대 직원의 비중이 높아지고 있다. 이들은 소비와 생산활동 모두에서 향후 10년 동안 가장 큰 영향력을 가진 세대이다.

한국의 빅4 중 밀레니얼세대가 가장 중요한 이유는 SNS를 중심으로 온라인, 모바일을 장악하며 트렌드를 만들고 이를 통해 시장의 판도를 바꾸고 다른 사람의 소비에 큰 영향을 끼치기 때문이다. 2020년 총선에서도 막강한 유권자 그룹으로 당락에 큰 영향을 미쳤다.

트렌드 분석가인 김용섭 씨가 쓴 책, 대한민국 세대분석 보고서인 〈요즘 애들, 요즘 어른들〉에서 요즘 애들에 주목해야 하는 이유는 미래를 주도할 세력이자 현재의 영향력을 계속 키워가는 세대이기 때문이라고 말하며, 요즘 애들의 힘이 요즘 어른들을 능가할 만큼 강력해졌기에 그들을 모르고서는 기획을 얻을 수 없기 때문이라고 말했다.

밀레니얼세대의 특징은 기성세대와는 완전히 다르다. 기성세대는 회식 자리에서 단합과 소통을 한다고 생각하지만 밀레니얼세대는 술보다 놀이, 특히 헬스를 좋아한다. 그래서 술집보다는 헬스장이 많이 생기고 있는 추세다. 기성세대가 가장 즐기는 골프보다 밀레니얼세대는 서핑을 좋아한다. 그 이유는 사진찍기, 새로운 것에 대한 배움, 도전 등 개성과 취향 때문이다. 밀레니얼세대는 사진과 디자인에 관심이 많아 미술관 방문이나 전시회 관람을 자주하는 편이다. 이러한 밀레니얼세대의 특징에 따라 리버스 멘토링이 생기게 되었다.

리버스 멘토링(reverse mentoring)이란 영어 리버스에 멘토링이 합쳐진 말로 선배가 후배를 가르치는 기존 멘토링의 반대 개념으로, 일반 사원이 선배나 고위 경영진의 멘토가 되는 것을 말하는 것으로 1999년 제너럴일렉트릭(GE) 회장이던 잭 웰치가 최고경영자 시절 리버스 멘토링을 통해 젊은 소비자들이 원하는 제품을 만들 수 있는 감각을 구비할 수 있다는 취지로 실시했다. 이후 기업들 사이에서 꾸준히 도입돼 오다가 최근 SNS 등 소셜미디어 수단이 등장하면서 다시 활성화되고 있다.

가장 중요한 소비자가 밀레니얼세대에게 제품, 서비스, 콘텐츠를 팔아야 하는데 기성세대들이 모여서 결정을 하면 배가 산으로 가기 십상이다. 밀레니얼세대가 좋아하는 명품브랜드 구찌는 한때 심각한 위기에 빠졌다. 2015년 CEO로 취임한 마르코 비자리는 위기의 원인을 밀레니얼세대의 외면으로 판단했다. 그리고 30세 이하 밀레니얼세대인 직원들과의 모임인 그림자 위원회를 만들어 리버스 멘토링을 함으로써 2017년부터 밀레니얼 세대에게 가장 사랑받은 브랜드로 부활하면서 매출이 급증했다.

비슷한 사례로 루이비통은 게임을 만들었고, 에르메스는 사내에 노래방을 운영하였다. 놀이, 개성, 취향, 사진과 디자인 등이 밀레니얼세대의 특징 키워드이므로 이를 밀레니얼세대 공략을 위한 콘텐츠기획에 활용해야 할 것이다.

밀레니얼세대의 주요 소비 키워드는 5가지다.

첫 번째는 '공유'이다.

공유는 두 사람 이상이 하나의 물건을 공동으로 소유한다는 뜻이다. 공유를 즐겨 하는 밀레니얼세대는 소유를 포기하는 게 아니라 소유의 방법을 진화시킨 것이다. 카쉐어링, 쉐어하우스가 그 사례다. 밀레니얼세대는 차와 집을 버림으로써 얻을 수 있는 기회비용으로 새로운 소비에 더 적극적으로 투자하고 있다.

두 번째는 '취향 존중'이다.

밀레니얼세대 소비에서 가장 흥미로운 이슈가 바로 예쁜 쓰레기다. 어울리지 않을 법한 "예쁘다."라는 말과 '쓰레기'가 지금 시대에는 잘 어울리는 조합으로 합성된다. 필요와 실용성이 아닌 욕망 자체가 소비이기 때문이다. 피규어, 연필이나 필통, 텀블러, 컵받침, 심지어 쇼핑백까지 사 모은다. 그래서 다이소, 버터, 코즈니, 자주, 미니소, 플라잉타이거 코펜하겐 같은 라이프 스타일 샵이 늘어났다.

세번째는 '젠더 뉴트럴(gender neutral)'이다.

밀레니얼세대는 다양성을 존중하고 포용하며, 젠더 뉴트럴을 소비한다. 젠더 뉴트럴의 사전적 의미는 남녀 구분 자체를 없애고 중립적으로 보아 사람 자체로만 생각하려는 움직임을 말한다. 기존의 젠더 역할에서 벗어나 자신을 표현하고 성에 고정되지 않은 나 자체로 삶을 영위하려는 트렌드가 반영돼 있다.

패션은 사회의 흐름을 반영한다. 명품 브랜드들이 남녀 통합 패션쇼로 대거 전환하고 뷰티업계에서도 다양성이 존중이 필수가 된 시대이다.

네번째 키워드는 '착한 소비'이다.

착한 소비는 환경과 사회에 미치는 영향까지 충분히 고려해 상품이나 서비스, 콘텐츠를 구매하는 현상을 뜻한다. 밀레니얼세대의 영향으로 구찌는 모피제품을 퇴출했고 샤넬도 이에 동참했다. 과거에는 패션을 소비하면서 윤리를 따지지 않았지만 사회적 진화에 따라 이제는 확실히 윤리적 관점이 소비에서도 중요한 코드가 되었다.

다섯 번째 키워드는 '친환경'이다.

삼성전자는 스마트폰과 테블릿 PC, 스마트워치 등 모바일 제품의 포장재에서 기존에 쓰던 플라스틱과 비닐을 모두 없애고 대나무나 사탕수수로 만든 펄프 몰드나 종이로 바꿨다. 아모레퍼시픽도 제품 배송을 할 때 뽁뽁이라 불리는 애어캡 대신 벌집 모양의 종이 충전재를 사용하고 있다. 이러한 변화는 밀레니얼세대의 친환경 소비에 기인한다.

밀레니얼세대가 좋아하는 구독, 살롱이란 키워드는 구독경제, 살롱문화 등 새로운 사회문화 현상을 만들어 냈다.

구독경제는 일정액을 내면 사용자가 원하는 상품이나 서비스를 공급자가 주기적으로 제공하는 신개념 유통서비스를 말한다. 일정 금액을 지불하고 주기적으로 콘텐츠 서비스나 생필품이나 의류 등을 받아 사용하거나 여러 종류의 차량을 이용할 수 있는 서비스 등이 대표적이다.

구독경제에는 넷플릭스 모델, 정기배송 모델, 정수기 모델 등이 있다.

넷플릭스 모델은 월 구독료를 납부한 후 매월 무제한으로 영화, 드라마, 다큐멘터리 등 영상 콘텐츠를 이용하는 것으로 멜론 같은 음원 디지털 콘텐츠도 같은 종류다.

정기배송 모델은 칫솔, 양말, 셔츠, 영양제 등 소모품을 월 구독료를 납부하면 매달 집으로 배송받는 서비스이다. 정수기 모델은 월 구독료만 내면 품목을 바꾸어 가며 이용이 가능한 서비스로 자동차, 명품 옷, 가구 등 고가 제품이 주요 적용 상품이다. 구독경제로 우리나라의 이색 정기배송 서비스는 의류의 경우 양말과 셔츠를, 취미는 격주로 꽃다발, 매달 새로운 취미생활을 할 수 있는 재료와 매뉴얼 배송, 국내 인기작가 그림을 3개월 단위로 배송받는 서비스가 이루어지고 있다. 이밖에도 월 1회 반려견, 반려묘 장난감, 목욕용품, 간식 등으로 구성된 박스를 배송해 주는 반려용품 정기배송 서비스, 한 달에 두 번씩 야식박스와 수제 맥주를 배송해 주는 정기 배송 서비스도 있다.

2019년 미국에서는 치킨도 정기구독하는 서비스가 눈길을 끌었다. KFC에서는 치킨 향이 나는 시즌 정기배달 티켓을 75달러(8만 원 정도)에 판매했는데, 2시간 만에 완판되었다. 치킨 향이 나는 KFC 시즌 티켓은 미국에서 가장 인기 있는 미국 프로 풋볼 마지막 경기 일정인 10주 동안 매 주 48개의 켄터키 프라이드 윙을 주문할 수 있는 티켓으로 500장 한정 수량으로 판매했다.

그리고 밀레니얼세대에게 개인의 취향과 관심사를 위주로 모이는 '살롱 커뮤니티 문화'가 라이프 스타일 트렌드로 떠올랐다. 살롱이란

18세기 프랑스 상류사회에서 귀족과 문인들이 가지던 정기적 사교모임 문화이다.

당시 살롱문화를 즐기던 사람들은 문학이나 도덕에 관한 자유로운 토론이나 작품 낭독을 즐겼다. 새로운 문화와 교류하는 공간을 만들던 유럽의 살롱문화를 기반으로 탄생한 지금의 밀레니얼세대 살롱문화는 철저하게 개인화 된 형태의 사회성을 전제로 하는 현대판 커뮤니티이다. 취향이 맞는 사람들이 오프라인에서 모여 소통하는 새로운 살롱문화가 확산되고 있다.

현대판 살롱문화의 시작은 독서 커뮤니티 스타트업 '트레바리'로 보는 시각이 일반적이다. 2015년 서비스를 시작한 트레바리는 회비를 낸 사람들에게 독서모임을 조직해 주는데, 4개월 회비로 19만~29만 원을 받는다. 매달 4만~7만 원의 돈을 내는 셈인데, 2015년 회원 80명으로 시작한 해당 서비스는 시작 4년 만에 유료회원이 5,600명까지 늘었다. 2019년 2월에는 소프트뱅크벤처와 패스트인베스트먼트가 50억 원을 투자하기도 했다.

트레바리의 성공 이후 다양한 관심사를 중심으로 오프라인 모임을 조직하는 스타트업이 만들어졌다. '버핏서울'은 이런 살롱문화에 운동을 결합한 플랫폼이다. 운동을 원하는 지역과 운동의 목적이 맞는 남자 8명, 여자 8명 등 16명이 함께 모여 주 1~2회씩 운동을 하고, 여기에 운동을 돕는 트레이너가 2명씩 배치된다.

오프라인 운동이 없는 날에는 각자가 소화해야 할 운동량을 정해 주면 각자가 이행 여부를 온라인으로 올리는 것이다. 2019년 8월에는 5주 동안 20만 원을 내는 코스를 모집하기도 했다. 회원수가 꾸준히 증가하면서 회원수가 6천 명에 달하였고 카카오벤처스와 컴퍼니케이파

트너스로부터 15억 원을 투자받았다.

'다노'는 다이어트와 커뮤니티, 살롱문화를 적절히 결합한 모델이다. 다노앱으로는 다이어트 관련 콘텐츠를 확인하고, 마이다노앱에서는 다이어트와 관련된 개별 코칭이 진행된다. 매월 8만~10만 원이 드는 유료 프로그램이지만 인기가 높았다.

다노는 여성만을 대상으로 하는데 다이어트 전후의 실제 사진을 온라인에 올려야 하는 특성상 성별을 제한했다는 설명이다. 이런 서비스에 오프라인 프로그램이 간헐적으로 제공된다. 이런 살롱문화 확산 배경에는 밀레니얼 세대가 있다는 것이 전문가의 분석이다.

Z세대

타깃 분석 대상에서 마지막으로 살펴볼 세대는 'Z세대'다.

Z세대는 2000년에서 2009년 사이에 태어난 세대로 대상 인구는 520만 명으로 전체 인구의 10%이다. 이 세대는 콘텐츠 및 상품 소비에 영향력이 커지면서 역사상 가장 생산적이고 역동적인 10대를 말한다. 태어날 때부터 디지털세대, 디지털 네이티브(디지털 원주민)로 콘텐츠 소비 및 제품 구매 등 가족의 의사 결정에 적극 참여하여 부모의 소비에 영향력을 행사한다.

디지털 및 스마트 환경에 매우 능숙하고 텍스트보다는 동영상에 익숙하여 일상생활의 모든 것을 촬영하며 어느 세대보다 유튜브, 인스타그램, 틱톡, 트위치, 카톡 등 소셜미디어를 주도하고 있다.

그래서 Z세대의 지갑을 열려면 뭐든지 동영상으로 커뮤니케이션 하라는 말이 있다. 이들은 유행에 극도로 민감하고 개인주의적인 성향이 강한 반면 환경 및 사회적 인식에서 매우 진보적이라 적극적인 불매운동, 온라인 서명운동을 전개하기도 한다.

Z세대의 소비성향은 구매경험, 가치소비, 경험 공유 등 크게 3가지로 볼 수 있다. Z세대의 소비성향을 정리하면 좋은 품질의 제품을 합리적인 가격에 구입하는 데 그치지 않고 첫째, 구입 과정에서의 경험이 얼마나 쿨한지를 따지는 구매 경험, 둘째, 제품이나 콘텐츠 구입으로 어떤 사회적 가치를 보탤 수 있을지 생각하는 가치소비, 셋째 소비경험을 공유할 수 있는지까지 고민하는 경험 공유의 소비성향을 가지고 있다.

추가로 Z세대가 소비할 때 가장 중요하게 생각하는 요소는 1위가 나의 취향을 저격하는지, 2위 가성비, 3위 디자인, 4위 트렌디함이라는 것도 콘텐츠기획에 고려할 요소로 기억해야 할 것이다.

무엇이든지 동영상으로 커뮤니케이션하는 Z세대를 타깃으로 하는 마케팅으로 뜨는 플랫폼은 유튜브와 틱톡이다. 우리가 너무도 잘 알고 있는 유튜브는 전 세대 모두 가장 많이 사용하는 대세 플랫폼이다. 하루 사용 시간 10억 시간을 돌파하며 새로운 검색 패러다임을 만들었다. 10대의 유튜브 검색 비율은 무려 70%에 이른다. 이로 인해 네이버, 구글, 다음 같은 검색으로 사업을 운영하는 회사들이 위협을 받고 있다.

2019년 기준으로 10대의 월평균 이용시간은 1,865분으로 매일 1시간 이상 유튜브를 이용하고 있다. Z세대는 유튜브로 세상을 읽는다고 한다. 그래서 10대는 모든 것을 유튜브에서 찾아보고 적극적으로 영상을 생산해 유튜브에서 소통을 하고 있다. 눈길을 끄는 Z세대 유튜브에서 마케팅한 사례로 고등학생 간지대회 시즌1, 2를 들 수 있다. 이 대회는 Z세대가 주인공인 예능 프로그램으로 고등학생 스타일 아이콘을 발굴하는 서바이벌 형태의 유튜브 예능 프로그램이다. 마약베개, 퓨어썸 정수기로 히트를 친 미디어 커머스 기업인 블랭크코퍼레이션에서 제작을 지원하며 자사 브랜드 PPL을 하고 있다.

요즘 Z세대의 놀이터는 '틱톡(TICTOK)'이다. 틱톡은 중국 스타트업 바이트댄스(ByteDance)에서 만든 동영상을 공유하는 앱으로 15초 동영상 플랫폼이다. 15초짜리 짧은 동영상으로 인기를 모은 틱톡은 '신나는 순간을 특별하게'라는 슬로건으로 구글플레이·애플 앱스토어에서 누적 다운로드 20억 건을 돌파했으며, Z세대를 잡고 세계 최대의 소셜미디어인 페이스북을 위협하고 있다. 월스트리트저널은 "틱톡은 전 세계에서 가장 가치 있는 스타트업 중 하나로 기업가치가 750억 달러에 달한다."고 전했다. 또 경제 전문매체 비즈니스 인사이더는 "틱톡이 페이스북에 위협이 되고 있다."면서 "페이스북이 틱톡의 성공을 의식적으로 모방하고 있다."고 전했다.

페이스북은 2019년 말 틱톡과 유사한 동영상 공유 앱 '라쏘(Lasso)'를 출시한 바 있으며, 우리나라에서도 Z세대들의 인기를 끌며 '엘언니' 같은 틱톡 스타가 탄생하고 SKT 모델까지 되었다.

Z세대 공략 마케팅

그렇다면 Z세대 마케팅은 어떻게 하면 될까?

Z세대가 중요시 하는 것들을 활용하여 브랜딩, 인플루언서, 오프라인 등 세 방향으로 공략해야 한다.

첫째, Z세대가 선호하는 브랜드의 키워드는 친환경, 고품질, 사회적 책임이므로 이를 키워드로 한 브랜딩을 실시해야 한다.

둘째, Z세대에게 유튜브 인플루언서는 롤모델이므로 인플루언서를 적극 활용한다.

셋째, Z세대는 온라인을 통해 제품의 정보를 얻고 오프라인 매장에서 직접 보고 만진 후 구매를 하므로 온라인과는 차별화 되게 오프라인 매장을 체험 공간으로 구성해야 한다. 특히 Z세대는 실감 세대로 오감을 통해 존재를 경험하므로 AR, VR, MR 등을 활용한 실감형 콘텐츠로 마케팅을 해야 한다.

전 세계 소비시장을 주도하고 있는 밀레니얼과 Z세대가 소비시장의 지형도를 완전히 새로 그리고 있다. 베이비부머를 상대하던 것과는 완전히 새로운 방식으로 접근해야 한다.

부모 세대는 1980~1990년대 호황기의 풍요를 누리며 성장했지만 이들은 2008년 글로벌 금융위기를 경험하며 자란 저성장, 취업절벽 세대이다. 부모보다 경제적으로 어려워진 첫 세대다. 이들은 부모와 전혀 다른 소비성향을 가지고 있어 이들의 취향을 간파하지 못한 비즈니스는 최근 몰락의 길을 걷고 있다.

Z세대와 밀레니얼세대를 몰라서 쇠퇴한 비즈니스

〈월스트리트저널〉의 존 글랜스 골드만삭스 애널리스트는 Z세대와 밀레니얼 세대를 몰라서 몰락한 비즈니스 다섯 가지 사례를 들었다.

첫 번째는 패밀리 레스토랑이다.

이들은 배달을 해서 먹거나 집에서 간단히 해 먹는 것을 좋아한다. 선호하는 것은 '속도'다. 그래서 패스트푸드를 선호해 편의점, 배달앱을 이용하는 비중이 높다. 코로나시대에 편의점, 배달앱의 이용 비중은 더 높아지고 있다.

두 번째, 백화점이다.

이들 세대는 더이상 각종 의류 브랜드를 모아둔 백화점에서 쇼핑을 하지 않는다. 자신이 선호하는 브랜드를 온라인으로 제품만 구입한다. 더욱이 이들은 겉으로 드러나는 옷이나 가방 같은 물건보다 여행이나 스포츠 등 경험에 더 많은 돈을 쓴다. 무신사, 29CM, 스타일쉐어 등의 온라인 편집샵이 성업 중인 이유다.

세 번째 부동산이다.

이들은 더이상 집을 사려고 하지 않는다. 돈을 모아 집을 사는 것이 불가능하다고 판단했기 때문이다. 이들이 주택 소유를 포기한 것은 경제적 어려움과 라이프 스타일 변화, 늦어지는 결혼 등 다양한 요인이 있을 것이다.

Z세대와 밀레니얼세대를 이해하지 못해 쇠퇴하고 있는 네 번째는 골프다. 여유와 부의 상징이었던 골프는 페이스북, 인스타그램 등 소셜네트워크 사교로 대체되었고, 이들은 가성비를 따지기 때문에 운동

효과가 적고 돈은 많이 드는 골프에 시간과 돈을 쓰지 않게 되었다. 대체할 수 있는 운동과 콘텐츠가 널려 있는 상황에서 이들에게 더이상 있어 보이는 스포츠로는 만족감을 줄 수 없다.

다섯 번째로 다이아몬드다. 이들은 꼭 결혼해야 한다는 생각도 적고, 결혼을 해도 비싼 보석으로 예물을 맞추지 않는다. 이들은 자신의 손에 가장 잘 어울리는 편안하고 트렌디한 반지를 좋아한다.

이상과 같이 Z세대와 밀레니얼세대에 대해 이해하지 못해 쇠퇴하거나 몰락한 비즈니스 사례를 참고하여 MZ세대를 위한 콘텐츠기획을 함으로써 실패 확률을 줄여야 할 것이다.

콘텐츠기획에 추가로 고려할 타깃 : 키덜트, 골드퀸, 꽃중년

우리나라의 빅4 세대인 베이비부머세대, 싱글세대, 밀레니얼세대, Z세대 외에도 콘텐츠를 기획할 때 고려해야 할 또다른 타깃이 다. '키덜트(Kidult)', '골드퀸(Goldqueen)', '꽃중년'이다.

키덜트는 어린이를 뜻하는 '키드(Kid)'와 어른을 의미하는 '어덜트(Adult)'의 합성어로 '아이들 같은 감성과 취향을 지닌 어른'을 지칭한다. 키덜트는 유년시절 즐기던 장난감이나 만화, 과자, 의복 등에 향수를 느껴 이를 다시 찾는 20~30대의 성인계층을 말하는 것으로 이들의 특징은 무엇보다 진지하고 무거운 것 대신 유치할 정도로 천진난만하고 재미있는 것을 추구한다는 점이다.

사례로 맥도널드에서 해피밀 어린이세트를 사면 슈퍼마리오, 미니언즈 장난감을 선착순으로 증정하는 이벤트를 한 것을 들 수 있다. 행사 당일에 넥타이를 맨 직장인들이 줄을 서고 구매를 하여 조기에 품절되었고 현재는 인터넷 중고사이트에서 비싼 값에 거래되고 있다. 2019년에는 '어벤저스 엔드게임'의 개봉과 더불어 다양한 피규어와 캐릭터 상품을 한정 판매하여 큰 인기를 끌었다.

피규어를 사는 데 수천만 원을 소비하는 키덜드 시장은 취미를 넘어 재테크용 수집으로 시장규모가 1조 원을 넘었다. 키덜드 상품으로는 레고가 38%로 비중이 가장 높고 캐릭터완구, 인형, 피규어, 종이블록, RC자동차, 프라모델 등의 순서로 구매가 이루어지고 있으며 이를 위해 키덜트 제품의 수입이 증가되고 있다.

성장하는 키덜트 시장을 공략하기 위해 신세계백화점에서는 일렉트로마트 내에 피규어 존을 만들고 키덜트의 성지로 자리매김하기 위한 새로운 유통을 만들었다. 이러한 현상에 대해 전문가들은 현대인들의 삶이 날로 각박해지면서 어린시절의 감성으로 돌아가 정서 안정과 스트레스 해소를 추구하는 일부 어른들의 욕구가 디지털 문화와 맞물리면서 출현한 것으로 해석한다.

최근 백화점, 완구점, 영화관, 인터넷 쇼핑몰 등에는 키덜트를 겨냥해 특별히 제작한 캐릭터 의류, 액세서리, 장난감, 가전제품 등이 다양하게 등장해 새로운 시장을 형성하고 있다.

골드퀸은 경제력을 갖춘 40, 50대로 외모와 건강에 관심이 많고 여가생활, 개인적인 삶의 질 개선에 아낌없이 투자하며 여가생활을 즐기는 중년 여성으로 프리미엄 제품에 대한 수요가 커서 백화점, 홈쇼핑 등에서 가장 큰 소비자이다. 이들은 무엇보다 남편이나 자식만을 챙기던 이전의 중년 여성들과 달리 본인에게 적극적으로 투자하는 것이 특징이다.

이러한 골드퀸을 타깃으로 제작된 콘텐츠가 tvN에서 방영한 '꽃보다 누나' 시리즈였고 이 프로그램을 통해 중년 여성들의 크로아티아, 헝가리 등 동유럽에 대한 여행 수요가 폭발적으로 일어났다. 또한 주부들의 가사 스트레스를 풀기 위해 랩학원을 찾는 주부들이 있다는 점에 주목하여 랩으로 스트레스를 해소하는 '힙합의 민족'이라는 프로그램도 방송되었다. 이러한 골드퀸 트렌드에 따라 여성들만을 위한 페스티벌이 다양하게 열리고 있다.

꽃중년은 골드파파라고도 불린다. 경제적인 여유와 외모 가꾸기에 높은 관심을 갖고 멋과 스타일을 추구하며 젊은 사람 못지 않은 패션감각을 지닌 40~50대 중년 남성을 지칭한다. 흔히 미소년, 꽃미남에 대비되는 말인 '미중년', '꽃중년', '중년돌'이라 불리기도 한다.

이들은 패션이나 미용에 관심이 많아 피부미용・피트니스 등에 열중하며 시간과 돈을 투자하는 것은 물론 자동차, 스포츠 등 자신의 기호와 취미, 라이프 스타일을 중시하고 이를 즐기는 데 몰입한다. 또, 권위적인 이미지나 일에만 매몰되는 생활 태도, 칙칙한 스타일로 대표되는 중년 남성들의 일반적 특징을 거부한다.

골드 파파의 등장은 노화를 최대한 늦추고 젊게 살고 싶어 하는 중장년층이 확산되는 사회적 현상인 '샹그릴라 신드롬'과 연관되어 있다. 또, 외모가 경쟁력인 시대가 되면서 젊은 남성층에서 개성을 표출하며 자신의 외적인 멋을 가꾸는 데 높은 가치를 부여하는 분위기가 많아지면서 중년 남성들도 이에 자연스럽게 영향을 받게 된 것이라고 할 수 있다.

혼자이고 싶을 때 미술관에 가서 회화와 건축을 즐기는 골드파파는 최근 외모, 문화생활 소비가 2배로 늘어 새로운 소비계층으로 주목받으며 다양한 업종으로부터 마케팅 대상이 되어 백화점 '남성 전용관' 카드사 특별상품으로 유혹하고 있다.

시장은 고객, 자기 회사, 경쟁사로 이루어진다. 그리고 시장을 읽기 위해 타깃 고객을 중심으로 시장 환경인 트렌드, 경쟁자의 동향을 살펴야 한다. 가장 중요한 것이 타깃, 즉 고객이다. 그래서 우리는 앞에서 우리나라 빅4 타깃인 베이비부머세대, 싱글세대 1인가구, 밀레니얼세대, Z세대에 대해 살펴보았고 추가로 키덜트, 골드퀸, 꽃중년에 대해서도 살펴보았다.

타깃 분석에 이어 이제 트렌드와 경쟁자에 대해서도 알아보자.

트렌드(Trend)란 사전에서 찾아보면 '시대의 경향, 동향'이란 의미로 동향, 추세와 같은 말로 경제변동 중에서 장기간에 걸친 성장·정체·후퇴 등 변동 경향을 나타내는 움직임을 말한다. 즉 어떤 현상이 일정한 방향으로 움직여 나가는 힘으로 사람들이 공유하는 특정한 생활, 사고방식의 경향과 추세'를 말한다. 이는 유행보다는 기간이 길고 메가트렌드보다는 기간이 짧다.

통상적으로 유행은 1년 미만, 트렌드는 2~3년 이상, 메가트렌드는 7년 이상 지속되는 것으로 예를 들자면 옷의 유행, 웰빙 트렌드, 고령화 메가트렌드 등으로 표현될 수 있다. 자세히 살펴보면 유행은 패션 또는 패드(Fad ; 일시적인 유행)라고 하며 짧게는 며칠에서 1년 이하 기간 동안 지속되는 것으로 주로 의류(패션)업종에서 사용된다. 트렌드는 2~3년 이상 지속되는 것으로 스마트, 웰빙, 디지털, 글로벌 등 다른 용어와 결합하여 사회 및 소비자를 일정 기간 지배하는 현상을 말한다. 메가트렌드(Megatrend)는 트렌드보다 길고 광범위한 것으로 7년 이상 지속되는 것을 말하며 고령화, 융복합화 등 변해가는 사회의 현상을 나타내는 거대한 조류를 말한다.

트렌드는 과거를 기반으로 현재에 살아 움직이며 미래를 만드는 역할을 한다. 즉 트렌드는 연속성과 대중성을 지니고 있다. 요즘에는 트렌드란 용어가 아주 많이 여러 곳에서 사용되고 있는데, 이는 사람들이 트렌드에 매우 큰 관심을 가지고 있다는 것을 보여준다. 물건을 잘 팔려면 유행을 따라야 하듯이 콘텐츠기획에서 차별화를 하기 위해서는 트렌드를 잘 활용해야 한다.

트렌드는 고객이 움직이는 방향이다. 즉 콘텐츠기획자는 이러한 사회현상의 변화 방향과 움직임에 예민하게 촉각을 세우고 어떠한 방향으로 어떻게 변해갈 것인지를 잘 예측하며 회사의 현실을 고려하여 기획에 활용해야 한다. 그러므로 콘텐츠기획자는 아이템을 선정할 때 트렌드를 꼭 염두에 두고 고객의 움직임을 바로 파악하고 고객에 맞는 기획을 위해 트렌드를 바르게 파악해야 한다.

트렌드를 알기 위해서는 주요 경제연구소(삼성, LG, 현대)에서 매년 초에 발표하는 자료나 연말에 출간되는 트렌드 관련 다양한 책들을 통해 파악할 수 있다. 그리고 한해 동안 유행한 히트상품을 살펴보며 고객 소비경향을 살펴보는 방법도 있다.

따라서 트렌드를 콘텐츠기획에 반영하여 고객들의 관심을 자연스럽게 끌어내 참여 및 구매를 유도해야 한다. 즉 기획을 할 때 타깃의 동향과 더불어 타깃을 움직이게 하는 트렌드를 눈여겨볼 필요가 있다. 이런 측면에서 매년 말에 발표되는 트렌드에 주목할 필요가 있다.

특히 콘텐츠를 기획할 때에는 기존의 방식을 과감히 버리고 스마트한 사회로의 트렌드 변화에 맞춘 기획을 해야 한다. 트렌드와 시장변화를 감지하지 못하고 기존 방식을 고집하게 되면 어려운 처지에 놓이게 될 수 있다. 스마트폰으로 비롯한 스마트 환경에 따라 애플과 삼성이 환호를 할 때 노키아는 눈물을 흘렸고, 전자왕국이라 불리던 소니는 주가가 폭락하였다.

그러므로 기획을 할 때에는 반드시 트렌드를 파악하고 앞으로의 시장과 고객의 니즈가 어떻게 변할 것인지를 예상하여 시장을 선점하고 고객을 만족시키는 방법을 강구해야 한다.

트렌드를 읽기 위한 다양한 방법

콘텐츠기획에서 매우 중요한 트렌드를 읽기 위해서는 어떤 방법이 있을까?

트렌드를 읽기 위해서는 다양한 방법이 있는 몇 가지 방법을 소개하고자 한다.

첫째, 트렌드를 만드는 사람을 이해해야 한다.

둘째, 새로 생긴 모든 것에 관심을 가지고 눈여겨 봐야 한다.

셋째, 지속적으로 변화가 되는지를 철저히 관찰해야 한다.

넷째, 트렌드로 발전할 수 있는지 대세를 읽어야 한다.

다섯째로, 주위의 정보를 수집하여 공통분모를 찾아보아야 한다.

여섯째, 현장을 방문하여 고객과 시장의 움직임을 수시로 체크해야 한다.

한편 평소에 트렌드를 잘 읽기 위해서는 소셜미디어 및 TV 방송에도 주목해야 한다. SNS와 방송은 언제나 새로움을 추구하는 콘텐츠로 트렌드에 가장 민감하기 때문이다.

따라서 콘텐츠기획자들은 SNS와 방송 속에서 트렌드를 읽어내고 이를 기획에 반영하여 고객을 적극적으로 유인해야 한다. 방송을 통해 트렌드를 읽어내는 방법은 다음과 같다.

첫째, 시사프로그램(피디수첩, 시사매거진, 취재파일 등)을 통해 사회의 움직임을 파악한다.

둘째, 각종 쇼, 음악, 인문학 프로그램을 통해 패션, 예술, 영화, 연극 등 문화의 변화를 체크한다.

셋째, 드라마를 통해 사회의 화두를 읽을 수 있으며, 소품을 통해 유행의 가능성을 알 수 있다.

넷째, 시청자 보고 프로그램(TV 특종 세상에 이런 일이 등)을 통해 틈새 트렌드를 이해한다.

다섯째, 광고를 통해 최신 동향을 파악한다. 특히 모델, 아이템, 소품 등에 주목한다.

여섯째, 방송에서 공통으로 반복하여 다루는 주제에도 관심을 갖고 활용한다.

마지막으로 각종 프로그램의 시청자 게시판에 주목하며 댓글도 참고한다.

시장을 읽기 위해 보아야 할 것은 세 번째는 경쟁자를 살피는 것이다.

〈손자병법〉'모공편(謨攻篇)'에 나오는 '지피지기 백전불태(知彼知己百戰不殆)'라는 말처럼 경쟁자를 알고 나를 알면 백번을 싸워도 위태롭지 않은 법이다. 즉 경쟁사의 동향을 면밀히 살펴 기획한 콘텐츠(서비스)만의 차별화 포인트를 만들어 내야 한다. 이를 위해 항상 경쟁자의 움직임에 촉각을 곤두세우고 주기적으로 동향을 체크하여 대응책을 마련하는 시스템을 마련해야 한다. 특히 요즘처럼 매일 매일 변화가 일어나는 시기에는 일별, 주별, 월별로 경쟁자 동향 파악을 정례화 해야 한다. 경쟁자 동향 파악은 콘텐츠는 물론 인력 선발 및 운영에서 자금관리 마케팅, 서비스에 이르기까지 경쟁사의 모든 부분에 대해 살펴봐야 한다. 만약 경쟁사가 어떻게 변하는지를 파악하지 못한다면 트렌드의 변화에 대응하지 못해 쓰러진 기업들보다 더 심각한 결과를 얻게 될 수 있음을 명심해야 할 것이다.

시장조사 절차

기획의 출발점인 시장조사는 제대로, 정확히 무엇을 조사할 것인지 목표를 분명히 설정하고 계획을 수립한 후에 조사해야 한다. 즉 시장조사를 왜 하는지, 어떻게 조사할 것인지, 자료는 어떻게 수집할 것인지, 수집한 자료는 어떻게 기획에 적용할 것인지 등에 절차를 마련하고 단계별로 시행해야 한다.

시장조사 1단계는 '기획에 대한 문제제기'이다.

무엇을, 왜 조사하는지 시장조사의 방향을 설정하기 위한 첫 단계이다. 이 단계에서는 현재의 모습을 보완하고 콘텐츠를 수행하는 데 발생할 수 있는 문제점을 해결하며, 콘텐츠의 새로운 기회를 포착하기 위해 중요한 단계이다.

2단계는 '조사설계'이다.

조사설계는 무엇을 조사할 것인지 향후 콘텐츠와 관련된 시장조사 활동을 수행하고 통제하기 위한 청사진으로 네 가지 주요 활동 과제가 있다.

첫째, 도출된 문제점이나 보완 사항에 대한 종합적인 검토를 해야 한다.

둘째, 조사 방법 및 조사의 틀을 설정하며, 자료수집 절차와 자료분석 기법을 선택한다.

셋째, 조사 일정 및 조사 예산(소요 인원, 시간 및 비용)을 편성한다.

넷째, 조사설계가 잘 수립되었는지 객관적으로 평가한다.

3단계는 '자료수집'이다.

자료는 기획자가 직접 수집해야 할 자료인 1차자료(직접 질문, 전화, 설문조사, 면접 등)와 타 연구기관이나 언론 매체 등에 의해서 이미 수집된 2차자료(각종 문헌, 신문이나 잡지, 인터넷 검색엔진 이용)가 있다.

2차자료는 구하기는 쉬우나 문제 해결을 위해서는 부족한 점이 많아 좋은 자료를 얻기 위해서는 직접 수집하는 1차자료 수집에 중점을 두어야 한다. 자료 수집은 온라인과 오프라인을 병행하며, 특히 현장을 중심으로 이루어져야 한다.

4단계는 '자료 분석'이다.

수집된 자료의 분석은 편집, 코딩(coding : 조사에서 응답자의 반응을 분류하여 숫자 등으로 표기하는 것), 통계적 기법으로 해석하는 방법이 있으며, 이는 기존의 전략을 보완하고 수정하는 방식으로 진행되어야 한다.

5단계는 '기획에 적용'하는 것이다.

시장조사를 통해 분석된 자료는 마지막으로 기획하는 데 적용되어야 한다. 이 단계에서는 새로운 콘텐츠기획 전략을 수립할 수 있도록 분석 자료를 가공하여 기획이 차별화 될 수 있도록 업그레이드 시키는 기획자의 스킬이 필요하다.

이상과 같이 시장조사는 문제에 대한 분석부터 기획에 적용까지 5단계로 진행한다.

시장조사 방법

시장조사 방법은 크게 1차조사(Primary Research)와 2차조사(Secondary Research)로 나누어진다. 1차조사는 자사의 콘텐츠(상품, 서비스)에 대한 목표 고객, 기존 고객의 사용패턴, 상품 특징 등에 관한 데이터를 수집 및 조사하는 것이다. 2차조사는 관련 책자나 정기간행물 등을 통해 조사하는 것으로 1차조사보다 시간이 덜 소요되고 저렴한 비용으로 조사할 수 있다.

통상 일반적인 시장조사 방법은 1차적으로 인터넷을 통해 폭넓은 자료를 수집할 수 있다. 이러한 방법은 자료수집이 용이하고 빠르다는 장점과 수집되는 정보가 다양하기 때문에 전체적인 동향, 세부적인 시장조사의 방향 설정 등에 많은 도움이 되는 장점이 있으나 반면에 정보의 깊이가 깊지 않아 재가공을 해야 하는 단점이 있다.

그러므로 1차조사를 통해 전체 동향 파악 및 시장분석의 방향을 정하고 2차적으로 세부적인 조사를 현장을 중심으로 실시해야 한다. 관련 산업 동향에 관해 알고 싶다면 정보서비스 회사나 무역협회, 산업 전문가로부터 정보를 입수할 수 있으며, 직접 방문하거나 컨설팅회사의 도움을 받는 방법도 있다.

유의할 점은 어떠한 방법을 택하든지 실질적인 조사와 함께 객관적인 근거를 제시할 수 있는 방법이어야 한다는 것이다.

시장조사 방법의 종류는 대략 5가지 정도가 있다.

첫째, '질적 조사'이다.

이는 조사대상 50~60명 정도로 제한하고 심층면접, 그룹 토론을 하는 것이다.

둘째, '양적 조사'이다.

조사 방법으로는 개별면접, 전화면접, 우편/SNS 설문 등이 있다.

셋째, '응용 조사'이다.

응용조사 방법은 특정 콘텐츠(제품)나 서비스에 대한 조사, 제품의 인지도, 경쟁제품과의 차별성, 고객의 라이프 스타일 등을 조사하는 것이다.

넷째, '이론 조사'이다.

이론 조사는 질문에 대한 몇 개의 정해진 답안을 제시하여 선택하게 하는 방법이다.

마지막으로 '방법론 조사'가 있다.

이 조사는 조사된 내용에 대한 조사로서 우편 등의 설문을 통해 시행한다. 콘텐츠를 기획할 때 이상의 시장조사 방법 중 해당되는 것을 선정하거나 믹스하여 활용하면 된다.

문화 예술 콘텐츠를 위한 시장조사를 한다면?

문화예술 콘텐츠를 기획해야 한다면 어디서부터, 어떻게 시장조사를 시작하는 것이 좋을까?

1차로 문화체육관광부, 문화예술진흥원, 문화콘텐츠진흥원, 공연장, 미술관, 방송국 등 정부 관련기관 및 관공서 또는 콘텐츠 관련 시설을 방문하거나 홈페이지를 살펴본다. 국내 문화예술 관련 시설 및 단체만의 조사만으로는 부족한 감이 있으므로 2차로 해외 주요 시설 및 단체, 콘텐츠에 대한 시장조사도 병행하는 것이 좋다.

예를 들어 외국 주요 문화예술 시설을 방문하는 것이 제일 좋고 어려울 경우, 이들 시설의 홈페이지를 살펴보면 된다. 우리나라 외에도 조사대상국으로 미국, 일본, 중국, 영국, 독일, 프랑스 등 전 세계를 대상으로 조사를 실시한다.

그리고 세계 주요 문화예술행사에 대한 조사도 함께 실시한다. 마지막으로 홈페이지뿐만이 아니라 주요 동영상 사이트(유튜브, 네이버 등)를 보며 텍스트와 현장감 있는 비주얼을 동시에 살펴보도록 한다.

우리나라는 물론 전 세계적으로 음악 관련 페스티벌이 많이 열리고 있다. 이를 활성화하고 축제화 시키기 위해서는 문화예술 시장조사와 마찬가지로 해외의 유사 축제에 대해 살펴봐야 한다.

세계적으로 유명한 페스티벌은 4월 미국 코첼라밸리에서 열리는 코첼라 페스티벌, 8월 네바다 사막에서 열리는 버닝맨 페스티벌이 있다. 영국에는 8월 에딘버러에서 열리는 에딘버러 페스티벌이, 프랑스에서는 7월 아비뇽에서 열리는 아비뇽 페스티벌이 유명하고, 네덜란드에서는 6월 암스텔담에서 열리는 데프콘원 페스티벌 등이 있다.

구글에서는 미국 버닝맨 페스티벌에 참가한 사람에 대해 입사 평가에서 가산점을 줄 만큼 창의적인 예술 축제로 알려져 있다.

이상과 같이 시장조사를 할 때에는 조사할 범위, 기간 등을 정하고 실시해야 한다. 특히 조사의 범위는 국내, 해외, 온라인 등으로 나누어 시행해야 하며, 시장이 글로벌화 되어가는 시점에서 세계와 국내를 동시에 조사하여야 한다.

글로벌 환경에서 시장을 조사할 때는 먼저 세계시장을 조사하고 그 다음에 국내시장을 살펴보도록 한다. 그리고 시장을 조사할 때는 우선적으로 인터넷, 책, 논문 자료 등을 통해 제일 먼저 통계자료를 입수하고 이를 바탕으로 조사를 설계, 시행하도록 한다.

시장조사를 하기 전 사전준비는 필수

창의적이고 스마트한 콘텐츠기획을 위해서는 현장을 방문하여 조사하기 전에 우선 준비할 것이 몇 가지 있다. 시장조사를 효과적으로 수행하기 위해 다음 사항을 준비하고 시행하면 좋다.

첫째, 인터넷을 통해 사전에 현장조사를 위한 방법을 준비하는 것이다.

미리 준비하고 가면 200%의 효과를 거둘 수 있기 때문에 시장조사에 앞서 현장에 대한 충분한 정보(위치, 구성, 현황 등)를 탐색하고 숙지한 후 현장을 방문하도록 한다. 해외출장을 다녀와 결과를 보고를 하는 것을 보면 사전에 현장조사를 하고 간 사람과 그렇지 않은 사람과 확연한 차이를 발견할 수 있다.

사전조사를 충분히 하고 출장을 간 사람은 어디에서 무엇을 볼 것인지를 사전에 정하고 갔기 때문에 구체적인 자료와 정보를 수집하고 새로운 아이디어까지 만들어 제안할 수 있지만 사전조사를 하지 않고 간 사람은 그냥 짜여진 스케줄대로 보고 온 것을 보고하여 이전의 출장자와 별로 차이점을 발견할 수 없게 된다.

둘째, 조사 체크리스트 준비한다.

현장에 가서 '무엇을 볼 것인지?' '누구를 만나 무엇을 체크(조사)할 것인지?' '기획에 어떻게 적용할 것인지' 등을 미리 생각하고 조사할 항목을 사전에 체크리스트로 정리한다.

구글, 네이버 등에서 체크리스트와 조사보고서 양식 등을 찾아 참고하여 자신의 상황에 맞는 체크리스트를 작성해보면 좋다.

셋째, 사진 및 동영상을 기록하는 것이다.

시장조사를 글로 정리하는 것도 중요하지만 보다 생생한 정보를 수집하고 전달하기 위해서는 카메라, 스마트폰, 드론 등을 활용하여 현장 사진 및 동영상을 촬영하고, 고객과의 인터뷰는 녹음을 하도록 한다. 현장에서 수집한 자료는 블로그, 페이스북, 인스타그램, 핀터레스트 등에 스크랩하여 바로 정리하고, 보고가 필요할 경우에는 내용을 간단히 정리한 후 카톡이나 이메일로 보고한다.

이처럼 시장조사를 잘 하기 위해서는 스마트폰 및 디지털기기를 적극적으로 활용할 것을 추천한다. 새로운 것에 대한 호기심에서 앞서가는 기획이 나올 수 있기 때문이다.

시장조사 포인트

살아 있고 생동감 있는 시장조사의 포인트는 다음과 같다.

첫째, 현장에서 아이디어를 발굴하는 것이다.

기획 아이디어, 아이템 등에 대한 보강은 책, 인터넷 등을 통해서도 얻을 수 있지만 실질적인 아이디어는 현장 속에 있다. 기획의 실용성 및 활용성을 높이기 위해 현장 탐방은 필수이다. 현장 속에서 찾은 것이 고객과의 공감대를 형성할 수 있는 최선의 방법이기 때문이다.

둘째, 타깃의 관심사와 동향을 파악하는 것이다.

시장조사를 통해 세상은 어디로 움직이고 있으며, 그 안에 고객들은 어떻게 반응하고, 관심사는 무엇인지를 파악할 수 있다. 기획자라면 고객의 움직임과 관심에 대해 항상 눈과 귀를 열어 놓고, 이를 기획에 적극적으로 반영해야 한다.

셋째, 현장 속에서 새로운 크리에이티브(Creative)를 발견하는 것이다.

시장조사의 주된 목적은 벤치마킹에 있다. 치밀한 기획을 바탕으로 이루어진 공간에는 반드시 크리에이티브적인 요소들이 살아 숨쉬고 있기 때문에 이를 잘 발견해 내고, 이를 자신만의 차별화 된 기획으로 업그레이드 시켜야 한다.

넷째, 새로운 매체를 조사하고 적용하는 것이다.

상대적으로 사람들이 많은 장소에는 새롭고 시험적인 매체들이 많이 설치되어 있다. 그러므로 기획할 콘텐츠에 대한 효과적이고도 차별화된 PR을 위해 새로운 미디어 매체를 조사하고 이에 대한 활용도를 체크하여 콘텐츠기획에 반영하도록 한다.

마지막으로 트렌드를 발견하고 이해하는 것이다.

사람들이 많이 움직이는 공간을 잘 살펴보고 있으면 공통점을 발견할 수 있고, 이를 통해 우리는 트렌드를 알 수 있다.

일례로 사람들이 많이 다니는 강남역, 홍대 같은 번화가에서 1시간 정도 움직이는 사람들의 모습을 살펴보면 패션 트렌드를 파악할 수 있고, 이를 바탕으로 새로운 패션 트렌드의 방향성을 기획하는 데 참고

자료로 활용할 수 있다. 현장을 방문할 때 이러한 포인트를 살려 시장 조사를 해보기 바란다.

전시회 및 인프라 관람 및 조사 포인트

새로운 콘텐츠를 기획하거나 신상품을 적극적으로 알리고 판매 활로를 개척하기 위해 우리는 국내외의 다양한 전시회에 참관하고 조사를 하러 가게 된다. 대부분의 전시회는 매우 규모가 큰 전시장에서 이루어지므로 짧은 시간 내에 효과적으로 관람하기 위해서는 몇 가지 유의사항을 참고해 관람하는 것이 좋다.

첫째, 사전에 동선을 체크하여 주어진 시간에 효율적으로 조사를 하도록 한다.

규모가 큰 전시회일수록 한 곳에서 오랜 시간을 보내게 되면 다른 곳을 보지 못 하고 나올 수가 있으므로 관람 시작과 종료 시간을 체크한 후 시간대별, 장소별로 조사계획을 수립한다.

사전에 전시회 홈페이지에 들어가면 참가 회사별 배치도가 나와 있거나 현장에서 전시장 가이드 안내물을 받을 수 있으므로 이를 참고하여 시간 계획을 짜고 관람하도록 한다.

둘째, 전시회에는 다양한 회사와 주제가 혼재하므로 방문하는 곳마다 순서 있게 잘 기록해야 한다. 이를 위해 스마트폰, 디지털 카메라, 캠코더 등을 활용해 촬영을 할 때 참관 부스별로 회사명과 부스, 콘텐츠 제품, 특이사항, 관심 분야 등의 순으로 촬영하고 이와 함께 느낀 점이나 현장 아이디어, 상담 내용 등을 구체적으로 메모하도록 한다.

셋째, 전시회는 대부분이 향후 런칭할 콘텐츠, 제품이나 서비스를 선보이는 경우가 많으므로 참관 부스별로 안내원들에게 반드시 의문 사항에 대해 질문을 하여 보다 심도 깊은 현장조사를 시행하도록 한다. 질문지는 미리 만들어가는 것이 좋으며, 미처 준비를 하지 못한 경우에는 메모지에 질문내용을 적은 후 질의하고 답변을 자세히 적도록 한다.

넷째, 전시회에서 배포하거나 제공하는 인쇄물, 판촉물 등을 적극적으로 수집한다.
전시회 관련 제작물들은 전시회의 컨셉에 맞추어 통일성 있게 제작된 것과 각 회사별로 차별성을 부각시키기 위해 심혈을 기울여 만든 것이므로 향후 유사한 행사를 기획할 때 참고할 수 있도록 수집하고 수집품에는 어디에서 받았으며, 용도가 무엇인지를 스티커에 써서 붙여놓고, 부피가 크거나 많을 경우, 보관을 용이하게 하기 위해 촬영해 놓도록 한다.

다섯째, 전시회를 참관한 후에는 현장 참관 결과를 바로 정리하도록 한다. 기억력에는 한계가 있으므로 전시회 방문뿐이 아니라 해외출장, 외부 업체와의 미팅 등도 현장 탐방한 느낌이 가장 생생하게 살아 있는 시점에 결과를 정리하도록 한다.
부득이하게 바로 정리를 할 수 없는 상황에서는 메모지에 보고서의 형식에 맞추어 현장에서 기록한 메모와 촬영한 사진(동영상), 수집품 등을 최대한 빨리 당일에 정리하도록 한다. 특히 필자의 경우, 2일 이상의 해외 출장을 갈 때는 매일 매일 수집한 자료들이 매우 많으므로 당일 저녁 잠자리에 들기 전에 숙소에서 정리하며 버릴 것은 바로 버리는 것으로 정리하고 있다.

시장조사 결과는 반드시 자료화

시장조사를 마친 후에는 반드시 조사한 자료를 협의하며 검토한 뒤 기획에 바로 활용할 수 있도록 자료화 시켜 놓는 것이 좋다. 특히 사진이나 동영상은 바로 정리하지 않으면 어디서 촬영했는지 잘 기억이 나지 않을 수도 있고, 체계적인 정리를 할 수도 없기 때문이다.

그러므로 프로 기획자들은 프로젝트가 주어졌을 때 현장을 방문하기도 하지만 평소에 현장을 주기적으로 방문하여 기획에 사용할 조사자료를 데이터로 정리해 놓는다. 즉 철저히 사전준비를 하고 효과적인 현장조사를 한 뒤에는 반드시 느낀 점과 새롭게 얻은 아이디어 등을 정리하여 콘텐츠기획에 적용하면 현장감 있고 차별화 된 기획을 할 수 있게 된다.

시장조사를 할 때 현장방문을 하기에 좋은 시간, 장소, 방법이 있다. 시간은 주중 유동고객이 많은 시간 및 주말시간을 활용하는 것이 좋으며, 장소는 일차적으로 콘텐츠와 관련된 현장을, 이차적으로는 고객의 기호와 트렌드를 파악할 수 있는 인구밀집 장소를 대상으로 한다. 그리고 조사 방법은 주기적으로 정례화 하여 방문하는 것이 중요하며 현장방문을 할 때는 앞에서 살펴본 바와 같이 체크리스트, 카메라, 메모 노트 등을 소지하고 현장에서 바로 생생하게 기록을 남기도록 한다.

시장조사 보고서 작성법

시장조사 보고서를 쓸 때에는 3가지 기본원칙이 있다.

첫째, 작성 전에 충분히 구상을 해야 한다.

왜 조사하는지, 무엇을 조사할 것인지, 조사한 것을 어떻게 적용할 것인지를 미리 생각한 후 보고서의 프레임을 짜도록 한다. 보고서는 서론, 본론, 결론, 참고자료 등으로 구성한다.

서론에는 보고서의 윤곽을 제시하여 관심을 유도하며 조사의 필요성, 목적, 범위, 방법, 의의, 중요성 등을 내용으로 한다. 본론은 조사할 내용(현황, 특징, 주목할 점 등)을 분석하고 샘플, 사진 등의 자료를 포함시킨다.

결론은 전체 내용을 요약한 후 해결책을 제시하여 정확한 결정을 내릴 수 있도록 보고서를 작성한다. 그리고 콘텐츠의 향후 개발 및 제작 방안을 제안하도록 한다.

둘째, 정확하고 명확한 문장을 사용한다.

추상적인 표현보다는 숫자를 사용하여 구체화 시키는 것이 중요하며 검토자가 잘 판단할 수 있도록 간결하고 짧게 직접적인 표현을 사용한다.

셋째, 표나 그림, 적절한 예시를 제시하여 생동감을 준다.

텍스트만으로 작성된 보고서는 검토자에게 지루한 감을 주고 특히, 현장감이 떨어져 정확한 판단을 하기 어려우므로 표, 그림, 사례 등을 적절히 넣도록 한다. 보고서를 작성할 때 유의할 점은 보고의 주제를 정확히 파악하여 작성하는 것이 필요하며 충분한 자료 수집과 다양한 관점에서 비교 분석하도록 한다.

콘텐츠기획 2단계 : 아이템 선정

콘텐츠기획 2단계는 '아이템 선정'이다.

우리는 콘텐츠기획 1단계 시장조사를 통해 다양한 정보를 얻게 된다. 시장조사로 얻어진 정보 속에서 콘텐츠기획에 적용하기 위한 적합한 아이템을 선정하는 것이 콘텐츠기획 2단계이다.

그렇다면 아이템(Item)이란 무엇인가?

우선 정확한 개념 파악을 위해 사전을 살펴보면 '한 단위로 다루어지는 데이터의 집합'이라고 나와 있다. 즉 아이템이란 시장조사를 통해 얻은 데이터의 집합체, 곧 '정보'이다.

기획에서의 아이템은 기획의 대상(목적)을 말한다. 밑천이 있어야 장사를 할 수 있듯이 아이템이 정해져야 기획을 할 수 있다.

똑같은 주제로 기획을 하더라도 아이템이 달라지면 콘텐츠가 차별화 된다. 예를 들어 유튜브에 키즈(kids) 콘텐츠 채널을 만들더라도 어떠한 아이템으로 어떻게 운영하느냐에 따라 내용은 물론 구독자 수도 달라지게 된다.

그러므로 기획을 차별화 하기 위해서는 아이템 선정이 매우 중요하다. 콘텐츠기획에서 분명한 컨셉과 전략을 전개하기 위해서는 확실한 아이템을 선정해야 한다.

2020년 tvN의 시사교양 프로그램인 '책 읽어 드립니다'에서 〈삼국지〉를 2회에 걸쳐 방송하였다. 삼국지는 과거부터 현재에 이르기까지 마케팅 전쟁에서 어떤 아이템을 취해야 승리할 수 있는지를 알려주는 책이다. 삼국지의 여러 전투 중 아이템, 즉 정보를 활용하여 대승을 거둔 것이 삼국지 3대전투 중 가장 유명한 적벽대전(赤壁大戰)이다.

적벽대전은 중국 후한 말기에 조조가 손권과 유비 연합군과 싸웠던 전투다. 관도대전(官渡戰鬪)에서 원소를 무찌르고 화북을 평정한 조조는 중국을 통일하기 위해 약 80만 대군을 이끌고 남하해 적벽에서 손권·유비 연합군 5만과 대치하게 되는데, 이때 제갈량이 기후를 예측하고 바람(동풍)을 활용한 화공계략(火攻計略)을 펼침으로써 조조의 군대를 대파, 화북으로 패퇴시켜 위, 촉, 오 삼국의 형세가 확정되는 계기를 마련하였다.

전투의 승리는 제갈량의 기후 파악 능력, 즉 정보를 활용는 것에서 비롯되었다. 오늘날처럼 치열한 경쟁의 시대에 수많은 정보 중에서 승리를 얻기 위한 정보, 즉 아이템의 선정과 활용은 매우 중요하다. 그러므로 무한경쟁의 싸움에서 승리하기 위해서는 정보를 모으고 관리하기 위해 꾸준히 노력해야 한다. 콘텐츠기획의 필수 요소이며, 근간인 아이템(정보)으로 차별화 되고 설득력 있는 기획을 위해 정보의 유형, 정보력을 강화하는 방법, 수집 등에 대해 세부적으로 관심을 갖고 살펴봐야 할 것이다.

<u>아이템은 정보</u>

21세기로 들어오면서 인터넷과 디지털, 특히 스마트폰의 급속한 확산으로 인한 모바일 환경이 세상을 급속하게 바꾸고 있다. 모바일로 이루어지는 요즘의 가장 큰 변화는 정보가 의식주와 더불어 생활에 필수적인 제4의 요소가 되었다는 것이다.

정보화 사회의 발달로 정보 자체가 자원으로서 발전의 원동력이 되고 있으며, 정보를 가지고 있는지 아닌지에 따라 소득계층의 변화까지 일어나고 있다. 그래서 나라, 기업별로 양질의 정보를 경쟁자보다 한 발 앞서 확보하기 위해 보이지 않는 정보전쟁을 치르고 있다. 특히 소셜네트워크서비스(SNS)의 시대로 인해 우리는 매일매일 넘쳐나는 정보의 홍수 속에 살고 있다.

그런데 콘텐츠를 기획하면서 막상 필요한 정보를 구하기란 쉽지가 않다.

그럼, 정보는 어디서 얻을까?

콘텐츠기획을 위해 정보를 어떻게 얻는지 기업 내 기획자 100명에게 물어보았다. 1위는 인터넷(41.7%), 2위는 인적 네트워크(26.7%)였고, 다음으로 내부 자료와 보고서(18.3%), 외부 보고서(6.7%), 책 또는 잡지

(5%), 기타(1.6%) 순으로 결과가 나왔다.

필자는 삼성전자 신입사원시절부터 업무와 관심 분야에 대한 자료들을 매일 하나 둘씩 꾸준히 모으게 되었고, 회사생활 10년차에 책을 한 권 출간하게 되었다. 입사해서 과장이 될 때까지 10년 동안 추진한 마케팅기획과 현장경험을 바탕으로 그동안 모은 문서와 자료에 자신의 생각과 기존의 이론을 믹스하여 기획 서적을 출간할 수 있었다.

이처럼 정보는 계속적으로 모으고 나만의 것으로 만들어 놓으면 언젠가는 책을 낼 수도 있을 것이다. '티끌모아 태산'이라는 말이 있듯이 작은 정보 하나 하나가 모여 마침내 책이라는 멋진 열매를 맺을 수 있게 된 것이다. 이번 책도 2020년 학교와 외부에서 강의한 내용을 정리하여 출간한 것이고 그 시작은 매일 매일 수집한 정보이다.

아이템(정보) 유형

이와 같이 우리는 주위에 있는 정보를 잘 선택하고 유형별로 나누어 주기적으로 수집하고 업데이트하면 콘텐츠를 기획할 때 많은 도움을 얻을 수 있다.

아이템은 사회, 업무, 기업의 환경에 따라 정보 유형이 다르다. 비즈니스의 기회는 계속적으로 변화하는 시장환경에서 나오므로 우리는 각 환경 요소에서 무슨 일이 일어나는지를 계속 주목하고, 이곳에서 나오는 정보에 관심을 가져야 한다. 그러므로 우리는 정보를 주기적으로, 지속적으로 수집하여 놓고 이를 회사 생활이나 문서 작성, 기획에 적절하게 사용해야 한다. 즉 콘텐츠를 잘 기획하기 위해서는 지속적인 정보 수집이 필요하다. 이는 정보가 아이디어 발상의 기초가 되고, 구체적인 데이터로 신뢰감을 주며, 기획의 논리적 근거로 상사를 설득하는 데 훌륭한 도구로 활용되기 때문이다.

콘텐츠 마케팅(4P)인 제품, 가격, 유통, 판매촉진의 유형별로도 어떠한 정보를 모을 것인지에 대해 카테고리를 나누어야 한다. 콘텐츠는 물론 서비스 가격, 유통채널, 광고, 홍보, 판촉, 인적 판매 등 프로모션에 대한 정보 대상을 정하고 관련된 정보를 수집하는 것이다.

아이템 수집 방법

시장조사를 통해 콘텐츠기획에 쓸 아이템을 선정하는 것은 쉬운 일이 아니다. 요즘처럼 매일매일 시장이 급변하는 환경에서 한 번의 시장조사를 통해 얻은 아이템을 기획에 적용하여 성공을 거두기란 어렵다. 그러므로 아이템은 매일매일 꾸준히 모으고 수집과 동시에 잘 정리정돈하여 언제든지 기획에 활용될 수 있도록 만들어 놓아야 한다.

아이템을 모은다는 것은 게임에서 아이템을 모으는 것처럼 단시간 내에 할 수 있는 것이 아니라 꾸준한 시간 투자와 노력이 필요하다. 중국 고전 〈열자(列子)〉의 '탕문편(湯問篇)'에 보면 '우공이산(愚公移山)'이라는 말이 나온다. 어리석은 영감이 산을 옮긴다는 이야기이다.

중국의 태형(太形)·왕옥(王屋) 두 산은 둘레가 700리나 되는데 원래 기주(冀州) 남쪽과 하양(河陽) 북쪽에 있었다. 북산(北山)의 우공(愚公)이란 사람은 나이가 이미 90에 가까운데 이 두 산이 가로막혀 돌아다녀야 하는 불편을 덜고자 자식들과 의논하여 산을 옮기기로 하였다. 흙을 발해만(渤海灣)까지 운반하는 데 한 번 왕복에 1년이 걸렸다. 이것을 본 친구 지수(智叟)가 웃으며 만류하자 그는 정색을 하고 "나는 늙었지만 나에게는 자식도 있고 손자도 있다. 그 손자는 또 자식을 낳아 자자손손 한없이 대를 잇겠지만 산은 더 불어나는 일이 없지 않은가. 그러니 언젠가는 평평하게 될 날이 오겠지."하고 대답하였다.

지수는 말문이 막혔다. 그런데 이 말을 들은 산신령이 산을 허무는 인간의 노력이 끝없이 계속될까 겁이 나서 옥황상제에게 이 일을 말려 주도록 호소하였다. 그러나 옥황상제는 우공의 정성에 감동하여 가장 힘이 센 과아씨의 아들을 시켜 두 산을 들어 옮겨, 하나는 삭동(朔東)에 두고 하나는 옹남(雍南)에 두게 하였다고 한다.

이처럼 하루에 한 바구니씩 흙을 나르다 보면 산도 옮길 수 있듯이 하루에 한 가지씩 자료를 매일매일 모으다 보면 1년 뒤에는 남들보다 365개가 많은 정보, 즉 아이템을 가지게 된다. 비슷한 말로 '소걸음으로 천리를 간다.'라는 의미의 '우보천리(牛步千里)라는 고사성어처럼 차별화된 기획, 스피드한 기획을 위해 매일 매일 아이템(정보) 수집을 위한 노력이 있어야 한다.

하루 한 가지라도 좋으니 최소한의 목표를 정해 놓고 신문, 인터넷, 책 등을 통해 얻은 아이템(정보)을 기획하고자 하는 콘텐츠나 관심 분야 등에 대해 자료를 정리해 보자. 이렇게 하루에 한 개씩이라도 모은 아이템은 새로운 콘텐츠를 기획할 때 매우 유용한 자료가 될 것이다.

수집한 아이템을 효율적으로 활용하기 위해서는 정리를 잘 해야 한다. 아이템을 잘 정리해 놓으면 찾기가 쉬워 스피디하게 기획을 할 수 있기 때문이다. 그리고 분기나 반기별로 수집된 아이템을 정리해야 한다. 이미 남이 활용하였거나 시간이 경과된 아이템은 쓸모가 없기 때문에 주기적으로 불필요한 정보는 버리고 찾기 쉽고 알아보기 쉽도록 정리정돈을 하도록 한다.

여기서 정리(整理)와 정돈(整頓)의 차이는 무엇일까? 정리는 버리는 것을 말한다. 즉 정리는 쓸데없는 불필요한 정보 등을 버리는 것이다. 그리고 정돈은 정리 이후에 아이템을 찾기 쉽고 알아보기 쉽도록 항목별로 배열해 놓는 것이다. 즉 잘 찾을 수 있도록 정리하는 것이 정돈이다. 아이템을 잘 정리 정돈하지 않으면 정보가 산더미처럼 쌓여 기획할 때는 찾지 못해 제대로 쓰지도 못하고 버리게 되는 경우가 많다.

정보는 정보처리 4단계에 맞추어 정리정돈하도록 한다.

첫째, '버린다.'

시간이 조금만 지나도 필요 없는 정보가 있다. 이럴 때는 과감하게 버려야 한다. 이를 위해 월 1회 정도 자신이 모은 정보를 살펴보고 버릴 것은 과감히 버려야 한다.

둘째, '전달한다.'

좋은 정보이기는 하나 자신에게는 필요 없는 정보가 있다. 좋은 정보라고 쓰지도 않으면서 가지고 있어 무용지물을 만들기보다는 필요한 사람에게 전달해 주고 유용하게 활용하게 하는 것이 좋다. 이러한 정보의 전달이 있어야 자신이 정보가 필요할 때도 원활하게 정보를 지원받을 수 있게 된다. 그리고 이를 통해 자연스럽게 자신의 정보 체계를 구축할 수 있게 된다.

셋째, '처리한다.'

한 번 사용한 정보는 다시 사용하기 어렵다. 그러므로 사용한 정보는 조금 아깝더라도 과감히 버려야 한다. 정보에도 사용 횟수와 유효일자가 있기 때문이다.

넷째, '자료화 한다.'

정보 중에는 지속적으로 쓸 수 있는 것이 있다. 이러한 정보는 나만의 장소에 자료(파일)로 보관하도록 한다. 그래야 언제든지 빠르게 찾아볼 수 있다. 정보는 수집과 동시에 정리정돈하는 것이 가장 좋다. 왜냐 하면 정보는 필요할 때 바로 찾아 쓸 수 있어야 하기 때문이다. 회사에서 최고의 정보를 가지고 경영을 하는 지위가 높은 임직원들 특히, CEO들의 책상을 보면 항상 잘 정리정돈된 모습을 볼 수 있다. 이는 정보를 수시로 정리정돈하여 생긴 결과이다.

지금 여러분의 책상 앞은 어떠한가? 여러 가지의 자료들로 정신이 없지 않은지? 여기저기 모아놓은 정보가 있다면 지금 정리정돈을 해보자. 그러면 보다 효율적으로 정보를 콘텐츠기획에 잘 활용할 수 있을 것이다.

아이템에 나만의 생각 더하기

정리한 아이템에는 반드시 생각나는 나만의 생각을 더하여 적어놓는 것이 좋다. 아이디어라는 것이 반짝하고 생각났다가 금방 사라지므로 바로 수집한 자료에 나만의 생각, 즉 아이디어나 느낌을 메모로 적어놓아야 한다. 이것은 마치 시험을 볼 때 정답이 명확하게 무엇인지 모르는 문제에 대해 가장 먼저 생각한 것이 답이 되는 것처럼 수집한 자료를 보고 제일 먼저 떠오르는 것이 최선의 아이디어일 수 있기 때문이다. 콘텐츠기획자들은 문제의 성격을 명확히 알고 그 문제를 해석하기 위해 방법과 순서, 프로세스를 전개하는 애널리스트(Analyst)처럼 매일 리서치하고, 조사를 하고 이를 통해 수집한 정보를 스크랩하고 생각을 적어놓는 것이 필요하다.

스크랩은 사회문화 이슈, 이벤트별, 회사별, 관심 분야별로 정리하고, 정책, 통계자료, 도표, 사진, 경제(시장) 동향, 경쟁기업 동향, 경쟁제품 마케팅 기사, 트렌드, 광고, 홍보기사 등을 종류별로 스크랩을 한다. 이처럼 아이템(정보)은 시간이 날 때마다 수집하고, 바로 카테고리별로 정리하여 콘텐츠를 기획할 때 사용하도록 한다.

일일정보 만들기

우리는 매일 주위에서 수많은 정보를 접하고 아이템을 얻게 된다. 그래서 매일 정보를 수집하고 정리하여 콘텐츠기획에 활용할 수 있도록 정보 경로별로 미리미리 수집하여 콘텐츠기획에 활용하도록 한다.

아이템, 즉 정보를 수집하는 방법은 크게 3가지가 있다.

매일매일 일일정보를 만드는 것, 전문자료를 통해 아이템을 수집하는 것 그리고 소셜미디어를 통해 정보를 수집하는 것이다.

첫째, 매일 매일 일일정보를 만드는 방법은 신문, 이메일, 현장 방문, 기타 등 네 가지 방법이 있다.

일일정보를 만드는 첫 번째 방법은 신문을 활용하는 것이다. 신문을 통한 시장조사를 통해 깊이 있는 정보와 트렌드를 알 수 있다. 신문은 중앙일간지와 경제지를 종류별로 1개 이상 보아야 한다. 특히 매일 경제지를 읽도록 하고, 사회문화 트렌드 체크는 물론 업무 및 관심 분야를 반드시 살펴봐야 한다.

신문을 읽는 시간은 30분 내외로 하여 짧은 시간에 집중하여 살펴보는 것이 좋다. 이를 위해 헤드라인, 그림, 데이터, 도표, 특집기사를 중심으로 읽으며, 이미지는 인터넷에서 검색하여 PC 파일로 저장하여 향후 콘텐츠기획서를 작성할 때 활용하고, 지속적으로 활용할 수 있는 것은 스크랩(블로그, 페이스북, 브런치 등)하도록 한다.

두 번째 방법은 이메일, 인터넷을 활용하는 것이다. 이메일은 매일 효율적으로 정보를 얻는 최고의 방법으로 관심 분야와 관련된 사이트에 회원가입을 하여 정기적으로 이메일을 통해 정보 입수하는 것이다.

회원가입을 할 사이트는 문화콘텐츠, 예술, 마케팅, 디자인, 경제연구소, 방송, 신문사, 정부기관, 트렌드 분야 등이다. 매일 이메일로 받는 기사 중 주요 내용은 자신의 블로그, 페이스북 등에 카테고리별로 분류하여 정리하는 것이 좋으며, 일일 스크랩 시간을 30분 이내로 한정하여 많은 시간을 뺏기지 않도록 시간 관리를 잘 하도록 한다.

사례로 주요 콘텐츠 기업의 CEO들은 하루에 오전 7시, 오후 3시, 오후 10시 등 시간을 정해 놓고 시간 관리를 위해 그 시간에만 이메일을 보거나 인터넷을 검색한다고 한다.

블로그는 관심있는 블로그에 이웃맺기, 페이스북은 페이지에 좋아요를 통해 정보을 얻을 수 있다.

세 번째 방법은 현장 방문이다. 현장에 답이 있으므로 평일 오후나 여유가 있는 주말에 시간을 할애하여 시간이 날 때마다 현장을 방문하도록 한다. 방문할 현장으로는 서점, 박물관, 미술관, 극장, 연극, 뮤지컬, 콘서트 공연장, 전시장 등의 문화공간을 방문토록 한다. 현장에서 아이템을 수집하는 포인트는 고객의 소리 청취 및 고객 반응을 체크하도록 하며, 현장에서 얻은 자료는 장소와 인터뷰 상대자 이름을 기록하여 콘텐츠기획서를 작성할 때 활용하여 기획서의 신뢰도를 제고하도록 한다. 현장방문 전에 인터넷을 통해 사전조사를 시행하고 설문지, 체크리스트를 반드시 준비하고 현장을 방문하도록 하며 방문 횟수 최소 월 1~2회, 해외는 연 1회 이상으로 수시로 많이 시행하여 콘텐츠 기획에 현장의 목소리를 담는 것이 설득력을 높이는 데 좋다.

일일정보를 만드는 기타 방법으로는 신문이나 거리에서 배포하는 전단, 전시장, 행사장 등에서 얻을 수 있는 브로셔, 포스터, 티켓, 응모권, 기념품, 사은품, 굿즈 등을 수집하는 것이다. 특히 온오프와 콘텐츠와 관련된 행사 제작물은 전단, 포스터, 티켓, 초대장, 현수막 등 패키지 형태로 수집하며 이미지, 동영상 형태로 기록한다.

이처럼 방문한 곳에서 콘텐츠와 연관된 아이디어를 연상할 수 있는 아이템들을 모아두면 나중에 기획 및 디자인에 많은 도움이 된다. 그리고 브로셔, 카탈로그 같은 인쇄물은 1종류를 3부 이상씩 수집한다. 3부를 수집하는 이유는 자신이 볼 것과 동료들에게 줄 것 그리고 협력하는 사람이나 회사에 주기 위해서이다. 이렇게 정보를 공유하면 한 방향의 콘텐츠를 만들고 커뮤니케이션을 하는 데 많은 도움이 된다.

아이템(정보)을 잘 수집하여 성공한 영화의 사례가 있다.

1,424만 명의 관객을 끌어모은 국내 흥행 4위인 국제시장, 1132만 명이 관람한 해운대 등 천 만 명 이상이 관람한 영화를 두 편이나 제작한 윤제균 감독은 '내 영화의 원천은 신문'이라고 말하며 신문에서 영화 소재를 찾아 성공했다고 말하였다. 윤 감독은 광고회사에 다니면서 아침마다 신문기사를 스크랩하고 이를 조합하여 아이디어를 만들던 습관에서 비롯된 것이라고 하였다.

개그맨 중 아이디어뱅크로 불리는 김준호 씨는 "웃기는 단어를 찾기 위해 국어사전을 다 뒤졌다."고 말하며 인기 코너였던 '꺽기도'의 "~다람쥐, 감수성" 등의 유행어 등을 만들었다고 한다.

이처럼 정보를 찾고 기획에 활용하기 위해 전문서적을 깊게 보는 방법도 좋다. "고민하는 만큼 얻고 뛰는 만큼 얻는다."는 말이 있다. 정보를 얻기 위해서는 24시간 노력해야 한다. 하루일과 중에 우리는 자투리시간을 잘 활용해서 많은 정보를 얻을 수 있다.

다음은 콘텐츠기획 일을 하는 직장인 A씨의 하루 생활을 통해 정보를 얻고 정리한 사례로 참고하여 적용해보면 좋겠다.

직장인 A 씨는 아침에 지하철로 출근하면서 스마트폰으로 콘텐츠 관련 기사를 중심으로 국내외 자료, 신제품 PR 기사, 특집기사, 광고, 통계 데이터 등을 살펴보며 스크랩할 것을 추려낸다. 회사에 도착하면 인터넷 검색을 통해 스마트폰을 통해 본 기사를 찾아 자신의 블로그에 올려놓고 업무를 하면서 중간중간 인터넷으로 자료를 검색하고 유용하고 나중에 쓸 자료들은 블로그에 포스팅 또는 메모하여 스크랩한다.

점심식사를 하고 남는 시간에 회사 지하에 있는 서점에 들러 신간 및 베스트셀러를 보며 고객의 기호와 트렌드를 파악한다. 오후 시간이 되면 사내 업무를 1차적으로 마치고 현장 방문을 위해 조사 자료와 체크리스트를 준비한다. 시장조사를 위해 매장, 콘텐츠 시설 등을 방문하여 판매원 및 고객과 대화를 나누며 기획한 내용이나 새롭게 추진할 프로젝트의 내용이 현장에 잘 맞는지, 잘 적용될지를 체크하고 의논한다.

다시 회사로 복귀하여 그날의 업무와 현장 방문 결과를 정리하여 상사에게 보고하고 퇴근한다. 퇴근길에는 지하철에서 책을 읽으며 새로운 정보를 얻는다. 그리고 집에 와서는 읽은 책 중 메모할 내용을 노트북에 정리하며 하루의 일과를 마친다.

정보를 효율적으로 얻기 위해서는 별도로 시간을 내어 마련하는 것도 좋지만 이 사례처럼 항상 관심을 가지고 지하철 출퇴근, 미팅 대기시간, 점심시간, 저녁 산책시간 등 자투리시간을 적극적으로 활용하는 것이 좋다.

경제신문 재미있게 보는 방법

창의적이고 스마트한 콘텐츠기획을 위해 경제신문을 읽는 것은 필수이다.

그런데 조금은 읽기 어려운 경제신문을 어떻게 쉽게 읽을 수 있을까?

경제신문을 쉽고 재미있게 보는 다섯 가지 방법이 있다.

첫째, 1면 헤드라인 기사에 주목하고, 이와 관련된 내용이나 해설기사를 반드시 읽는다. 1면은 전날이나 당일의 가장 중요한 경제 상황을 반영하기 때문이다.

둘째, 각 섹션의 헤드라인에 주목하고, 각 섹션별로 어떠한 관계를 갖고 있는지 살펴본다.

각 섹션 중 자신이 관심을 가지고 있는 부분을 정하여 세심하게 읽기 시작한다. 어느 정도 숫자를 보는 감각이 생기면 다른 섹션에도 관심을 가지고 숫자 사이에 상관관계가 어떻게 되는지를 살펴본다.

셋째, 시세표를 읽어보도록 한다.

주식, 원자재 등에 대한 시세표는 매일 매일의 세계 및 국내경제 흐름을 반영하는 것이므로 관심 있는 기업이나 원자재(금, 석유, 곡물 등)를 정해 놓은 후 이에 대한 시세의 변화를 체크하며 숫자의 흐름을 읽어본다.

넷째, 정부에서 발표하는 경제정책과 관련된 숫자 기사를 본다. 이는 정부의 경제정책을 통해 국가경제의 흐름을 파악할 수 있기 때문이다.

다섯째, 금융 섹션을 살펴본다.

숫자의 흐름을 파악하기 위해서는 숫자로 꽉 채워진 금융 섹션을 꼭 보고 동향을 분석해 보아야 한다.

이상의 방법을 활용하여 중요 기사를 중심으로 읽고, 차츰 익숙해지면 전체적인 기사를 통해 숫자가 어떻게 움직이는지를 살펴보도록 한다. 즉 경제신문을 읽는 것이 처음에는 생소하여 잘 이해가 가지 않겠지만 두세 달 숫자의 변화를 기록하며 정리하는 습관을 들이다 보면 숫자의 움직임을 파악할 수 있게 되고 이를 통해 앞날을 추론할 수 있는 통찰력이 생기게 된다.

전문정보 수집 방법

하루 인터넷 정보량은 책으로 247,000권 정도가 된다고 한다. 이 책을 쌓으면 에베레스트산 56개의 높이가 된다. 이처럼 정보가 넘쳐나는 시대에는 정보를 얻는 노하우(knowhow)보다 어디서 차별화 된 정보를 얻을 수 있는지 정보의 출처(know-where)가 중요하다.

그렇다면 스마트하고 창의적인 콘텐츠기획에 꼭 필요하고 중요한 정보를 수집하려면 어떻게 해야 할까?

전문정보를 수집하는 방법은 인맥, 현장방문, 논문자료, 세미나/강의, 전문사이트, 책, 블로그/카페, 포털사이트 등 8가지가 있다.

8가지 중 가장 좋은 정보는 어디에 있을까?

차별화된 기획과 기획서를 작성하기 위해서는 인적 네트워크가 가장 중요하다. 인터넷이나 기획서 등에서 얻는 자료는 누구나 얻을 수 있는 자료이지만 인적 네트워크, 즉 자신만 알고 있는 지인으로부터 얻는 자료는 자신만의 자료가 되기 때문이다.

전문화 된 정보를 수집할 수 있는 8가지 방법을 중요한 순서대로 살펴보자.

첫째, '인적 네트워크(인맥人脈)'이다.

콘텐츠 분야 및 학교 선후배, 직장 내외 동호회, 기타 모임 등 좋은 정보를 얻기 위한 최고의 보물창고로 '사람'(인맥)이 가장 중요하다. 인맥을 만들기 위해서는 평소에 다양한 사람들과 인맥을 맺어 놓는 것이 중요하다. '신입사원으로 돌아간다면 경력관리를 위해 가장 주력하고 싶은 것'이란 설문조사에서 인적 네크워크의 구축이 33%로 가장 높게 나왔다. 그 다음으로 외국어 능력(21%), 자기계발(19%) 순이었다. 요즘은 가난한 것이 '갖지 못한 것'이 아니라 '소속되지 못한 것'이라고 규정하며 인적 네트워크의 시대를 강조하였다.

샘 해리슨은 〈아이디어의 발견〉이라는 책에서 "창의적인 사람들은 네트워크를 좋아한다. 네트워킹이 도움이 되기 때문이다."라고 말하였다.

인맥을 관리하는 방법으로는 첫째, 인맥지도 작성 및 인맥지수 측정이 있다. 작성 방법은 가족, 친인척, 동창, 선후배 등을 관계, 학교, 회사, 동호회, 종교 등 유형별로 만들어 보는 것이다.

둘째, 자신을 차별화 된 브랜드로 만든다.

이를 위해 자신을 적극적으로 알릴 수 있게 디자인, 비주얼 면에서 차별화 된 명함을 만들도록 한다.

셋째, 전시회, 세미나, 행사장 등을 직접 찾아다니며 적극적으로 관계를 맺는 것이다. 이를 위해 교육, 세미나, 특강, 포럼 등 행사에 정례적으로 참가한다.

넷째, 모임, 단체에 정기적으로 참여한다.

인맥 관리의 포인트는 습관화다. 인맥을 만들기 위해서는 전화, 이메일, 문자, 카톡, 페북 등을 통해 정기적이고 지속적으로 소통을 하는 것이 필요하다.

전문정보를 수집하는 두 번째 방법은 '현장방문'이다.

예를 들어 명동, 강남역, 대학로, 신촌, 홍대, 가로수길 등 타깃밀집지역, 전시장, 공연장 등을 방문하여 정보를 얻는 것이다. 현장은 살아 있는 정보를 폭넓게 얻기 위함이다. 이를 위해 서점은 매주, 행사장은 매월, 국내외 출장은 반기에 1회 이상 시행하는 것이 좋다.

현장을 방문할 때 유의할 사항은 시장조사에서 배운 대로 방문 전에 반드시 무엇을 볼 것인가에 대한 체크리스트를 만들어본 것을 기록하도록 하며 반드시 사진/동영상 등을 촬영한다. 체크리스트는 방문일시, 장소, 조사자, 방문 목적 및 포인트, 조사 내용, 현장 사진 및 특이사항 등으로 구성하며 조사항목에 따라 다르게 만들어 활용한다.

체크리스트란 체크할 대상에 대해 평가하거나 점검할 때 여러 가지 기준에 대한 질문을 나열한 것이다. 일을 시행하기 전에 체크리스트를 작성하여 실행할 항목별로 살펴보게 되면 실천도를 높이고 시행 결과에 대해 중간 중간 평가함으로써 목표 달성률을 높일 수 있다. 그런데 기획서 작성을 준비할 때 수록할 내용들을 빠짐없이 체크하기가 쉽지 않으므로 '체크리스트'를 활용하는 것이다. 체크리스트를 활용하면 실수를 줄이고 논리적으로 문서를 작성하는 데 많은 도움을 받을 수 있기 때문이다.

체크리스트를 작성할 때는 '중요한 것부터 순서대로' 작성하도록 한다. 가령 고객이라면 '이번 기획에 가장 중요한 것이 무엇인가?'를 생각 해보고 중요한 요소들부터 정리해 나가면 된다.

체크리스트는 기획의 내용이나 체크할 대상에 따라 다르게 작성되어야 하겠지만 우선적으로 무엇이 중요한 사항인지들을 생각해본 후 작성한다.

세 번째 방법은 '논문자료'이다. 전문정보로서 논문자료를 수집하기 위해서는 국회도서관, 대학도서관 등에서 석/박사 논문을 참고한다. 열람은 네이버, 다음, 구글 등 포털에서 국회도서관(www.nanet.go.kr, 전자도서관) 사이트에 방문하여 검색 후 활용한다.

네번째 방법은 '강연, 포럼 등 세미나에 참석'하는 것이다.

세미나에서는 전문가들의 이슈, 특정 주제에 대한 보다 깊은 정보를 얻을 수 있으므로 관심 분야나 방송, 콘텐츠에 관련된 세미나, 강연, 포럼, 강의 등에 적극적으로 참석하도록 한다. 참가 전에 질문 자료를 만들어 참석하면 더욱 좋은 정보를 얻을 수 있다. 특히 행사 전후에 참여한 사람들과 명함 교환을 통해 정보를 얻을 수 있는 인맥을 구축한다.

다섯 번째 방법은 방송, 미디어, 콘텐츠 및 관심 분야 등에 관련된 전문 사이트에서 정보를 수집하는 것이다.

관심 분야와 연관된 전문 연구기관의 홈페이지에 회원가입을 하여 메일로 최신 정보를 입수할 수 있으며 문화체육관광부, 한국콘텐츠진흥원 등 정부기관 홈페이지에 가면 잘 정리된 보고서와 통계자료를 획득할 수 있다.

여섯 번째 방법은 책에서 정보를 수집하는 것이다. 책에서 정보를 얻기 위해서는 한 달에 한 번 이상 서점을 방문하거나 예스24, 알라딘 등 온라인서점에서 베스트셀러 및 관심 있는 책을 살펴보는 것을 추천한다. 책을 읽을 때 연필로 아이디어를 메모하면 콘텐츠기획서 작성에 잘 활용할 수 있다.

일곱 번째, 블로그, 페이스북, 유튜브, 핀터레스트, 틱톡 등 소셜미디어를 활용하여 정보를 수집한다.

필자의 경우, 수집한 정보를 블로그(https://blog.naver.com/roh0511)에

스크랩 하고 있으며, 이를 페이스북과 연동하고 동영상, 디자인과 관련된 정보는 유튜브, 핀터레스트를 이용한다. 소셜미디어 중 조금 깊이 있는 정보를 원하면 파워블로그, 브런치 등에 관심 키워드를 검색하면 좋다. 블로그와, 페이스북에서 콘텐츠 관심 분야의 정보를 쉽게 얻으려면 블로그의 경우 이웃맺기, 페이스북의 페이지는 '좋아요'를 눌러 놓으면 자동적으로 업데이트 되는 정보를 얻을 수 있고, 온라인 상으로 네트워크를 맺어 구성원 간에 서로 필요한 정보를 주고 받을 수도 있다.

마지막으로 네이버, 다음, 구글 등 '포털사이트를 활용'하는 것이다. 이 방법은 가장 쉽게 정보를 구할 수 있는 것으로 범용성은 있으나 전문성은 떨어진다는 단점이 있다. 이를 보완하기 위해서는 정보 검색을 할 때 최소 3개 이상의 사이트를 검색하여 새로운 정보로 재가공하는 것이 좋고, 필요한 경우에는 외국 사이트도 병행하여 조사하며 정보의 질을 높일 수 있다.

정보(아이템) 수집 기준 5가지

콘텐츠기획 2단계 아이템 선정을 위한 정보력 강화와 수집한 정보의 효율적 운영을 위해 5가지 정보수집 기준이 있다.

첫째, 일반성이다.
정보는 누구나 쉽게 이해할 수 있어야 한다. 단, 특정화 된 타깃을 대상으로 기획을 할 경우에는 그 타깃에 맞춘 정보를 수집하도록 한다.

둘째, 논리성이다.

일관성 있게 논리를 뒷받침할 수 있는 정보여야 한다. 콘텐츠기획의 생명은 논리다. 기획하는 사람과 듣는 사람이 모두 잘 이해하고, 설득할 수 있도록 논리적인 자료가 필요하다.

셋째, 현실성이다.

현실적으로 적용할 수 있으며 경험적으로 검증이 가능한 자료여야 한다. 현실성이 없는 자료는 아무리 아이디어가 좋더라도 기획에 활용할 수 없다.

넷째, 객관성이다.

사실적 근거를 갖춘 자료여야 한다. 기획에서 주관적인 자료는 지양해야 하기 때문이다.

다섯째, 단순성이다.

간단하고 명료한 자료여야 한다. 복잡한 정보는 자료로서의 활용 가치가 떨어진다.

정보력 강화를 위한 4가지 방법

정보를 효율적으로 수집하고 잘 활용하기 위해서는 4가지의 방법이 있다.

첫 번째 방법은 주위의 모든 것에 관심을 가지는 것이다.

정보를 수집하기 위해 가장 먼저 자신의 주위에 관심을 가져야 한다. 무엇이든 관심을 가져야만 원하는 것이 보인다. 관심이 없으면 아무리 중요한 정보라도 눈에 들어오지 않는다.

그렇다면 정보를 얻기 위해 무엇에 관심을 가져야 할까?

콘텐츠기획을 위해서는 방송, 미디어 등 콘텐츠 분야에 제일 먼저 관심을 가져야 한다. 어느 정도 정보에 대한 관심이 익숙해지면 다른 분야, 해외 정보에서부터 정치, 경제, 사회, 예술 분야 등으로 관심의 폭을 넓혀나간다.

이렇게 정보에 관심을 갖기 위해서는 첫째, 'Why 생활법'을 실천하면 좋다. Why 생활법이란 주변에서 일어나는 콘텐츠와 관련된 모든 일에 "왜 그렇게 되었을까?" "왜 그렇게 했을까?" "왜 발생했을까?" 등 '왜'라는 의문을 가지고 모든 일을 바라보고 생각하는 것이다.

둘째, 많은 것에 관심을 갖기 위해 많은 장소에 다녀봐야 한다.

주중에는 사회생활과 관련된 현장으로, 주말에는 고객들이 많이 모이는 공연장, 전시장, 공원 등을 방문하여 고객들의 관심이 무엇인지를 알기 위해 살펴봐야 한다. 이처럼 주위의 모든 분야에 관심을 가지고 경험하면 좋은 아이템의 습득과 이를 콘텐츠기획에 활용할 아이디어를 얻게 된다. 즉 주위의 환경에 관심을 가지게 되면 맡은 일에 대한 열정이 자연스럽게 생기고, 이를 통해 즐거운 기획을 할 수 있게 된다.

정보를 효율적으로 수집하고 잘 활용하기 위한 두 번째 방법은 정보를 바라보는 자신만의 눈을 갖는 것이다.

주위에 정보가 너무나 많은데 우리는 쓸 만한 정보가 없다고 하소연하는 경우가 많다. 이것은 정보를 바라보는 눈이 없기 때문이다. 훌륭한 기획자는 아무리 하찮은 정보라도 이를 자신만의 정보로 변화시키고, 해석하여 멋진 기획을 만들어낸다. 철조망을 발명하여 돈과 명예를 거머쥔 조셉 F 글리든의 경우에서 그 예를 볼 수 있다.

가난한 대장장이의 아들 조셉은 아무리 사소한 것이라도 눈여겨보는 관찰력이 있었다. 가정형편으로 중학교를 갈 수 없었던 그는 목장에 가서 일을 하게 되었는데 양들이 매번 나무 울타리를 넘어 농작물을 망쳐 놓는 것을 보았다. 그런데 흥미로운 사실은 양들이 울타리를 넘을 때 가시가 있는 장미넝쿨 쪽을 피해서 넘는다는 사실을 발견하게 된다.

이에 착안한 조셉은 기존의 철조망에 가시모양을 덧붙여 우리가 지금 쓰는 철조망을 만들었고 13살 때 만든 이 철조망은 1차세계대전 이후 국경분계선으로 사용되면서 수요가 급증하여 엄청난 돈과 명성을 얻게 되었다. 양들이 장미넝쿨이 있는 곳으로는 가지 않는다는 현상을 바라보고 조셉은 가시라는 자신의 눈으로 발견한 정보를 가지고 이를 철조망에 적용하여 놀라운 결과를 거둘 수 있었다.

다른 사례로 어느 와인샵의 성공사례가 있다. 와인샵을 운영하는 사장님은 음악과 매출과의 관계를 살펴보던 중 와인의 판매에 가요, 팝송보다 클래식과 재즈가 효과적이라는 사실을 발견하였다. 그래서 W 사장은 매장의 배경음악을 클래식과 재즈으로 바꾸면서 고급 와인의 매출을 3배나 올렸다.

필자도 강남역에 미팅하러 가던 중 받았던 어학원 전단에서 신제품의 런칭에 대한 아이디어를 얻어 경쟁 PT에서 이긴 경험이 있다. 길거리에서 나누어지는 수많은 인쇄물, 매일 신문에 삽지되어 들어오는 전단들 속에서도 훌륭한 정보가 많으므로 우리는 이를 발견하고 기회를 만들 수 있도록 매사에 관심을 가져야 한다. 즉 정보를 나만의 것으로 만들기 위해 바라보는 눈을 가져야 한다.

정보를 보는 나만의 눈을 가지기 위한 정보(아이템) 분석법이 있다.

날마다 수없이 쏟아져나오는 정보를 어떻게 읽고 해석해서 콘텐츠기획에 적용할 수 있을까?

정보를 수집한 후에는 이를 잘 활용할 수 있도록 분석하고 정리해야 한다. 다음 4가지 방법을 참고하여 수집한 정보를 잘 분석하고 활용하면 된다.

첫째 '연결법'이다.

정보 간의 지향성과 연관성을 파악하여 정보를 연결시킨다.

둘째 '타깃팅 기법'이다.

중요한 정보의 흐름을 파악하여 다른 정보의 키워드를 발견하는 것이다.

셋째, '소거법'이다.

필요 없거나 중요도가 낮은 정보를 걸러낸다.

넷째, '통제법'이다.

정보의 상호 연관성을 파악하기 위해 통제선을 활용하여 대립시키는 것이다.

이밖에도 현실 적용 여부를 체크하는 방법, 공통분모를 추출하는 방법 등이 있다.

정보를 효율적으로 수집하고 잘 활용하기 위한 세 번째 방법은 다양한 정보를 입수할 수 있는 체계를 만드는 것이다.

콘텐츠 회사에는 인사, 총무, 회계, 관리, 영업, 마케팅, 상품기획, 제조 등 다양한 조직에서 매일매일 엄청난 정보들이 만들어지고 있다. 이를 원만하게 활용하려면 자신이 소속된 분야의 정보는 물론 다른 부서, 다른 회사의 정보도 잘 알아야 한다. 콘텐츠 회사는 살아 있는 생명체처럼 유기적인 조직으로 대부분 부서 사이에서도 서로 연관이 되어 있고 조직원들이 서로 협업을 해야 업무를 원활히 진행할 수 있게 만들어져 있기 때문이다. 그리고 자기 회사와 더불어 동종업종에 있는 경쟁사에 대한 정보도 얻어야 함은 물론 다른 업종, 해외 기업의 정보까지도 얻어야 한다. 이를 위해서는 정보를 용이하게 수집할 수 있는 정보체계가 구축되어 있어야 한다.

정보체계는 빠른 시간에 최신 정보를 입수할 수 있는 채널을 말하는 것으로 회사 내외에 다양한 사람들을 통해 자신만의 정보체계를 만들어 놓아야 한다.

예를 들어 회사 내에서는 부서원들을, 회사 밖에서는 매월 미팅하는 협력회사 직원, 동종업종에 종사하는 학교 동창, 해외지사에 근무하는 동기, 세미나에서 만난 사람 등을, 학교에서는 학과 친구들과 동아리 선후배 등을 정보원으로 정보체계를 구축하는 것이다.

외국 스파이 영화를 보면 얼마나 정보체계가 잘 짜여져 있는가에 따라 싸움의 승패가 결정됨을 볼 수 있다. 콘텐츠를 잘 기획하기 위해서는 제일 먼저 조직을 이해해야 하듯이 기획할 콘텐츠를 중심으로 어떠한 경로를 통해 정보를 교환되고 입수할 수 있는지에 대한 정보체계도를 만들어 활용하는 것이 좋다. 그리고 정보체계를 유지하기 위해 정기적인 커뮤니케이션을 하도록 한다.

세계적으로 유명한 팝가수 마이클 잭슨에게서 배우는 효율적인 정보관리 사례가 있다.

필자가 삼성전자에서 근무할 때 마이클 잭슨의 한국공연을 후원한 적이 있다. 이때 현장 실무자로서 무대가 만들어지고 공연을 준비하는 과정을 지켜보았는데, 이전에 국내 유명가수들이 나오는 행사를 기획하고 준비하면서 무대 세팅과 리허설을 수없이 보아왔지만 마이클 잭슨 공연과는 준비 과정이 매우 달랐다. 당시 우리나라의 준비는 먼저 무대를 만들고 이를 중심으로 음향, 조명, 특수효과 등을 설치한 후 이를 컨트롤박스에서 조정할 수 있도록 선을 배치하는 것이었는데, 마이클 잭슨의 경우에는 반대로 하는 것이었다. 먼저 배선 및 무대를 세울 설계도를 만든 후 컨트롤박스를 중심으로 무대까지 음향, 조명, 특수효과 등에 대한 배선을 하고 그 위에 무대를 세팅했던 것이다.

이처럼 정보도 스피디하게 활용할 수 있도록 체계적인 설계도를 그린 후 이곳에 세부 자료를 세팅해야 한다.

정보를 효율적으로 수집하고 잘 활용하기 네번째 방법은 수집한 정보를 나만의 것으로 차별화 하는 것이다. 정보란 있는 그 자체로도 의미가 있겠지만 누구나 다 알 수 있는 정보나 어느 정도 사람들이 인식하고 있는 정보는 정보로서의 활용 가치가 떨어진다. '구슬이 서 말이라도 꿰어야 보배가 된다.'는 말이 있듯이 정보도 꿰어야 보배가 된다. 그러면 정보는 어떻게 꿰어서 활용해야 할까? 수집한 정보를 나만의 것으로 차별화 해야 한다.

정보를 나만의 것으로 차별화 하기 위해서는 몇 가지 방법이 있다.

첫 번째, 믹스(MIX)하는 것이다.

A 정보와 B 정보를 합하여 색다른 정보 C를 만들어 내는 것이다. 예를 들어 음료회사에서 얻은 신제품 아이디어와 엔터테인먼트 회사에서 상영 중인 콘텐츠를 융합(MIX)하여 신개념의 콘텐츠 서비스를 기획하는 것이다.

두 번째, 업그레이드(Upgrade)하는 것이다.

정보는 매일 만들어질 뿐 아니라 매일 새롭게 변화된다. 기존의 정보를 활용하기 위해서는 한 차원 더 발전시켜 새로운 정보를 만들어낼 필요가 있다.

예를 들어 뮤지컬을 좋아하는 필자는 맘마미아(Mamma Mia)를 여러 번 보았다. 맘마미아는 '아바(ABBA)'라는 스웨덴 혼성그룹의 노래를 가지고 만든 뮤지컬이다. 이 뮤지컬을 보면서 우리나라 가수들 중에도 아바와 같은 유사한 그룹들이 많이 있는데, 이러한 그룹의 노래를 스토리텔링 형식으로 엮어 뮤지컬로 업그레이드 시키면 뮤지컬을 통한 한류열풍도 일으킬 수 있을 것이다.

이러한 예로 외국인들이 비빔밥을 좋아하는 것과 난타, 점프와 같은 넌버벌 퍼포먼스(Non-verbal Performance) 공연이 세계적으로 인기를 끄는 것에 착안하여 '비빔밥' 공연이 만들어지게 되었다.

세 번째, 모방하는 것이다.

이 방법은 한 군데서 사용된 정보를 다른 곳에서도 활용하는 것으로 정보를 차별화 하는 가장 기초적인 방법이다. 유사한 사례로 통신사의 사례를 들 수 있다. 통신사는 새로운 캠페인을 펼치면서 일본의 타다카피(Tadacopy)사가 대학생들에게 기업을 자연스럽게 알리기 위해 복사용지 뒷면에 기업의 광고를 실은 후 무료로 복사를 해 준 성공사례를 모방하여 기존 복사 비용보다 저렴한 가격으로 복사를 할 수 있는 프로모션을 시행하였다. 그리고 이후에는 대학생이 타다카피를 그대로 모방하여 회사를 창업하기도 했다.

모방할 때는 그대로 따라 하는 것보다는 사회문화 환경과 기업의 실정, 타깃의 기호를 고려하여 재창조하는 것에 유의해야 한다.

콘텐츠기획자의 정보관리 원칙은 네 가지가 있다.

첫째, 매일 수집하는 정보는 자신만의 약어를 사용하여 메모한다.

둘째, 주제별로 자료를 나누어 정리하고, 한 번 쓰고 나면 바로 정리한다. 정보는 쌓이면 쓸 수 없는 경우가 많기 때문이다.

셋째, 스크랩한 정보는 나만의 아이디어를 첨부하여 변환시켜 보관한다.

넷째, 정보를 정리할 시간을 정해 놓고 주기적으로 시행한다.

소셜미디어를 활용한 정보의 효율적 운영

아이템을 선정하기 위해 매일 매일 정보를 수집해야 함을 알았다. 그런데 수집한 정보를 어떻게 정리할까?

과거 필자는 매일 신문을 읽으며 발췌한 정보를 노트에 스크랩하였다. 처음에는 정리도 쉽고 보기도 좋았으나, 스크랩북이 많아지다 보니 정보를 찾기가 너무 힘들었다. 그래서 오래된 노트는 과감하게 버리면서 스크랩을 하였지만 계속 정보가 쌓이다 보니 스크랩북으로 정보를 정리하는 데 한계가 발생하였다.

그래서 블로그를 만들고 여기에 정보를 스크랩하고 정리하기 시작했다. 블로그를 만들어 정보를 데이터화 하면서 다른 블로거들과 이웃을 맺고 정보를 교환하기도 한 것이다.

스크랩북에 혼자만 정리하던 수준에서 벗어나 쌍방향 커뮤니케이션으로 정보를 얻다 보니 기획에도 많은 도움이 되었다. 특히 블로그를 하면서 좋은 점은 기획을 할 때에 매일 매일 모아놓은 정보를 쉽게 찾아 바로 활용할 수 있게 되었다는 것이다.

보통 새로운 콘텐츠를 기획할 때 자료 및 시장조사에 가장 많은 시간이 소요된다. 블로그에 평소에 시장조사를 통해 자료를 모아놓으면 이 시간을 획기적으로 줄일 수 있다.

스피디한 기획력을 높이기 위해서는 블로그를 통한 정보관리는 필수라고 할 수 있다. 그리고 다른 방법으로는 페이스북에 좋아하는 페이지에 '좋아요'를 누르고 정보를 얻으며, 검색창을 통해 주요 정보를 탐색하고 공유하며 정보를 모으고 있다. 이밖에도 유튜브, 인스타그램, 핀터레스트 등을 통해 정보를 검색하고 나에게 맞는 정보를 수집하는 것이 폭넓은 정보를 얻을 수 있다.

블로그 활용 5단계

블로그를 만들고 활용하는 5단계 방법이 있다.

1단계는 벤치마킹이다.

인생에 롤모델(Role model)이 있듯이 스마트한 콘텐츠기획을 위해서는 1등 콘텐츠, 1등 기업, 1등 제품 등을 벤치마킹하는 것이 좋다. 정보를 관리하기 위해 1차적으로 블로그가 유용한데 블로그 중에서 가장 많이 활용되는 것이 네이버 블로그이며, 네이버의 이달의 블로그 또는 이전의 파워블로그를 벤치마킹하도록 한다.

이달의 블로그에 들어가 보면 음악·스타·연예인·육아·결혼·취미·세계여행·교육·학문 등 세부적인 분야별로 나누어져 있으므로 여러분이 관심이 있거나 기획할 콘텐츠 및 분야에 맞는 블로그를 찾아서 따라 해보면 된다.

2단계는 목록 작성이다.

정보를 잘 정리하고 스크랩하기 위해서는 목록 작성이 가장 중요하다. 1단계에서 선택한 이달의 블로그의 목록을 참고하여 자신만의 목록을 작성한다.

3단계는 자료 입력, 스크랩, 이웃맺기다.

블로그의 목록까지 완성되면 직접 자료를 입력하거나 이달의 블로그와 이웃을 맺고 필요한 정보를 스크랩 또는 포스팅하도록 한다. 블로그를 좋은 자료의 창고로 만들려면 자신이 직접 조사하고 느낀 점을 적는 것이 가장 좋으며, 자신이 잘 알지 못하는 분야에 대해서는 이웃 블로그의 글을 스크랩 하도록 한다. 특히 이달의 블로그나 관심있는 분야에 정통한 블로그와는 이웃맺기를 하여 정보 공유를 실시간으로 자연스럽게 나누도록 한다. 유의할 점은 다른 사람의 글을 가져올 때는 저작권에 유의하도록 하며, 사전에 양해를 구하기 위한 댓글로 공유하겠다는 글을 반드시 게재한다.

4단계는 아이디어, 나만의 생각 넣기이다.

블로그에 자료를 스크랩할 때 단순히 자료만 가져와 게재하는 것이 아니라 자신의 생각이나 아이디어를 적어 넣어 기획할 때 활용할 수 있도록 한다. 즉 스크랩한 글 위에 눈에 잘 띄게 아이디어(생각)를 적는다.

마지막으로 5단계는 기획에 활용하는 것이다.

1~4단계를 따라 자료를 미리미리 준비해 놓으면 기획을 할 때에 바로 자료를 찾아서 빠르게 기획할 수 있다. 보통 기획을 할 때 정보조사, 시장조사에 주어진 시간의 50% 이상이 소요되므로 미리 자료를

잘 정리해 좋으면 시간도 줄이고 한 발 앞서 여유 있게 멋진 기획을 할
수 있다.

블로그 작성 TIP

다음은 블로그를 작성하는 TIP이다.

첫째 목표를 분명히 하는 것이다.

블로그 운영의 목표를 분명히 정하고, 이에 맞추어 자료를 수집하며
개인정보 보호를 위해 너무 개인적인 것은 지양하도록 한다.

둘째, 목록 작성은 신중하게 하는 것이 좋다.

기초가 탄탄해야 높은 건물을 지을 수 있듯이 목록을 잘 작성해야
자료를 잘 정리할 수 있다. 그러므로 조금 시간이 걸리더라도 신중하
게 목록을 작성하도록 한다.

셋째, 꾸준히 정보를 게재하는 것이다.

최소 하루에 1개 이상 스크랩, 1주에 1개 이상 자료를 올리는 것이
좋다.

넷째, 이웃과의 커뮤니케이션 강화를 하는 것이다.

스크랩을 해 오는 이웃블로그나 자신의 블로그를 방문하고 덧글을
남긴 블로거들에게 정보에 대한 느낌, 아이디어 등을 적극적으로 나눌
수 있도록 소통에 힘쓴다.

마지막으로, 정성껏 작성하는 것이다. 자료를 작성한 본인이나 방문
한 네티즌들에게 기분 좋게 볼 수 있도록 자료를 최대한 보기 좋게 작
성한다. 이를 위해 현장에서 찍은 사진, 동영상, 이미지 등을 적극 활용

하며 과다한 이모티콘은 지양하도록 한다.

페이스북 페이지 운영 및 '좋아요' 늘리기

　다음은 페이스북 정보관리 방법이다.

　페이스북을 통해서는 전 세계의 정보를 얻을 수 있는 장점이 있다. 관심 있는 콘텐츠 회사나 인플루언서, 셀럽 등에는 '좋아요'를 누르면 매일 상대방이 올리는 정보를 자신의 타임라인에서 읽을 수 있다. 그리고 블로그, 인스타그램, 유트브 등 다른 SNS와도 연계하여 정보를 얻을 수 있다. 블로그와는 달리 페이스북은 지나간 정보를 검색하기가 다소 어려우므로 페이스북에서 얻은 중요한 정보는 블로그로 옮겨 놓도록 한다.

　콘텐츠를 기획하거나 만든 후에 페이스북을 통해 홍보를 하기 위해서는 페이스북 페이지를 만들고 운영하는 것이 좋다. 인터넷의 홈페이지와 같이 페이스북에는 '페이지'라는 것이 있으므로 이를 통해 페이지를 만들고 홍보, 마케팅을 할 수 있는 것이다.

　페이지를 잘 운영하기 위해서는 몇 가지 규칙이 있다.

　첫째, 고객이 편안하게 소통할 수 있게 한다.

　둘째, 만든 콘텐츠만의 차별화 된 마케팅 방법을 구사한다.

　셋째, 재미와 명분을 가지고 커뮤니케이션을 한다.

　넷째, 온라인과 오프라인을 연결시켜 페이지를 확장한다.

　다섯째, '좋아요' 수를 늘리기 위해 광고는 지양하도록 한다.

　여섯째, 고객과의 소통 강화를 위해 방문객에게 자주 묻는 활동, 즉 고객 참여(이벤트, 설문, 경품 등)를 적극적으로 시행한다. 페이스북 페이지의 '좋아요'를 늘리기 위해서는 매일 매일 일정한 시각, 예를 들면 오전 12시, 오후 6시에 유용한 정보를 꾸준하게 게재하는 것이 좋으며, 글, 텍스트와 더불어 재미있고 흥미로운 사진, 동영상 등 함께 올린다. 그리고 지속적인 방문을 유도하기 위해 감성을 자극하는 스토리텔링 형식의 콘텐츠를 시기별 이슈, 계절에 맞게 올리는 것이 좋다.

아이템 선정 고려 3가지

여러 경로를 통해 얻은 정보로 기획할 콘텐츠의 아이템을 선정할 때에는 3가지를 고려해야 한다. 콘텐츠기획 아이템을 선정할 때는 트렌드, 타깃, 즉 고객의 기호, 기업, 즉 비즈니스로서의 가치에 대한 관심 등 3가지 측면에서 살펴봐야 한다.

첫째, 콘텐츠기획자가 트렌드를 잘 파악하기 위해서는 소비자의 변화를 포착하고 감지하여 공감대를 만들어야 하고 글로벌 환경 특히 콘텐츠, 예술, 사회 등의 변화와 흐름에 관심을 가져야 한다. 인터넷의 발달로 인해 국경과 시차가 없어진 시점에서는 국내 트렌드와 동시에 해외(미국, 중국, 일본, 유럽 등)의 트렌드의 변화를 동시에 체크해야 한다.

둘째, 타깃(Target), 즉 고객의 기호 측면에서 검토해야 한다.

타깃의 기호란 목표로 삼은 고객들이 즐기고 좋아하는 것, 즉 고객의 관심사를 말한다. 예를 들어 요즘 대중들이 좋아하는 콘텐츠나 제품, 서비스 등을 분석해 보면 재미있는 것, 신선한 것, 스토리가 있는 것 등의 공통점을 발견할 수 있다.

셋째, 기업 측면, 즉 비즈니스할 가치가 있는지에 대한 관점에서 검토해야 한다.

기업 측면에서 아이템을 검토해야 한다는 것은 선택, 기획하고자 하는 아이템이 과연 회사에 유무형의 수익을 가져다 줄 수 있는지 비즈니스로서의 가치를 살펴보자는 것이다. 즉 기획은 고객을 대상으로 하되 회사의 관점에서 기획되어야 한다. 결국 콘텐츠의 아이템을 선정할 때에는 고객과 기업이 관심을 가지고 있는 것을 선정해야 한다. 만약 투자를 유치하기 위해 투자자에게 제안하는 기획의 경우에는 투자자의 관점에서 예산을 얼마나 효율적으로 사용하여 최대한의 효과를 거둘 것인가에 초점을 맞춰야 한다. 왜냐하면 투자자는 최소의 투자로 최대의 효과를 얻는 것을 가장 좋아하기 때문이다.

다음은 '아이템 선정 체크표'이다.

시장조사를 하고 아이템을 선정할 때 여러 가지 좋은 아이템이 동시에 나올 수 있다. 이때 여러 개의 아이템 중 최적의 안을 고르기 위해 아래의 아이템 체크표를 활용하면 좋다.

기획 아이템 선정 체크표

아이템	트렌드	타깃 기호	기업 관심
A	△	○	×
B	○	○	△
C	○	×	○

예를 들어 아이템 A, B, C가 있는데 트렌드, 타깃 기호, 기업 관심의

측면에서 평가하여 표와 같은 결과가 나왔다.

기획할 때 A, B, C 세 아이템 중 어떠한 아이템을 선정할까?

당연히 'B'를 선택해야 할 것이다. 이처럼 아이템 체크표를 통해 아이템 별로 트렌드, 타깃 기호, 기업의 관심항목을 체크한 후 가장 적합한 아이템을 선정하여 이를 기획 프로세스에 맞추어 체계적으로 기획하면 콘텐츠를 성공시킬 수 있을 것이다.

콘텐츠를 돋보이게 하려면 독특한 아이템, 신선한 아이디어, 흥미진진한 스토리 등 어떤 것이 가장 좋은 방법일까?

차별화 되는 기획을 위해서는 아이디어가 가장 중요하다고 할 수 있지만 아이디어를 만들어내고 이를 뒷받침을 하기 위해 필요한 것은 아이템, 즉 자료, 데이터 등 '정보'이다. 즉 기획을 차별화 하기 위한 인프라로서 정보가 절대적으로 필요하다.

에베레스트가 세계 최고봉인 이유는 어디에 있을까? 파미르고원에 있기 때문이다. 8,848m의 세계 최고봉인 에베레스트는 사실 4,848m이다. 에베레스트를 비롯해 히말라야산맥의 산들은 세계의 지붕이라 불리는 4,000m의 파미르고원 위에 솟아 있어서 세계 최고의 산들이 될 수 있었다. 이처럼 에베레스트와 같은 최고의 콘텐츠를 기획하기 위해서는 4,000m 높이의 파미르고원 같은 정보(자료)가 밑받침되어야 한다. 로마가 하루아침에 이루어진 것이 아니듯이 기획에 필요한 정보는 하루아침에 쌓을 수 있는 것이 아니다. 스마트 기획의 기초를 만들기 위해서는 정보와 자료를 꾸준히 수집해야 하는데, 필자는 4가지 방법을 사용한다.

정보를 차곡차곡 쌓기 위한 첫 번째 방법은 1일 1개 아이템(정보)

을 수집하는 것이다. 기획의 기본은 아이템(정보)이다. 그러므로 콘텐츠기획을 하기 위한 초안을 잡을 때 정보가 필수 요소이다. 매일 접하는 정보 중에 1개 이상 수집하고 어떻게 아이템이 구성되어 있고, 어떻게 나오게 되었는지, 어떻게 기획에 활용할 것인지 분석하고 메모하도록 한다.

두 번째 방법은 1일 1 아이디어 만들기이다.

새로운 아이디어가 적용되어 새롭게 만들어진 아이템, 콘텐츠, 제품, 서비스 등에 어떻게 아이디어가 적용되었는지를 살펴보고 이를 여러분 자신만의 아이디어로 업그레이드 시켜 본다.

세 번째 방법은 한 주에 기획서 한 개를 읽는 것이다.

기획서를 보기 위해서는 슬라이드쉐어(www.slideshare.net) 사이트에 들어가서 한글로 'OO기획서'라고 검색하면 관련 기획서나 자료를 볼 수 있다. 기획서가 어떻게 작성되었는지 분석해보고 이를 자신의 방식으로 다시 작성(Rewriting)해 보면 기획 및 작성 능력을 고양시킬 수 있다.

넷째, 한달에 책 1권 읽기.

기획의 흐름과 논리를 잘 전개하기 위한 가장 좋은 방법은 책을 읽는 것이다. 콘텐츠나 관심 분야에 대한 책을 선정한 후 읽으면서 기획에 활용할 내용을 메모하며 정리해 놓는다.

이상과 같은 방법 이외에도 많은 방법이 있을 수 있다. 정보를 수집하는 방법은 자신에게 가장 잘 맞는 방법을 선택하여 매일 실천하면 기획의 기본인 아이템(정보)을 자연스럽게 수집하고 이를 통해 성공 콘텐츠를 기획하는 밑바탕을 견고히 할 수 있다.

세계적인 화가 파블로 피카소, 그는 평생 몇 점의 작품을 남겼을까?

무려 2만 점이나 된다. 사람이 100년을 산다고 가정했을 때, 살아 있는 날이 36,500일 정도라는 걸 감안한다면 실로 엄청난 숫자다. 비슷한 예로 발명왕 토머스 에디슨은 1,039개의 특허를 등록하였고, 위대한 물리학자 알버트 아인슈타인은 240편의 과학 논문을 남겼다.

아이템을 수집하고 모으는 데는 사실 왕도가 없다. 피카소, 에디슨, 아인슈타인처럼 세계적인 천재들도 아이템을 얻고 이를 자기 분야의 콘텐츠화를 하는 데 매일매일 엄청난 노력을 기울였다. 이처럼 아이템을 수집하는 비결은 '성실', 꾸준함과 '지구력'일 것이다. 이처럼 아이템을 수집하고 정보력을 강화하는 비결은 성실, 꾸준함일 것이다. 지금부터 하나씩 하나씩 관심 있는 분야의 아이템을 모으다 보면 반드시 멋진 콘텐츠를 기획할 수 있을 것이다.

콘텐츠기획 3단계 : 아이디어 차별화

우리는 콘텐츠기획 1단계로 전방위적인 시장조사를, 2단계로 정보를 통한 아이템 선정에 대해 알아보았다. 이제 시장조사를 통해 수집한 아이템(정보)을 바탕으로 이를 정리하고 분석하여 사업화 하기 위해

차별화된 아이디어를 만들어야 한다.

유튜브에 당근 클라리넷을 검색해 보면 재미있는 영상을 볼 수 있다. 시드니에서 열린 테드(TED) 컨퍼런스에서 한 연사가 당근에 위에서 아래로 하나, 옆에 여러 개의 구멍을 뚫은 후 앞에는 플라스틱 깔때기를, 위에는 클라리넷 마우스피스를 끼워 멋진 연주를 한 것이다.

이 영상에 대해 이야기하는 이유는 우리가 지금까지 살펴본 콘텐츠 기획 1, 2, 3단계와 관련이 있기 때문이다.

당근 클라리넷은 음악기획자가 새로운 음악 연주를 생각한 뒤에 시장에 가서 조사를 통해 당근이라는 아이템을 사고, 당근 클라리넷이라는 아이디어 차별화를 위해 당근에 구멍을 뚫고, 플라스틱 깔때기와 클라리넷 마우스피스를 연결하여 멋진 연주를 한 것이다. 즉 콘텐츠기획 1단계로 시장에 나가 조사를 한 후 2단계로 당근을 아이템으로 선정하고 3단계로 당근 클라리넷이라는 아이디어로 차별화한 것이다.

콘텐츠기획 3단계는 '아이디어 차별화'이다.

아이템을 아이디어로 차별화하기 위해서는 아이디어 개념을 알아야 한다. 아이디어(Idea)는 어떤 일에 대한 구상, 고안, 생각, 착상 등을 뜻한다. 아이디어 구상은 시장조사를 통하여 얻은 아이템(정보)에 차별화된 상상력(Creative)를 가미하여 새로운 것을 만드는 것이다. 즉 수집한 정보에 새로운 생각을 집어넣어 차별화 된 것으로 만드는 것을 아이디어라 할 수 있다.

예를 들어 생선을 잡아 바로 회로 먹는 것(아이템)도 좋지만, 이를 숙성(아이디어화)시켜 먹거나 다양한 생선초밥, 회덮밥, 매운탕 등으로 차별화 하면 더 맛있고 다양한 생선을 먹을 수 있는 것과 같다.

피아노라는 아이템에 게임이라는 콘텐츠를 융합하여 1인용, 2인용 음악게임으로 발전시킨 것도 좋은 예이다.

피아노 게임은 아이들이 조금 어려워하거나 싫증을 낼 수 있는 피아노 레슨도 게임을 하듯이 재미있게 받아들일 수 있게 만들어 줄 것이다. 이처럼 사람들의 눈길을 끌어 성공적인 콘텐츠를 만들기 위해서는 차별화 된 아이디어가 꼭 필요하다.

다양한 아이디어 발상법

아이템(정보)을 아이디어로 발전시키기 위해서는 브레인스토밍법, 발상전환법, 정보조합법, 연상자극법 등 다양한 방법을 활용할 수 있다.

아이디어 발상을 위한 여러 가지 방법 중 대표적인 밥 에버르(Bob Eberle)의 SCAMPER 기법이 있다. SCAMPER 기법이란 S(Substitute-

대체), C(Combine-조합), A(Adapt-적용), M(Modify or Magnify-수정 또는 확대), P(Put to other uses-다른 용도로), E(Eliminate or minify-제거 또는 축소), R(Reverse or Rearrange-뒤집기 또는 재배열) 등 7개 아이디어 발상 방법의 머리글자를 딴 것이다.

SCAMPER 기법을 하나씩 살펴보자.

첫째, S(Substitute-대체)는 정보(아이템)의 일부분, 예를 들어 성분, 과정, 장소, 사람 등을 다른 무엇으로 대체하는 것으로 치약 대신 가글, 부채 대신 선풍기 등이 있다.

둘째, C(Combine-조합)는 다른 아이템과 결합해서 문제점을 해결하는 것으로 사례로는 MP3에 카메라와 핸드폰을 결합하여 스마트폰을 만든 것이 있다.

셋째, A(Adapt-적용)는 정보를 응용(각색)하여 다른 곳에 활용하는 것으로 지문인식기능을 활용한 디지털 도어록, 조명을 활용한 살균기기 등이 있다.

넷째, M(Modify or Magnify)은 수정 또는 확대는 정보를 수정, 확대하여 다른 것으로 변환하는 것으로 바나나맛 우유, 꼬부라진 물파스, 내시경 카메라 등이 있다.

다섯 번째, P(Put to other uses)는 다른 용도로는 수집한 정보를 다른 용도로 사용하는 것으로 무전기를 휴대폰으로, 폐품을 예술품으로, 물파스를 얼룩제거제로 만든 것이 사례가 있다.

여섯 번째 E(Eliminate or minify)는 제거 또는 축소는 정보의 기능, 부품 등 부분을 제거하거나 축소하는 것으로 무가당 껌(오렌지), 무선 키보드, 간단 휴대폰(리모콘) 등의 사례가 있다.

일곱 번째 R(Reverse or Rearrange)은 뒤집기 또는 재배열이다.

정보 순서, 배치 등을 바꾸어 변환을 유도하는 것으로 누드 김밥, 마트에서 홈쇼핑으로, 학원에서 인터넷 강좌로 변환한 것이 스캠퍼 기법의 아이디어 발상 사례이다.

이밖에 우리가 너무나도 잘 알고 있는 브레인스토밍, 카탈로그법, KJ법 등 다양한 아이디어 발상법이 있다.

브레인스토밍(Brain Storming)은 아이디어 발상을 위한 가장 대표적인 방법으로 창의적 태도나 능력을 증진시키기 위한 기술이다. 일상적인 사고 방법대로가 아니라 '뇌폭풍'이라는 해석처럼 제멋대로 거침없이 생각하도록 격려함으로써 좀 더 다양하고 폭넓은 사고를 통하여 새롭고 우수한 아이디어를 얻어 보려는 방법이다.

브레인스토밍이라는 용어는 원래 정신병 환자의 정신착란을 의미하는 것이었으나 1941년 BBDO의 '알렉스 F 오스본'이 제안한 '아이디어를 내기 위한 회의 기법'에서 비롯한 뒤로는 자유분방한 아이디어의 산출을 의미하게 되었다. 이 과정에서 창의적 사고를 위해 꼭 지켜야 할 몇 가지 기본원칙이 있다.

첫째, 자신의 의견이나 타인의 의견에 대하여 일체 판단이나 비판을 의도적으로 금지한다. 아이디어를 내는 동안에는 어떠한 경우에도 평가를 해서는 안 되며 아이디어가 다 나올 때까지 평가는 보류하여야 한다.

둘째, 어떤 생각이든 자유롭게 표현해야 하고 또 어떤 생각이든 거침없이 받아들여야 한다.

셋째, 질보다는 양에 관심을 가지고 무조건 많이 내려고 노력한다.

넷째, 남들이 내놓은 아이디어를 결합시키거나 개선하여 제3의 아이디어를 내보도록 노력한다. 카탈로그법은 주로 개인이 분명한 목적의식을 갖고 도형, 사진, 광고, 카탈로그, 문서 등을 보면서 아이디어 발상을 기대하는 것이다. 즉 카탈로그, 사진, 문서 등 참고자료를 통해 순간의 번뜩임을 잡아내는 것이다.

KJ법은 가설 발견의 방법이다. 개개의 사실이나 정보를 보고 직감적으로 서로 어떤 관계가 있다고 느끼는 것끼리 만들어 나아가는 것이다. 이 방법은 문화 인류학자인 일본의 카와 기다지로가 고안해 낸 것으로 이름의 이니셜을 따서 KJ법이라고 명명하였다.

이 방법의 특징은 하나의 사실, 관찰한 결과 또는 사고한 결과(정보) 등을 각각 작은 카드에 단문화 하여 기입해서 활용하는데 그 방법의 전개 순서는 다음과 같다.

1번. 사실, 관찰 결과, 생각한 것들을 노트에 모두 기록한다.

2번. 각 정보마다 그 내용을 단문화 한다. 가급적 한 줄로 표현하여 정보의 내용이 쉽게 눈에 들어오도록 한다.

3번. 작성한 카드를 모두 책상 위에 보기 쉽게 늘어놓고 내용이 비슷한 것, 어떤 관계가 있는 것끼리 2~3매를 모아 그것을 소그룹으로 분류한다.

4번. 소그룹으로 모인 내용을 다시 분류하여 그 내용을 나타내는 단문 카드를 작성한다.

5번. 카드의 숫자가 많을 때는 이것을 다시 대그룹으로 나눠 표찰을 만들어 전체의 설명이나 가설을 찾는다.

6번. 카드 집단별로 알기 쉽게 그리고 가설을 발상하기 쉽게 그림으로 엮어본다. 관계가 있는 카드를 가까이 배치하거나 테두리를 쳐서 그 위에 표찰을 붙인다. 상관관계가 있는 것끼리 화살표로 연결하여 가설을 쉽게 이해할 수 있도록 한다.

이외에도 아이디어를 만드는 방법은 무수하게 많다. 여기서 유의할 점은 위의 방법은 방법론일 뿐이고 방법을 사용해서 아이디어를 내는 것은 우리 자신이므로 일상생활 속에서 다양한 경험과 꾸준한 콘텐츠 아이템 수집을 통해 새로운 아이디어를 만들 수 있는 자신만의 방법을 직접 강구해 보도록 한다.

나만의 아이디어 만들기

앞에서 우리는 다양한 아이디어 발상법을 알아보았다. 1차적으로는 기존의 아이디어 발상법을 활용하지만 좀 더 차별화 된 아이디어를 만들기 위해서는 나만의 아이디어 발상법이 필요하다.

필자는 기획업무를 하면서 나만의 아이디어 발상법을 통해 아이디어를 만드는 몇 가지 방법을 갖게 되었다.

첫째, 주어진 정보에 하나(or 여러 개)를 더하는 방법(+1/+n), 둘째, 재미있게 만드는 방법, 셋째, 생각의 틀을 깨트리는 방법, 넷째, 생활에 자연스럽게 적용하는 방법, 다섯째, 서로 믹스(Mix)하여 변화시키는 방법 등이 있다.

하나를 더하는 방법

첫째, 하나를 더하는 것이다.

몇 가지 사례를 살펴보면 첫 번째는 색(色, Color)을 더하는 것이다.

유명 아이돌그룹은 유닛앨범을 발표하면서 같은 앨범을 다섯 가지 컬러로 색을 차별화 하여 출시했다. 결과는 한 가지 색으로 앨범을 만들었을 때보다 매출이 5배나 더 올랐다.

이유는 팬들의 콜렉션 수집 심리를 파악했기 때문이다. 이러한 컬러를 다양화 하여 성공한 사례로 스마트폰이 소비자의 기호에 맞추어 다양한 컬러를 출시하여 판매를 2~3배 높인 것이다.

두 번째 사례는 안전을 더하는 것이다.

프리미엄 오토바이 H사는 신제품에 안전을 더하기 위해 에어백을 더하며 자연스럽게 가격도 올리고, 신뢰도 또한 높이게 되었다.

우리나라 자동차회사에서는 프리미엄 모델에 해외 명품의 디자인과 재질을 더하고 한정판매하는 마케팅을 전개하여 조기에 완판하는 결과를 거두었다. 영화, 방송, 게임 등을 홍보하기 위해 광고를 랩핑(Wrappin)한 자동차를 운영하여 시선을 끌고, 버스 안에 문화예술체험을 할 수 있는 시설을 갖추어 움직이는 예술체험장을 만드는 것도 자동차에 아이디어를 더한 사례이다.

세 번째 사례는 장소를 더하는 것이다.

골프는 잔디가 깔린 곳에서 하는 스포츠인데 겨울철에는 땅이 얼어 운동하기가 쉽지 않다. 그래서 만들어진 것이 실내골프장이다. 실외에서 실내로 옮긴 실내골프장은 평소에도 많은 사람들이 즐겨찾는 실내

스포츠 장소가 되었고 최근에는 실내야구장, 실내사격장 등으로 다양하게 변화, 발전되었다.

이밖에도 스포츠를 하는 장소를 경기장을 벗어나 우리가 흔히 생각하는 장소에서 대중화 되거나 독특한 장소를 하나 더 생각하여 성공한 사례는 많다. 바다 위에서, 고층 헬리콥터 이착륙장에서 세계적인 테니스대회를 홍보한 것이 그 사례이며, 콘텐츠 적용 사례로는 해수욕장에 도서관 만들기, 산속 음악회 등이 기존의 장소에 새로운 아이디어를 더한 사례이다.

5~6년 전부터 한국 뮤지컬이 해외에서 열풍을 일으키고 있다. 그런데 뮤지컬은 영화나 게임에 비해 티켓 가격이 매우 높은 편이다. 그래서 보다 많은 관객에게 저렴하게 볼 수 있도록 뮤지컬 공연을 실황으로 중계하여 극장에서도 많은 사람이 볼 수 있게 만들었다.

사례로 '잭 더 리퍼'의 요코하마공연을 오사카영화관 스크린에 연결하여 '생중계 뮤지컬'의 시대를 연 것이다. 코로나19로 인해 요즘처럼 무관중 콘서트나 랜선콘서트도 변형된 사례라고 볼 수 있을 것 같다.

이밖에도 비슷한 사례로 버스 안에서의 콘서트, 버스미술관, 듣는 사진전 등이 있다.

네 번째 사례는 시간을 더하는 것이다.

마라톤은 낮에만 하는 것이 아니라 밤에도 할 수 있다. 건전지 브랜드인 에너자이저는 마라톤을 낮에만 하는 경기가 아니라 야간에도 할 수 있도록 건전지를 넣은 헤드렌턴을 머리에 쓰고 밤에 달리는 야간 마라톤대회를 수 년째 열고 있다.

이상의 사례들처럼 현재 아이디어로 좋은 반응을 얻고 있는 것을 벤치마킹하여 새로운 콘텐츠에 플러스 1을 하여 업그레이드 시키면 좋은 아이디어로 만들 수 있을 것이다. 또한 여러 개를 합하여 멋진 콘텐츠를 만들 수도 있다. 해외에서 남녀노소 1,000명이 보컬, 기타, 드럼을 합주해 너무나도 멋진 연주를 하기도 했다.

재미를 더 하는 방법

사람의 관심을 끌려면 재미가 있어야 한다. 사례로 강력한 건전지를 재미있게 알리기 위해 자동차 전조등을 건전지로 켜고, 건전지로 버스가 움직이며, 건전지로 가로등이 켜지게 광고한 것이다. 슈즈크림(구두약)을 홍보하기 위해 광낸 구두를 백미러로, 범인을 보기 위해 광낸 구두를 거울로 활용하는 모습 등 재미있는 과장을 통해 고객의 눈길을 끈 매우 좋은 아이디어다.

재미있게 자극한 사례도 있다. 사람의 음식에 대한 욕구는 때와 장소를 가리지 않는다. 이러한 점에 착안하여 기존의 구조물이나 장소에 사람, 또는 콘텐츠의 속성을 재미있게 더하여 고객의 심리를 자극하는 아이디어를 만든 사례가 많다. 예를 들어 항구에 정박한 배를 묶는 로프에 사람의 이미지를 더하여 스파게티 전문점을 홍보하고 공원 벤치에 초콜릿 색칠을 하여 자연스럽게 초콜릿을 먹게 싶게 만든 사례는 기존의 콘텐츠 아이템(정보)에 재미를 더하면 멋진 아이디어가 되는 것임을 볼 수 있다. 기존 구조물에 과장된 이미지를 재미있게 부착함으로써 좋은 효과를 얻는 방법도 있다.

틀을 깨는 방법

사람들에게 강력한 이미지를 전달하기 위해서는 기존의 상식적인 틀을 깨는 강력한 방법이 좋다. 즉 소비자들의 상상을 뛰어넘어 고객의 뇌리에 깊게 콘텐츠의 컨셉, 회사의 이미지, 브랜드를 알리기 위해 주어진 정보를 새로운 장소에, 모양/디자인을 파격적으로 바꾸는 발상의 전환이 새로운 아이디어를 만들어 내는 방법이다.

쓰레기를 아무 곳에나 버리는 것을 보고 쓰레기를 재미있게 버릴 수 있도록 점수판과 농구 골대를 활용한 쓰레기통을 만들자 효과 만점이었던 사례가 있다. 나이키에서는 남자들이 멀리 있는 휴지통에 쓰레기를 넣을 때 농구를 하듯이 슛을 하는 것에 착안하여 농구골대 쓰레기통을 만들고 백보드에 브랜드 로고를 넣어 자연스럽게 광고를 함으로써 좋은 성과를 거두었다. 이는 광고는 깨끗한 곳에 해야 한다는 기존의 틀을 과감히 깬 좋은 사례다.

세계적인 오토바이 할리데이비슨은 남자들이 지하철이나 버스의 손잡이를 잡을 때 오토바이 타는 기분을 느껴주게 하기 위해 버스 손잡이에 오토바이 핸들을 부착하여 일상에서 신나는 경험을 하게 해 주었다. 이 역시 어디에서든 오토바이를 탈 수 있다는 이미지를 전달하기 위해 장소의 틀을 깬 사례라 할 수 있다. 하얀색 일변도의 이모티콘에서 흑인 이모티콘을 만들어 대박을 낸 벤처기업도 편견을 깨뜨린 좋은 사례라고 할 수 있다.

일상생활과 자연환경을 활용하는 방법

아이디어를 친근하게 전하기 위해 가장 손쉬운 방법은 의식주와 관련된 생활 제안과 우리를 둘러싼 자연을 이용하는 것이다. 특히, 타깃의 기호에 맞춘 콘텐츠 제안은 더욱 전달력이 높아 아이디어의 효과를 극대화 시킬 수 있다.

생활과 자연을 활용한 몇 가지 사례를 살펴보면 주방용품을 판매하는 회사에서 음수대에 흡수력이 강한 제품을 광고하기 위해 설치해 놓은 스폰지는 매우 감각적이며 음수대를 사용하는 고객들에게 빠르게 상품의 특장점과 브랜드를 알리는 사례이다.

요가학원 명함의 경우에는 단순한 명함에 동그란 구멍을 2개 넣어 명함을 받은 사람들이 손가락을 넣었을 때 어려운 요가의 자세를 연출하게 함으로써 흥미와 더불어 요가에 대한 욕구를 불러일으킨 재미난 사례이다.

공중화장실에서는 집에서와는 달리 휴지를 너무 많이 쓰고 아무 곳에나 버리는 경향이 있어 이를 개선하기 위해 휴지 용기를 나무모양으로 만들어 환경을 생각하게 함으로써 자연스럽게 휴지를 절약하게 하였고 화장지도 자연소재로 만들었음을 감성적으로 알릴 수 있었다.

벽화를 통한 마을환경 개선과 예술 콘텐츠화 사례도 있다. 우리 주위에서 흔히 볼 수 있는 마을 벽화는 페인트로 그림만 그린 사례와 기존 구조물에 입체적인 이미지(소재)를 넣어 배경과 자연스럽게 조화시킨 사례를 부산 감천마을, 인천 동화마을 등에서 사례를 볼 수 있다.

벽화에서 한 걸음 더 나아가 유명 시인의 작품과 연관되는 이미지의 그림으로 단순한 벽화를 넘어 하나의 예술작품처럼 느껴지도록 만들기도 하였다. 그리고 기존의 나무에 벽화를 추가하여 멋진 작품을 만든 사례도 있다. 이처럼 기존의 사물(아이템)을 활용하여 새로운 콘텐츠를 창조하는 것이 아이디어다.

그리고 페인트로 벽화를 그려 마을을 콘텐츠화 하는 경우가 너무 많아짐에 따라 차별화를 위해 레고블록, 털실 등을 활용한 아이디어 사례도 있다. 겨울철 가로수에 털실로 예쁘게 감싸서 따스한 거리를 만드는 사례도 스트리트 아트 콘텐츠(street art contents)라고 할 수 있다.

이같은 대부분의 아이디어는 지극히 평범한 일상에서 나오게 된다.

아이디어는 관찰에서 시작

아이디어를 만들기 위해서는 주위에 보여지고 있는 현상을 깊히 살피는 자세가 필요하다. 아이디어는 관찰에서 시작되기 때문이다.

관찰력이 어느 정도인지 몇 가지 테스트를 해보자.

편의점 세븐일레븐의 로고는 7과 영문으로 이루어져 있다. 여기서 영문자는 대문자일까? 소문자일까?

대부분의 사람들이 대문자라고 이야기한다.

정답은 '대문자+소문자'로 이루어져 있다. 정확히 말하면 마지막 글자인 n만 소문자이다.

관심을 가지지 않고 자세히 보지 않으면 답을 맞출 수가 없다. 세븐일레븐이라는 로고를 만들 때 모두 대문자였다면 재미가 없었을 것이다.

무언가 사람들의 관심을 끌고 구전시키기 위해 작은 변화를 준 것이다. 이처럼 아이디어에는 숨겨진 무엇이 있다. 우리는 관찰을 통해 숨겨진 아이디어를 발견할 수 있고 다른 아이디어 만들기에 활용할 수도 있다. 그래서 아이디어를 잘 만들기 위해서는 평범하고 일상적인 것에 관심을 갖고 살펴보는 자세가 필요하다.

관찰력 테스트 2번째로 단원(檀園) 김홍도(金弘道)의 씨름이라는 작품을 살펴보자.

이 그림을 자세히 보면 씨름을 구경하는 사람들의 표정이 하나하나 다를 뿐 아니라 너무나도 재미있게 표현되어 있다.

김홍도의 씨름 속에서 몇 가지 문제를 풀어보자.

첫 번째 문제, 이 씨름을 하는 두 사람 중 누가 이길까?

정답은 그림에서 등을 보이고 입을 꽉 다문 사람이다. 지금 다리가 들린 사람은 얼굴에 당황한 기색이 역력하다. 그리고 오른쪽 하단에 있는 사람들이 자기 쪽으로 넘어질까봐 뒤로 물러서고 있다.

두 번째 문제, 다음 씨름을 준비하는 사람은 누구일까?

정답은 왼쪽 상단의 무리들 중에서 왼쪽 상단의 두 번째 사람으로 신발과 갓을 가지런히 벗어 놓고 다음 씨름을 기다리며 긴장하여 두 다리를 꼭 붙잡고 있는 사람이다.

세 번째 문제, 그림에서 어떤 사람이 가장 태평스러울까?

정답은 엿장수이다. 씨름 경기 전에 엿도 거의 다 팔아서 경기 결과에는 별 관심 없이 다른 곳을 보며 태평한 표정을 짓고 있다.

네 번째 문제, 이곳에 오지 않아야 할 신분을 가진 사람(양반)은 누구일까?

정답은 왼쪽 상단의 무리들 중 왼쪽 아래 세 번째 사람으로 부채로 얼굴을 가리고 있다. 양반이기에 평민들이 즐기는 씨름을 재미는 있지만 얼굴을 내놓고 볼 수는 없어 부채로 얼굴을 가리고 씨름을 보고 있는 것이다.

이러한 질문들처럼 그림에 관심을 가지고 유심히 관찰하다 보면 많은 재미와 영감을 얻게 될 것이다.

관찰력 테스트 3번째로 2020년 12월 국가에 기증한 추사(秋史) 김정희 선생의 세한도(歲寒圖)를 살펴보자

　세한도는 한 채의 집을 중심으로 좌우에 나무가 대칭을 이루고 있으며, 주위를 비어 있는 여백으로 처리하여 극도의 절제와 간결함을 보여주고 있다. 한 채의 집과 고목이 풍기는 스산한 분위기가 추운 겨울의 분위기를 맑고 청결하게 표현하여 문인화의 특징을 엿볼 수 있는 조선 후기 대표적인 그림으로 평가된다.

　이 세한도에 나오는 두 나무의 이름은 무엇일까?

　우리는 중고등학교 시절 이 그림을 그린 사람이 누구인지, 무엇을 표현하였는지 등에 대한 것은 많이 공부하였으나 정작 이 그림에 나온 나무의 이름은 무엇일까에 대한 생각을 품은 사람은 그다지 많지 않을 것이다. 정답은 소나무와 측백(편백)나무이다.

　관심을 가져야만 보이지 않던 것들이 보이고 이를 아이디어로 연결시킬 때 기획은 빛이 나게 될 것이다.

　이상의 관찰력 테스트처럼 우리 주위의 일상적인 것들 중에 무심코 지나치는 것들에 관심을 기울이는 것이 아이디어를 만드는 출발점이다. 사람들은 누구나 자신이 보고 싶어 하는 것, 필요한 것만 본다. 관심을 가지지 않으면 아이디어는 보이지 않는다.

콘텐츠기획자로서 새로운 아이디어를 만들고 싶다면 주위의 사물들, 사람들에 관심을 가지고 보기 시작해야 한다. 무엇인가 새로운 것이 보이고 참신한 아이디어를 생각해 낼 수 있을 것이다. 그러므로 우리는 콘텐츠를 중심으로 이루어진 여러 가지의 작품, 서비스 등에 깊은 관심을 가지고 세세히 관찰해보면 좋은 아이디어의 영감을 얻을 수 있을 것이다.

김종춘 님은 〈베끼고, 훔치고, 창조하라〉에서 이렇게 말한다.

"모방을 거치지 않은 새것은 없다. 모방은 가장 탁월한 창조 전략이다. 모방하는 자는 흥하고 모방하지 않는 자는 망한다. 고수는 남의 것을 베끼고 하수는 자기 것을 쥐어짠다. 그 결과 고수는 창조하고 하수는 제자리걸음이다. 모방을 축적하다 보면 한순간, 창조의 한방이 나온다."고 말하고 있다.

고수는 남의 것을 베끼고 하수는 자기 것을 쥐어짠다고 강조한다. 우리가 잘 아는 영화 라라랜드도 1950년대부터 1990년대까지 다양한 영화의 멋진 장면들을 참고하여 만든 명작이다.

이처럼 아이디어 만들기가 어렵다고 머리를 쥐어짜지 마시고 남의 것, 성공사례를 창의적으로 베껴보면 좋겠다.

아이디어를 만드는 6가지 도구

아이디어를 어떻게 만들어야 할까?

아이디어는 만들기가 결코 쉽지 않다. 그래서 모방을 통해 새로운 것을 창조하는 것이 좋은데, 무엇을 보고 모방하면 좋을까?

필자는 책, 마인드맵, 현장 방문, 만남, 메모, 벤치마킹 등 6가지의 도구를 통해 아이디어를 얻기 위한 도구로 활용해볼 것을 제안한다.

첫 번째, '책'이다.

아이디어를 만드는 가장 기본적인 도구는 '책'이다. 책을 읽는 이유는 읽는 만큼 볼 수 있기 때문이다. 책은 우리가 과거, 현재, 미래 속에서 만날 수 없는 사람과 경험할 수 없는 환경을 전문가를 통해 만날 수 있는 통로이다. 아이디어가 생각과 경험을 통해 나오는 것처럼 우리의 생각에 경험을 더하기 위해서는 절대적으로 '독서'가 필요하다. 한 주에 수십 권, 한 달이면 수백 권의 국내외 서적들이 출간되고 있다. 일주일에 한 번 서점에 들러 한두 시간을 돌아보면 새로 나온 책이 너무 많아 무엇을 읽어야 할지도 알기 어려운 경우가 많다.

'책'이라는 도구를 통해 아이디어를 만들어 내기 위해서는 좋은 책을 읽어야 한다. 아마존의 제프 베조스, 페이스북의 마크 주커버그, 마이크로 소프트의 빌 게이츠 등 세계적인 회사의 CEO는 물론 유명 유튜버에 이르기까지 아이디어를 만드는 원천은 책에서 시작된다고 말하고 있다.

그렇다면 너무나 많은 책 속에서 아이디어를 얻기 위해 어떤 책을 읽어야 할까?

가장 손쉬운 방법은 자신의 취향과 눈높이에 맞는 책을 읽는 것이 가장 좋겠으나 이는 찾는 데 시간이 많이 소요되므로 주요 기관, 경제연구소, 학술기관 등 전문기관에서 추천한 책이나 명사들이 추천하는 서적을 읽는 것을 추천한다. 그리고 롤모델로 삼고 싶은 인물이나 국내외적으로 유명인사(기업인, 문화인, 정치인 등)가 읽는 책은 반드시 읽어야 한다.

필자는 아이디어를 만들고 기획에 도움을 얻기 위해 인문, 역사, 디자인 관련 서적을 읽는다. 인문학을 통해 인간의 삶에 대한 통찰력을 얻을 수 있고, 역사 서적을 통해서는 과거에서 현재까지 일어난 일련의 사건을 읽으며 현재의 상황별로 어떻게 대처해 나아가야 할지에 대한 아이디어를 얻을 수 있다.

특히 콘텐츠에 대한 경쟁력을 높이기 위해 문화, 예술 등에 대한 역사는 매우 중요하다. 그리고 요즘처럼 비주얼이 강조되는 디자인이 중요한 시대에는 디자인, 광고 관련 서적은 표현력을 높이기 위해 읽어야 한다. 이러한 책과 병행하여 마케팅 및 기획 관련 서적을 읽으면 아이디어를 글로 옮기고 실행력을 높이는 데 도움이 될 것이다

아이디어를 만드는 도구 두 번째는 마인드맵(Mind Map)이다. 마인드맵이란 문자 그대로는 '생각의 지도'란 말이며, 사전에서 살펴보면 마음속에 지도를 그리듯이 줄거리를 이해하며 생각을 정리하는 방법이다. 즉 자신의 생각을 지도 그리듯이 이미지화 하여 창의력을 업그레이드시키는 기법이다.

마인드맵은 영국의 토니 부잔(Tony Buzan)이 1960년대 컬럼비아대학원을 다닐 때 인간 두뇌의 특성을 고려해 만들어 냈다. 사람들이 그림과 상징물을 활용해 배우는 것이 훨씬 더 효과적이라고 생각하며 생각과 아이디어를 나무처럼 바깥으로 가지를 뻗어나가게 하며 생각을 정리하는 방법이다.

아이디어를 만들고 기획을 할 때 중요한 것이 논리적으로 전개해야 한다. 그래서 마인드맵을 활용하여 생각을 논리적으로 정리하는 방법은 주제어를 중심으로 생각해야 할 것들을 우선 대분류(시기, 가격, 고객, 마케팅, 인력운영 등)를 한 후 이를 바탕으로 세부적으로 어떻게 할 것인가를 계속 적어가면 된다.

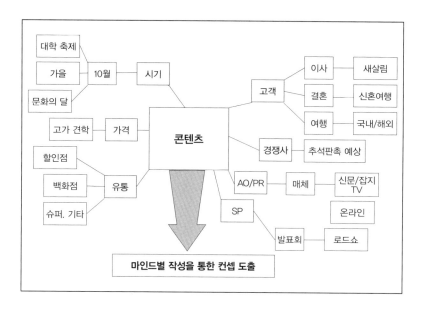

위의 이미지는 필자가 새로운 콘텐츠를 런칭하기 위한 아이디어와 컨셉을 도출하기 위해 마인드맵을 활용하여 생각을 정리한 것이다. 마인드맵 방식을 통해 머릿속에 떠오르는 생각들을 종이에 직접 그려보면서 콘텐츠기획 아이디어를 체계적으로 정리할 수 있다.

아래 이미지는 세르게이 브린과 래리 페이지가 '구글' 설립 당시, 마스터플랜을 짜기 위해 그렸던 마인드맵이다. 구글은 회사를 어떻게 체계적으로 운영할 것인가에 대해 가장 먼저 고용(Hiring)을 고려하고 최종적으로 사용자들의 행복(User Happiness)을 통한 세계 평화(World Peace)를 목표로 마인드맵을 완성하였다.

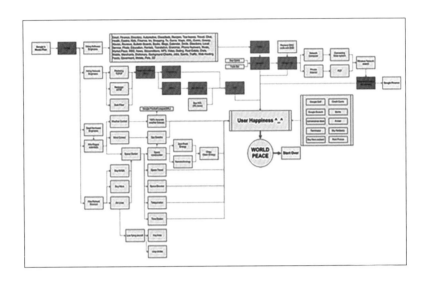

마인드맵을 작성할 때 유의할 사항은 다음과 같다.

첫째, 콘텐츠나 프로젝트를 중심으로 주 가지를 너무 많지 않도록 해야 한다.

가지를 쳐야 나무가 잘 자랄 수 있듯이 너무 세부적인 가지는 주 가지 밑으로 정리해야 한다. 주 가지는 부 가지들을 포괄하는 핵심 주제이다.

둘째, 가지를 그리는 중 생각이 단절될 경우에는 무리하게 고민하지 말고 다른 가지로 넘어가면 된다.

셋째, 가지를 뻗어나가다가 다른 가지와 연관이 있을 경우에는 연결하여 새로운 아이디어를 만든다. 즉 중심 가지로부터 서로 다른 주가지에서 나온 가지들이 연관되어 있는 경우 두 가지를 연결시켜 새로운 생각을 만들어 내는 것이다.

넷째, 마인드맵의 용어는 가급적 키워드(단어, 기호, 그림 등)를 사용하여 한눈에 보기 좋고 이해하기 쉽게 만들도록 한다.

아이디어를 만드는 도구 세 번째는 인구밀집지역 방문이다.

책상 앞에만 앉아 있으면 '우물 안 개구리'식으로 탁상공론만 하게 되고 아이디어가 잘 떠오르지 않는다. 그래서 프로 기획자들은 책상에 앉아 탁상공론하지 말고 현장에 나가서 답을 찾으라고 한다. 이럴 때는 과감히 일어나 사람들이 많이 모이는 곳으로 가서 사람들이 어떤 색의 옷을 입고, 머리 스타일은 어떤지, 무엇에 관심을 가지고 어떤 물건들이 잘 팔리는지 등을 살펴보면 잘 생각나지 않던 것들이 새로운 아이디어로 떠오르는 경우가 많다. 특히 고객의 기호와 트렌드를 파악하려는 콘텐츠기획자는 반드시 1주일에 한 번 이상은 현장에 나가봐야 한다.

방송 기획자들은 주로 버스, 지하철과 같은 대중교통을 타고 이동하면서 사람들의 이야기나 밖의 풍경을 보면 아이디어를 구상한다고 한다. 그래서 기획자들은 여행을 자주 다닌다.

그렇다면 어떤 현장을 나가야 할까? 1차적으로 사람들이 많이 모이고 다니는 인구밀집지역을 방문하는 것이 좋다. 그곳에 가면 고객과 매장의 최신 동향을 보고 조사할 수 있다. 아래 보이는 도표는 서울 시내 주요 인구밀집지역을 정리한 표인데, 지역별로 밀집 시간과 유동인구가 다르며 특이사항을 보면 어느 장소에서 어떤 고객들이 모이는지, 어떤 마케팅이 효과를 발휘하는지 다름을 확인할 수 있다.

구분	밀집시간	유동인구수	특이사항
명동	13시~22시	1백만 ~ 1백5십만	신제품 런칭, 로드쇼/ 관광객
코엑스	16시~22시	40 ~ 60만	프로모션 반응/ 참여도 높음
종로	13시~20시	20 ~ 30만	학생과 함께 직장인도 다수
대학로	17시~21시	주중 40만, 주말 100만	문화공연, 이벤트 다양
신촌	16시 ~ 20시	주중 20만, 주말 40만	패션, 유행 민감
강남역	15시 ~ 21시	20 ~ 30만	신세대에서 기성세대까지 다양
압구정	14시 ~ 20시	5 ~ 10만	20대 중심, 트렌드 표출

아이디어를 얻기 위해 장소를 잘 선정하고 방문을 해야 한다. 사람들이 많이 모이는 곳에서는 각 기업들마다 콘텐츠에 대한 고객 반응을 체크하고 트렌드를 관찰하는 테스트 마케팅 장소로 다양한 이벤트와 행사가 벌어지고 있으며, 다양한 고객들의 움직임을 통해 현재의 트렌드와 향후의 트렌드를 예측할 수 있다. 즉 인구가 밀집되는 지역을 찾아가서 매장에서는 무엇이 팔리고, 고객들은 무엇을 찾는지를 살펴봄으로써 콘텐츠기획에 필요한 아이디어와 소재를 발견할 수 있는 것이다. 그리고 한 달에 1번 정도 영화, 전시회, 콘서트, 음악회 등 문화공연을 관람하는 것도 아이디어를 얻는 좋은 방법이다.

좋은 문화공연을 보기 위해서는 포털 및 전문 사이트를 방문하여 최근 가장 인기 있는 영화, 공연, 콘서트, 스포츠, 전시회 등을 살펴본 후 주말시간을 이용하여 관람하도록 한다. 그러면 문화공연을 보면서 새로운 경험 속에서 아이디어를 얻게 되고 참여한 고객들의 반응을 보며 고객들이 무엇을 원하는지를 파악할 수 있어 이를 통해 고객에게 적합하고 현실성 있는 아이디어를 만들어 낼 수 있을 것이다.

다양한 문화공연을 보면서 아이디어를 얻기 위해 다음 사항을 체크해 보는 것도 좋을 것이다.

- 홍보/광고/판촉은 어떻게 하는지?
- 고객들에 대한 서비스는 무엇을 제공하는지?
- 가격은 어떻게 되는지?
- 참석한 고객들의 오프라인, 온라인 반응(리뷰 체크)은 어떤지?

위에서 체크한 이슈들을 통해 어떻게 새로운 콘텐츠에 아이디어로 발전시킬지 고민하면 한 차원 높은 아이디어를 만들 수 있다.

아이디어를 만드는 네 번째 도구는 만남이다.

아이템 수집을 위해 가장 중요한 것이 인적 네트워크, 인맥이라고 우리는 앞에서 살펴보았다. 만남을 통한 인적 네트워크의 구축이 아이디어를 만들고 적용하는 가장 중요한 요소이다. 인맥을 쌓기 위한 방법이 여러 가지 있으나 가장 좋은 것은 만남과 모임에 적극적으로 참여하는 것이다.

사람들은 대부분 어려운 문제일수록 혼자서 고민하게 되는데, 이는 하면 할수록 더욱 딜레마에 빠지게 된다. 아이디어를 생각하는 도중에 진척이 없을 때 가장 좋은 방법은 사람을 만나 고민을 나누는 것이다. 친구나 주위 동료, 동호회 사람들을 만나 잘 안 풀리는 부분에 대해 이야기를 나누어 보면 의외로 빨리 답을 얻을 때가 많다. 특히 문제를 다른 사람에게 이야기하는 도중에 자신도 모르게 머리에서 좋은 생각이 떠올라 문제가 풀리는 경우도 있다.

아이디어를 만든 후에도 만남은 중요하다. 자신이 생각하기에 좋은 아이디어라도 다른 사람들이 이해를 못 하는 경우가 있다. 이러한 경우를 대비하여 아이디어를 만든 후에 반드시 다른 사람들에게 정말 괜찮은지 검토를 받는 것이 좋다. 만남의 범위는 학교 친구는 물론 가족, 친구, 고객에 이르기까지 광범위하게 하며, 정기적으로 모임에 참석하여 아이디어와 정보를 나누도록 한다. 그리고 모임에 나갈 때는 반드시 명함을 지참하여 자연스럽게 인맥을 쌓도록 한다. 아이디어는 현장에서 고도화 된다. 반드시 시장에서 반응을 살피며 아이템을 업그레이드 해야 한다.

아이디어를 만드는 다섯 번째 도구는 메모이다.

무언가를 잃어버렸을 때 아무리 찾아도 찾을 수 없을 때가 있다. 이럴 때는 잠시 다른 일을 하면 생각나는 경우가 많다. 이처럼 책상 앞에서 도저히 아이디어가 생각나지 않을 때는 하던 일을 잠시 중단하고 주변을 걷거나 나와서 10분이라도 바깥 공기를 쐬며 산책을 하다보면 신기하게도 아이디어가 떠오르게 된다.

굳이 시간을 내 산책을 하기가 어렵다면 통학시간, 점심시간, 휴식시간, 기다리는 시간 등 자투리시간을 이용하여 아이디어 발상 타임으로 만들어 보면 좋을 것이다. 그리고 누구든지 어떤 일에 몰입하게 되면 크고 작은 아이디어가 하루에도 여러 번 떠오르게 된다. 특히 잠자리에 들었을 때, 밥을 먹을 때, 샤워를 할 때, 운동을 할 때 등 예측할 수 없는 순간에 아이디어가 떠오르는 경우가 많은데 아무리 메모를 할 수 없는 상황이라도 이때를 놓치면 아이디어가 다시 생각나지 않고 달아나므로 반드시 주변에 메모할 수첩을 놓거나 없을 경우에는 스마트폰 등 가능한 방법을 동원하여 반드시 메모를 하도록 한다.

'둔필승총(鈍筆勝聰)'이라는 말이 있다. '둔한 붓이 총명한 머리를 이긴다.'는 뜻으로 메모의 중요성을 일깨우는 말이다. 메모광으로 유명한 에디슨은 3,400권의 메모 노트를 통해 1,900건의 발명품을 개발하였다. 크리스마스의 유령, 베트맨을 기획, 제작한 팀버튼(Tim Burton | Timothy Walter Burton) 감독은 냅킨에 생각나는 영상 이미지를 메모하는 것으로 유명하다. 이처럼 메모는 아이디어를 필요로 하는 기획자에게 매우 중요한 수단이다. 여러 책들과 유명 인사들의 성공담을 통해 메모의 중요성은 검증되었으며, 보다 차별화 된 메모를 하기 위해서는 숫자에 대한 메모도 신경을 써야 한다.

아이디어를 얻기 위한 메모 방법을 몇 가지 소개한다.

첫째 텔레비전 메모이다.
뉴스, 다큐멘터리, 경제프로그램, 기업정보 프로그램 등을 통해 최근 동향을 보면서 자신만의 메모를 한다.
둘째, 이벤트 메모이다.
전시회, 연극, 영화, 뮤지컬 등 현장에서의 느낌, 감동을 메모한다.
셋째 신문, 잡지 메모이다.
내용을 보면서 떠오르는 메모는 붉은 글씨로 기사 옆에 메모한다.

넷째, 책을 읽으며 메모하는 것이다.

책을 읽을 때는 연필(샤프)을 가지고 읽으면서 느끼는 것이나 생각나는 것을 메모한다. 필자는 책 메모를 가장 많이 하고 있다.

이처럼 메모는 아이디어를 얻을 수 있는 매우 좋은 방법이므로 습관화 하는 것이 좋다. 그리고 평소에 떠오르는 아이디어를 기록할 때는 빠르게 기록하여야 하므로 문자, 그림, 도형 등 나중에 자신이 가장 잘 기억할 수 있는 방법으로 정리하여 필요할 때 잘 활용하도록 한다.

혹시 메모할 아이디어가 생각났는데 메모할 수첩과 필기구가 없으면 스마트폰의 메모 기능을 활용한다. 필자는 바로 확인하고 쓸 수 있도록 카톡에서 메모를 하기도 한다. 문자로 아이디어를 메모하고, 아이디어와 연관되는 이미지는 카메라로 촬영하여 보관한다.

아이디어를 만드는 여섯 번째 도구는 벤치마킹이다.

아이디어를 가장 손쉽게 만들 수 있는 방법으로 같은 분야나 관련 분야의 성공사례를 따라 하는 것이다. 벤치마킹을 네이버 지식 사전에서 살펴보면 "어느 특정 분야에서 우수한 상대를 표적으로 삼아 자기 기업과의 성과 차이를 비교하고, 이를 극복하기 위해 그들의 뛰어난 운영 프로세스를 배우면서 부단히 자기혁신을 추구하는 경영기법"이라고 나와 있다. 즉 뛰어난 상대에게서 배울 것을 찾아 배우는 것이다.

이런 의미에서 벤치마킹은 '적을 알고 나를 알면 백전불태'라는 〈손자병법〉의 말에 비유되기도 한다. 벤치마킹은 원래 토목 분야에서 사용되던 말로 강물 등의 높낮이를 측정하기 위해 설치된 기준점을 벤치마크(benchmark)라고 부르는데, 그것을 세우거나 활용하는 일을 벤치마킹이라고 불렀다. 그후 컴퓨터 분야에서 각 분야의 성능을 비교하는 용어로 사용되다가 기업 경영에 도입되었다.

경영 분야에서 이 용어가 처음 사용된 것은 1982년 미국 뉴욕주 로체스터에서 열린 제룩스(Xerox) 사의 교육 및 조직 개발 전문가 모임이었다. 제룩스 사는 일본의 캐논 등의 관련 회사에 뒤지는 이유를 단순히 복사기의 부품 문제뿐 아니라 디자인, 생산, 주문 처리의 모든 면을 분석해 일본식 작업 방식을 배우는 벤치마킹을 시도, 벤치마킹의 꽃을 피우게 되었다.

그리고 1989년 로버트 캠프 박사의 〈벤치마킹〉이란 저서에서는 동종업계가 아닌 다른 업계의 경영기법도 비교·분석해 벤치마킹 범위를 확대했다.

벤치마킹 기법을 활용한 경영혁신의 추진은 일반적으로 다음과 같다.

① 벤치마킹 적용 분야의 선정

② 벤치마킹 상대의 결정

③ 정보 수집

④ 성과와 차이의 확인 및 분석

⑤ 벤치마킹 결과의 전파 및 회사 내 공감대 형성

⑥ 혁신계획의 수립

⑦ 실행 및 평가

벤치마킹을 성공적으로 활용하기 위해서는 벤치마킹의 적용 분야, 벤치마킹 상대, 성과측정 지표, 운영 프로세스라는 벤치마킹의 4가지 구성 요소에 대한 명확한 이해가 필요하며, 이에 대한 적극적 실행과 체크가 요구된다.

첫째, 무엇을 벤치마킹 대상으로 할 것인가?

둘째, 누가 최고인가이다.

벤치마킹은 1등을 대상으로 하는 것이다. 1등은 국내뿐 아니라 세계 1등을 살펴보며 벤치마킹할 포인트를 찾아내야 한다.

셋째, 우리는 어떻게 하고 있는가?

넷째, 다른 회사는 어떻게 하고 있는가?

벤치마킹에서 유의할 점은 동종, 이종업종의 성공사례와 더불어 실패사례도 반드시 참고하여 똑같은 실수를 범하지 않도록 해야 한다. 즉 한 회사만 벤치마킹하는 것이 아니라 시스템, 프로세스, 디자인 등 1등으로 특화된 부분으로 여러 회사를 벤치마킹하는 것이 좋다. 벤치마킹 대상은 1등 제품, 경쟁기업, 관련 분야 1등 제품 및 최우수기업, 회사 조직 내 1등 사업부 또는 부서, 트렌드를 이끄는 제품, 기업, 언론 및 평가단체에서 수상한 제품, 기업 등이다.

지금도 새로운 아이디어가 계속해서 만들어지고 있다. 우리는 기존의 아이디어를 가지고 어떻게 재창조할 것인가, 어떻게 차별화시킬 것인가를 고민하며 나만의 아이디어로 업그레이드 시켜야 성공하는 콘텐츠를 기획할 수 있을 것이다.

위대한 예술가 파블로 피카소는 "좋은 아티스트는 베끼고 위대한 아티스트는 훔친다. (Good artists copy, Great artists steal!)"는 말을 했다.

텐센트의 최고경영자 마화텅(馬化騰 | Ma Huateng)은 "고양이를 보고 호랑이를 그리라."고 말했다. 베끼는 것을 뛰어넘어 더 위대한 것으

로 아이디어를 업그레이드 하여야 성공적인 콘텐츠기획으로 차별화 할 수 있는 것이다.

우리는 시장조사를 통해 얻은 아이템을 차별화 하기 위해 아이디어로 차별화 하는 것에 대해 살펴보았다. 즉 차별화 된 기획을 위한 아이디어가 꼭 필요하다. 재미난 아이디어는 타깃에게 콘텐츠나 컨셉, 브랜드의 이미지를 효과적으로 전달한다. 우리는 음식점에서 흔히 주문을 하거나 서비스를 요청하기 위해 호출벨을 사용한다.

보통 호출벨은 호출 기능만 있었다. 이러한 단순 호출벨에 추가 주문 메뉴 버튼(물, 반찬, 소주, 맥주, 계산서 등)을 만들면 주문하는 사람과 받는 사람의 수고를 줄일 수 있다. 이런 업그레이드된 아이디어를 통해 손님은 재미가 있어 더욱 더 많은 주문을 하게 되고, 매장 주인은 많은 매출로 수익을 얻게 되는 1석2조의 효과가 있다.

프로야구 1,000만 관객의 시대와 더불어 생겨난 아이디어가 있다. 모 맥주회사에서 각 구단별 로고를 활용한 맥주를 출시한 것이다. 야구장에서 맥주를 먹는 문화에 맞추어 더욱 더 많은 수요를 창출하기 위한 것이었다. 그런데 일본에서는 이를 맥주뿐 아니라 다양한 음료수 및 패키지로 확대하여 타깃층을 넓힘으로써 판매를 확대하였다.

하지만 이처럼 반짝이는 아이디어가 멋지긴 하지만 오래 기억되지 못하는 단점이 있다. 예를 들어 우리 주위에 매일 만나는 너무나 잘 알려진 브랜드인데도 어느 회사 제품인지 모르는 경우가 허다하다. 이유는 재미있고 공감 가는 아이디어가 순간적인 효과는 있으나 지속적으로 전달하는 힘이 약하기 때문이다.

순간적인 아이디어의 한계를 극복하기 위해서는 아이디어에 스토리를 붙여야 한다. 스토리는 아이디어에 지속성과 파급성을 보완하여 콘텐츠의 힘을 더욱 높이게 된다. 잠깐 반짝하고는 사라지는 아이디어에 지속적인 생명력을 주기 위해서는 스토리가 필요하다.

콘텐츠기획 4단계 : 공감 스토리텔링

콘텐츠기획 4단계는 스토리텔링이다.

시장조사를 통해 아이템을 선정하고 차별화를 위해 아이디어를 더한 후 구전효과를 통한 지속적인 생명력을 더하기 위해 스토리텔링을 해야 한다.

스토리는 아이디어를 전달하는 기초이며 가장 강력한 커뮤니케이션 도구이다. 이는 상대방의 감성에 호소하여 흥미와 몰입을 이끌어내기 때문이다.

스토리는 3가지의 힘을 가지고 있다.

첫째, 가장 효과적인 전달 방법이다.

아이디어에 스토리 를 덧붙이면 상대방이 오래 기억하게 되고, 나아가 다른 사람들에게 이야기를 전하는 구전효과를 불러일으킨다.

둘째, 명확한 설득력을 발휘한다.

기획한 내용을 전달할 때 현장의 이야기, 경험한 이야기, 성공사례 등 스토리를 가미하면 금방 이해하고 신뢰도를 높여 설득이 용이하게 된다.

셋째, 강력한 마케팅 도구로 활용된다.

고객에게 콘텐츠, 기업, 브랜드를 직접적으로 전달하면 거부감을 갖는 경우가 많다. 이에 스토리텔링을 가미한 마케팅은 고객들에게 자연스럽게 다가가 상업적인 마케팅보다 더욱 큰 효과를 발휘하게 된다. 그래서 많은 기업들이 스토리텔링 마케팅을 활발히 시행하고 있다.

세계적인 스토리텔링 성공사례 : 미키마우스와 해리포터

세계적으로 성공한 스토리의 사례는 무엇이 있을까?

첫 번째 사례는 세계적으로 가장 유명한 캐릭터 월트디즈니의 '미키마우스'이다. 미키마우스는 매년 6조 원의 매출을 거두는 엄청난 캐릭터이다.

미키마우스느 어떻게 해서 세계적으로 성공한 캐릭터가 될 수 있었을까? 여러 이유가 있겠지만 가장 큰 이유는 '스토리'이다.

1928년 태어난 미키마우스는 올해 93세로 '스팀보트 윌리(Steamboat Willie)'라는 작품으로 데뷔를 하였다. 당시에는 이름도 미키가 아닌 '모르티머'였으며 흑백 캐릭터로 지금과는 조금 다른 모습으로 등장하였다.

처음에는 큰 반응이 얻지 못하였던 '미키 마우스'는 이름을 바꾸고, 여자친구 미니, 도널드덕, 구피 등 새친구들과 등장하여 '미키와 친구들'이라는 스토리로 확장하며 큰 인기를 끌기 시작하였다. 이로 인해 세계적으로 유명해지고 애니메이션에서 만화, 테마파크 등의 비즈니스 확장으로 엄청난 매출을 기록하는 세계 최고의 캐릭터가 되었다. 디지털 시대의 우리나라의 캐릭터인 핑크퐁도 이와 맥락을 같이 한다고 볼 수 있다.

두번째 사례로 세계적으로 가장 성공한 스토리의 또 하나는 영국을 문화콘텐츠 강국으로 변화시킨 해리포터이다. 해리포터 시리즈는 7편 23권으로 전 세계에 67개국 언어로 4억 5천만 부가 팔렸다. 영화로도 8편이 제작되어 70억 달러의 수익을 올리며 부가가치 300조 원이라는 경이적인 매출 실적을 거두었다.

300조 원은 삼성전자 2020년 예상 매출액보다 약 60조가 더 많은 금액이다. 해리포터의 세계적인 성공은 멋진 스토리를 엮은 책의 출판과 더불어 영화, DVD, 비디오, 게임, 음악(OST), 광고, 캐릭터상품, 관광, 테마파크 등 스토리를 바탕으로 한 OSMU(One Source Multi Use)의 힘이라고 할 수 있다.

이처럼 잘 짜여진 스토리는 나라도 발전시키고 세계 최고의 기업도 능가하는 놀라운 힘을 발휘한다. 그러므로 아이디어의 지속성을 뛰어넘어 타깃 고객들에게 사랑받는 콘텐츠, 브랜드, 제품을 만들기 위해 스토리 만들기에 주력해야 할 것이다.

스토리텔링이란?

우리는 수많은 스토리 속에 살고 있다. 매일 매일 아침부터 저녁 잠드는 시간까지 스마트폰으로 TV로 신문, 광고, 드라마, 스포츠, 영화, 게임 등 다양한 매체와 콘텐츠를 통해 여러 가지 스토리를 만나게 된다. 그런데 가장 많이 접하는 방송 매체의 스토리를 살펴보면 상업적이거나 의도가 드러나는 노골적 이야기로 거부감이 생겨 전달력이 떨어지게 되는 단점이 있다. 그래서 비상업적이며, 우회적인 이야기가 필요하게 되었고 이를 위해 스토리텔링이 탄생하게 되었다.

스토리텔링(Storytelling)이란 무엇인가?

스토리텔링은 스토리(Story)와 텔링(Telling)이 조합된 말로 상대방에게 알리고 싶은 정보를 생생한 이야기로 설득력 있게 전달하는 것을 말한다. 지식백과사전인 위키백과를 찾아보면 스토리텔링이란 단어, 이미지, 소리를 통해 사건, 이야기를 전달하는 것이라고 설명하고 있다.

스토리(Story) 또는 내러티브(Narrative)는 모든 문화권에서 교육·문화 보존·엔터테인먼트의 도구로서, 또 도덕적 가치를 가르치는 방법으로 공유되어 왔다. 스토리텔링에는 줄거리(plot), 캐릭터, 그리고 시점이 포함되어야 한다고 나와 있다. 이제는 콘텐츠의 이미지와 스펙, 가격만을 홍보하는 광고는 더이상 소비자에게 어필할 수 없다.

콘텐츠 상품에 이야기를 입혀서 소비자의 관심을 끌고 더 오래, 더 잘 기억할 수 있도록 하는 것이 스토리텔링으로 최근 중요한 마케팅 전략으로 각광을 받고 있다.

스토리텔링의 역할은 첫째, 고객과의 전략적 커뮤니케이션을 위해서, 그리고 둘째, 기업과 상품의 차별화된 컨셉을 전달하기 위함이다.

스토리텔링 전략은 보통 3단계로 시행된다. 1단계는 콘텐츠와 브랜드의 일관된 스토리를 만들고, 2단계로 모든 매체를 활용하여 고객에게 인식시키며, 3단계로 자연스럽게 비즈니스의 도구로 스토리텔링을 활용하는 것이다.

스토리텔링 4요소

스토리텔링은 4가지 요소로 이루어진다.

첫째, '메시지'이다.

스토리텔링은 명확한 메시지로부터 출발해야 한다. 메시지는 콘텐츠를 통해 특별한 경험을 할 수 있도록 유도하고 설득하기 위한 커뮤니케이션 전략이다. 그래서 스토리텔링에는 무엇을 전할 것인지가 포인트로 분명한 메시지가 필요하다. 예를 들어 미키 마우스와 친구들의 메시지는 '우정'이다.

이처럼 콘텐츠에는 분명한 메시지, 즉 컨셉을 명확하게 설정하고 지속적으로 이야기를 이어가야 성공할 수 있다. 그리고 이를 통해 다른 콘텐츠와 확실한 차별화를 거둘 수 있다.

둘째, '갈등'이다.

갈등은 콘텐츠의 매력을 만들어 준다. 콘텐츠의 역동성은 고난과 역경을 극복하고 목표를 달성하는 도전 과정, 즉 갈등 속에서 발견할 수 있다. 드라마나 영화에서 악역이 있어야 주인공이 더욱 빛나는 것처럼 갈등이 분명하고 클수록 매력적인 콘텐츠가 만들어진다. 스토리에 갈등이 없다면 그 스토리는 재미가 없을 것이다. 갈등을 이겨내고 극복하는 과정에서 진정으로 소중한 가치를 만들어 낼 수 있다.

미키마우스에서도 친구들과 사이좋게만 지낸다면 재미가 있을까? 서로 오해하고, 싸우고, 화내고, 갈등하면서도 우정을 더욱 견고히 만들어 가는 과정에서 오히려 자연스러운 메시지를 전할 수 있다. 즉 단순히 착하고 아름다운 이미지가 아닌, 대립과 갈등이란 측면을 통해 콘텐츠를 강화해 나가는 것이 스토리텔링의 매력을 높이는 것이다.

셋째, '등장인물'이다.

등장인물은 갈등을 통해 메시지를 전달하는 객체들이다. 스토리를 한 사람만의 이야기로 만들기에는 재미 요소가 많이 떨어진다. 그래서 스토리를 재미있게 이끌어가기 위해서는 이야기를 전개할 캐릭터가 반드시 필요하다. 특히 등장인물 중 주인공의 역할이 매우 중요하다. 주인공을 통해 말하고자 하는 메시지를 직간접적으로 드러낼 수 있기 때문이다. 주인공을 통해 주장하고, 중재하고, 협력하는 등 스토리의 주제를 분명히 드러내기 위해 등장인물들과 함께 조화롭게 설정되어야 한다.

넷째, '플롯(Plot)'이다.

플롯은 스토리의 원활한 흐름, 즉 이야기를 형성하는 줄거리이다. 일반적으로 스토리 흐름은 '도입-전개-절정-결말'의 형식으로 이루어진다. 플롯, 즉 줄거리는 이러한 전개를 바탕으로 사람들에게 콘텐츠를 보다 극적으로 다가갈 수 있게 만든다. 콘텐츠에 널리 알려진 이야기(설화, 동화, 소설 등)를 풍자하거나 비유하는 것도 스토리의 새로운 흐름을 만드는 방법이 될 수 있다.

스토리텔링 개발 4단계

아이디어를 스토리텔링으로 개발하려면 4단계를 거쳐야 한다. 김민주 리드앤디러 대표의 〈성공하는 기업에는 스토리가 있다〉는 책에서 발췌한 내용을 살펴보면 스토리텔링은 4단계로 전개해야 한다.

1단계는 스토리 소재를 수집하는 것이다.

기획할 콘텐츠 주변에 퍼져 있는 다양한 이야기 소재를 모은다.

2단계는 수집한 스토리를 소재로 정제된 스토리로 가공하여 차별화된 이야기를 만들어 내는 것이다.

3단계는 완성된 이야기를 콘텐츠의 형식으로 고객에게 전달하고 구전이 될 수 있도록 바이럴 마케팅을 시행하는 것이다.

마지막으로 4단계는 스토리 커뮤니케이션 효과를 정성적, 정량적으로 측정하고 분석하고, 이를 피드백하여 스토리를 한 단계 더 업그레이드 시킨다.

스토리텔링 경영의 시대

모바일과 소셜미디어의 발달로 기업과 브랜드 간의 콘텐츠 경쟁이 치열해짐에 따라 고객에게 차별화 된 이미지를 전달하기 위해 스토리 텔링이 현대 경영활동의 핵심 수단으로 활용되고 있다.

몇 년 전 신문에 '이야기가 없는 기업은 망한다!'라는 기사가 실렸다. 위대한 기업에는 이야기가 있는 법이다.

애플에는 스티브 잡스, 테슬라엔 일런 머스크, 아마존에 제프 베조스, 삼성은 이건희 회장, 알리바바에는 잭 마윈에 대한 이야기가 있다.

고객들에게 이야기를 만들어 주기 위해 대부분의 기업들은 비상업적인 광고를 만들어 고객과 이야기를 하려 한다. 이는 고객들과 이야기가 없는 기업은 지속적으로 성장할 수 없기 때문이다.

그런데 대부분의 기업이 사내 고객, 즉 임직원들에 대해서는 이야기를 잘 만들지 않는다. 구글, 애플 등 세계적인 회사로부터 우리나라의 네이버, 카카오 등에는 직원들이 회사에 관해 끊임없이 즐거운 이야기를 나눌 수 있는 환경과 소재를 만들어 주고 있다.

직원들이 자기 회사에 대해 즐거운 이야기를 하고 있다면 그 기업은 진짜 좋은 기업이고 발전 가능성이 매우 높은 기업이다. 이를 위해 많은 기업들이 직원들에게 놀이와 휴식공간으로 만들어 쉬고 싶으면 언제든지 쉴 수 있고 무료로 음료수를 즐기게 해 주며 건강, 육아 등을 위해서도 편의공간을 제공하고 있다. 스토리텔링 경영을 위해서는 3가지 원칙을 지켜야 한다.

첫째, 논리보다는 감성으로 경영해야 한다.

획일화 된 경영 방식보다는 임직원과 고객의 마음을 움직일 수 있는 감성 스토리텔링이 필요하다.

둘째, 비용보다는 혜택을 제공해야 한다.

상업성을 드러내지 말고 고객의 혜택을 위해 어떻게 하고 있는지를 이야기해야 한다.

셋째, 이야기 속으로 끌어들여야 한다.

일방적으로 이야기하기보다 고객들이 체험하고 느껴보고 싶게끔 양방향 커뮤니케이션(Two Way Communication) 스토리를 제공해야 한다.

스토리가 있는 성공하는 기업을 만들기 위해서는 스토리텔링 개발 1단계로 소재가 있어야 한다.

기업과 관련해서는 기업 역사, CEO, 임직원, 브랜드/제품, 협력회사, 고객 등 6가지 정도의 소재가 있다.

첫 번째는 기업 역사, 히스토리다.

기업 연혁은 기업의 역사와 발전에 관한 모든 자료(예를 들어 설립 취지, 성공사례, 위기) 등이 있다. 기업 역사의 소재를 파악하기 위해서는 설립자 직접 인터뷰 또는 초창기 때 임직원과 인터뷰를 통해 기업의 설립 동기, 설립 방법 등 과정에 대해 리뷰와 기업의 목표, 비전, 인재상 등에 대해 조사하는 것이다.

두 번째는 CEO이다.

CEO의 경영 스타일, 특별한 행동이나 습관, 성공 및 위기 대응, 해결 사례 등을 소재로 살펴본다.

세 번째는 임직원이다.

임직원을 소재로 직원들에게 좋았던 점과 나빴던 경험과 동료, 친구들에게 전하는 기업 이미지가 있다.

네 번째는 브랜드, 콘텐츠, 제품으로 브랜드 개발 과정, 콘텐츠. 제품 생산, 마케팅, 유통 과정 등을 경쟁 콘텐츠, 제품과 비교하여 소재를 발굴해 낸다.

다섯 번째는 협력회사다.

소재 개발을 위해 협력사 인터뷰, 협력 관계의 특징, 협력 회사와의 성공사례를 살펴본다.

여섯 번째는 가장 중요한 고객이다.

고객의 계층(즉 나이, 성별, 거주지역 등)별로 고객과의 대화 내용, 경험, 느낌 등을 조사하여 소재를 만든다. 신규 콘텐츠나 신제품의 경우에는 얼리어답터, 오피니언 리더 등 초기 수용자를 전략적 소재로 삼아야 한다.

요즘에는 기업과 더불어 콘텐츠의 주목도를 지속적으로 높이기 위해 다양한 방법의 스토리텔링을 하고 있다. 여러 스토리텔링 유형 중 김민주 리드앤리더 대표의 〈성공하는 기업에는 스토리가 있다〉는 책에서 발췌한 사례를 살펴보자.

스토리텔링 유형

스토리텔링의 유형에는 에피소드 스토리텔링, 경험담 스토리텔링, 패러디 스토리텔링, 드림 (꿈) 스토리텔링, 기념일 스토리텔링, 시리즈 스토리텔링, 시상 스토리텔링, 디지털 스토리텔링 등이 있다.

첫째, '에피소드(episode) 스토리텔링'이다.

회사에는 많은 에피소드가 있다. 창업자, 제품, 임직원, 고객, 브랜드명, 광고, 프로모션 등 회사를 구성하는 인적 인프라와 더불어 회사의 제품, 브랜드, 콘텐츠 마케팅 등과 관련된 알려지지 않은 다양한 에피소드를 스토리텔링으로 활용하면 사람들의 호기심을 자극하여 좋은 효과를 거둘 수 있다.

사례로 세계 1위 생수업체인 에비앙이 있다.

에비앙은 프랑스의 작은 마을로 신장결석을 앓던 후작이 이곳에서 요양을 하며 물을 마시고 깨끗이 나음으로 인해 이를 약의 개념으로 상품화 하여 100년 이상 세계 1위의 자리를 지키고 있다. 우리나라에도 세계 3대 광천수 중의 하나로 세종대왕이 눈병을 치료했다는 초정리 약수가 있다.

이처럼 제품 탄생의 에피소드를 스토리텔링으로 활용함으로써 세계적인 명성의 브랜드 가치를 계속 유지해 오고 있다. 에피소드가 없는 기업은 없다. 회사나 학교, 콘텐츠의 숨겨진 이야기를 꺼내 멋진 에피소드 스토리텔링을 만들어 보면 멋진 스토리텔링이 될 것이다.

스토리텔링 두 번째는 '경험담 스토리텔링'이다.

누구나 소중한 경험을 하나 이상 가지고 있다. 누구나 한 번쯤 경험해 보았을 만한 잊지 못할 경험을 스토리로 만들어 공감대를 형성시키는 것이 '경험담 스토리텔링'이다.

사례로 지포(Zippo) 라이터가 있다. '지포'라이터는 '방풍(防風)라이터'로, 1933년 미국에서 시판된 이래 많은 사람들에게 애용되며, 수집하는 매니아들도 많이 있다. 지포 라이터가 세계적인 브랜드로 성장하게 된 중요한 사건은 베트남전에 참가한 미군 안드레즈 중사는 적이 쏜 총알을 맞았지만 다행히 윗옷 주머니에 넣어둔 지포 라이터가 총알을 막아주어 생명을 구하게 된 이야기가 〈라이프(Life)지〉에 실리면서 그 후 많은 광고에 인용되었고, 병사들은 마치 지포 라이터가 생명을 지켜주는 부적처럼 어느 곳에서든 휴대하고 다니게 되었다. 심지어 지포 라이터를 자신만의 것으로 만들기 위해 이름이나 그림, 출신 지방 등을 새기기도 했고 또는 자신의 꿈이나 그리움에 관한 메시지를 새겨 넣기도 하며 새로운 스토리를 계속 만들어 내고 있다. 즉 특별한 경험을 통한 스토리텔링은 깊게 각인되어 더 많은 이야기를 만들게 된다. 이를 위해 항상 고객의 소리에 귀를 기울여야 한다.

스토리텔링 세 번째는 '패러디 스토리텔링'이다.

패러디(Parody)는 풍자나 희화화(戲畵化)를 위해 작가 또는 작품의 특징적인 스타일을 모방하는 문학 혹은 예술 활동으로 유명한 기성 작품의 내용이나 문체를 교묘히 모방하여 과장이나 풍자로서 재창조하는 것이다.

요즘에는 방송, 영화, 게임 등의 콘텐츠를 재미있게 패러디한 프로그램이 많다. '패러디 스토리텔링'을 하는 방법으로는 기존 스토리를 패러디하는 방법, 사회의 현상을 패러디하는 방법 등이 있다. 사례로 유명 정치인의 말이나 방송 유행어, 영화 포스터 등을 패러디하여 자신의 스토리텔링을 만드는 것을 들 수 있다.

스토리텔링 네 번째 유형은 '드림(Dream) 스토리텔링'이다.

사람들은 모두 꿈이 있다. 꿈이라는 기본적인 욕구를 만족시키기 위해 각 기업에서는 감성의 시대에 꿈을 파는 스토리텔링을 많이 활용하고 있다. 즉 고객에게는 제품이 아닌 꿈을 마케팅에 활용하는 것이며, 임직원들에게는 꿈을 달성하기 위해 회사가 주는 메시지를 전하는 것이다.

다섯 번째 유형은 '기념일(Anniversary) 스토리텔링'이다.

우리 주위에는 발렌타인데이, 화이트데이, 빼빼로데이, 삼겹살데이 등 수많은 기념일이 있다. 이로 인해 '기념일' 특수가 발생하게 되었다. 기념일 스토리텔링은 발렌타인데이, 화이트데이 등의 기념일과 회사의 창립기념일과 같이 기존의 기념일을 활용하는 방법과 삼치데이(3.7일), 오이데이(5.2일), 구구데이(9.9일) 등 새롭게 기념일을 만들어 마케팅에 활용하는 방법 등이 있다.

요즘에는 기념일을 알려주는 리마인드(Remind) 마케팅도 활발하게 시행되고 있다.

여섯 번째 유형은 '시리즈(series) 스토리텔링'이다.

기업에서 일관된 이미지를 고객들에게 전달하기 위해 시리즈 광고를 시행하는 것이다. 대표적인 사례로는 코카콜라의 캠페인 시리즈, 삼성전자의 '또 하나의 가족' 캠페인, 네이버의 시리즈 웹소설 등이 있다. 이러한 시리즈 광고의 성공은 많은 기업들로 하여금 장수 기업, 장수 브랜드를 만들기 위해 시리즈 스토리텔링을 계속적으로 실행하도록 만들고 있다.

스토리텔링 유형 일곱 번째는 '시상(施賞) 스토리텔링'이다.

기업과 제품, 콘텐츠에 대해 매년, 반기, 분기, 월별로 시상을 많이 한다. 시상이 기업과 브랜드가치를 높이는 데 가장 효과적인 수단이다. 시상 스토리텔링의 유형으로는 유명 분야의 시상, 시상대회의 개최 등이 있다. 그래서 많은 기업들이 공신력 있는 기관들로부터 주는 상을 받으려고 노력하고 있으며, 공모전, 콘텐스트 등을 통해 시상대회를 개최하고 있으며 이를 활용하여 시상 스토리텔링을 전개하고 있다.

외국 사례로는 기네스북에 등재하여 스토리텔링을 전개하는 것이다. '시상 스토리텔링'은 개인의 스토리를 만드는 데도 활용할 수 있다.

스토리텔링 마지막 유형으로 '디지털(digital) 스토리텔링이' 있다.

디지털 트랜드에 맞추어 기존의 아날로그 요소를 디지털로 변환하여 스토리를 전개하는 것이다.

이밖에도 게임, 영화, 북, 박물관, 루머 등을 통한 스토리텔링이 있다.

스토리텔링 세일즈(Storytelling Sales)

고객의 관심을 끌고 매출로 이끌기 위해서는 감성을 자극하는 감성마케팅으로서 스토리텔링 세일즈가 필요하다. 세일즈는 고객을 중심으로 해야 하며 제품을 파는 것이 아니라 스토리를 판매해야 한다.

그렇다면 왜 스토리텔링 세일즈일까?

김영한 대표가 쓴 〈스토리텔링 세일즈〉를 살펴보면 고객을 감동시키는 스토리텔링 세일즈는 시장이 성숙기로 접어들면서 소비 패턴이 각양각색으로 바뀌고, 여성의 시장지배력이 매우 높아짐에 따라 감성적인 구매를 결정하게 되고 이에 따라 제품을 사고파는 것이 아니라 제품에 담긴 스토리를 사고, 팔게 되었다고 말하고 있다.

이를 위해 고객의 공감을 얻는 스토리텔링 세일즈가 필요하게 된 것이다. 특히 세일즈맨은 고객마다 필요, 즉 원하는 것을 파악하여 고객에게 최적의 해답을 제시하는 컨설턴트로서 구매 가능성이 있는 잠재고객을 발굴하여 그들이 이해할 수 있는 방법으로 상품의 가치를 설득하는 기술, 즉 스토리텔링 세일즈 기술이 요구된다.

스토리텔링 세일즈란 고객 한 명 한 명의 특성을 파악하고 거기에 제품의 특성을 결합시킴으로써 고객이 주인공이 되도록 만들어 구매 욕구를 자극하는 기법이다.

세일즈맨은 고객에게 정보는 물론 감동을 주어야 한다. 세일즈맨은 궁극적으로 고객에게 무형의 꿈을 파는 사람이기 때문이다. 고객의 스타일에 따라 상담 내용도 달라져야 한다. 고객의 목소리를 경청하고 제품의 혜택을 고객의 스토리로 설명해야 한다. 스토리 세일즈 토크(Talk)를 통한 감성 체험은 고객의 기대를 충족시킴으로써 즉각적인 구매를 일으키게 된다.

스토리텔링 세일즈는 다음 3가지에 맞추어 실행해야 한다.

첫째, 고객을 연구해야 한다.

직업, 소득 수준, 성격에 따라 생활 방식이 다르므로 다양한 고객의 라이프 스타일에 맞춰 스토리를 만들어야 한다.

둘째, 고객과의 대화를 중요하게 본다.

고객은 설명보다 대화를 원하기 때문에 일방적으로 제품을 설명하려 하지 말고, 고객과 대화를 하기 위해 노력해야 한다. 대화를 잘 이끌어가기 위해서는 미리 어떤 질문을 할지 생각해보고 이를 통해 고객의 마음을 읽어야 한다. 그리고 경청을 통해 고객이 무엇을 원하는지 정확히 파악해야 한다.

셋째, 고객마다 세일즈 포인트를 찾아 고객의 스토리로 말해야한다.

고객별 맞춤판매 스토리를 가지고 응대해야 한다. 그리고 고객이 스토리를 체험하게 하기 위해서는 편한 상담 분위기의 조성과 더불어 경제적인 판매 조건을 제시해야 한다

스토리텔링 성공사례 분석

다음은 스토리텔링으로 성공한 사례이다.

첫 번째는 '빼빼로데이'이다.

기념일 데이마케팅의 시작이 된 '빼빼로데이'는 1994년 부산의 한 여중생이 숫자 1이 네 번 겹치는 11월 11일에 친구끼리 우정을 전하면서 '키 크고 날씬하게 예뻐지자'라는 의미로 빼빼로를 교환한 게 시초다.

소비자의 재미있는 시도로 탄생한 '빼빼로데이'는 1996년 롯데제과 홍보 담당자가 지방신문을 통해 알게 되고, 이를 대대적으로 마케팅 활동으로 활용하면서 '소비자의 경험이 브랜드 스토리'가 된 성공 사례이다. 1년 매출의 75%가 빼빼로데이를 통해 이루어진다고 하니 스토리텔링의 효과가 가히 폭발적이라고 할 수 있다.

두 번째 성공사례는 '까스활명수'이다.

동화약품의 까스활명수는 1897년 조선시대 고종 시절에 탄생한 국민소화제로서 123년이 넘은 국내 최장수 브랜드로 이를 스토리텔링에 적극적으로 활용하며 차별화된 제품 포지셔닝과 기업 이미지 정립에 성공한 사례이다. 까스활명수는 '부채표'라는 일관된 로고를 통해 원조 아이콘으로 소비자들이 인식하게 하고 구매를 촉진시키는 활동을 지속적으로 스토리텔링함으로써 장수 브랜드로 사랑으로 받고 있다. 이와 유사한 사례로 박카스, 칠성사이다, 초코파이 등이 있다

스토리텔링 사례 세 번째는 '비타민워터'이다.

비타민워터는 소비자의 눈높이에 맞춘 스토리텔링을 통해 성공한 사례이다. '스토리를 마신다'라는 컨셉으로 출시한 글라소의 비타민워터는 제품을 둘러싸고 있는 라벨에 재미있는 스토리를 적어 마시는 재미를 느끼게 해 준 사례이며 최근에는 카카오프렌즈와 콜라보 프로모션도 시행하였다. 유사한 사례로 '2% 부족할 때'가 있다.

네 번째 성공사례는 '코카콜라 캠페인'이다.

세계 최고의 브랜드인 코카콜라는 경쟁 상대를 펩시가 아닌 생수로 규정하고 고객을 찾아가는 프로모션을 전 세계적으로 전개하고 있다. 특히 타깃들의 기호와 니즈(Needs)를 정확히 파악하고 이를 충족시키기 위한 '코카콜라 해피니스 팩토리 캠페인(Happyness Factory Campaign)'은 스토리텔링으로 크게 성공한 사례이다.

2006년에 시작한 이 캠페인은 자동판매기 속의 세상을 기발한 상상력을 동원해 동전을 넣어 콜라가 자동판매기의 출구에 나오기까지의 과정을 독특한 캐릭터와 스토리를 통해 창조해낸 3D 애니메이션 광고를 시작으로 바이럴 마케팅을 위해 '행복 자판기, 행복 트럭'등 고객이

있는 곳이라면 어디라도 찾아가는 '행복 프로모션'은 유튜브를 통해 전 세계에 널리 퍼짐으로써 통해 제품과 고객의 감성을 이야기에 담은 가장 사랑받는 스토리텔링 사례가 되었다.

성공적인 스토리텔링의 5단계 구조

성공한 스토리텔링 사례를 분석해 보면 5단계 구조를 가지고 있다.

첫째, '핵심 컨셉'이다.

전달하고자 하는 메시지를 한 가지로 집중하여 스토리를 전개해야 한다.

둘째, '주의를 끄는 요소'이다.

타깃의 기호, 트랜드에 맞추어 눈길을 끌 수 있는 스토리를 창조해야 한다.

셋째, '기대감'이다.

고객의 꿈을 이루어 줄 희망의 메시지를 스토리에 포함시켜야 한다.

넷째, '반전 아이디어'가 있어야 한다.

고객의 기대한 것을 뛰어넘는 고객 만족, 흥미 요소를 삽입해야 한다.

마지막으로 '문제 해결책을 제공'하여야 한다.

고객의 입장에서 문제를 직시하고 무엇을 원하는지에 대한 해결방안 제시해야 한다.

엄마와 자녀와의 감동적인 사랑을 시리즈로 광고한 도쿄가스의 광고는 성공스토리 5단계를 보여주는 매우 좋은 사례이다.

도쿄가스의 '도시락편'은 엄마의 아들에 대한 사랑을 도시락으로 표현하며 무뚝뚝한 아들과 도시락으로 소통하며 문제를 해결하는 감동적인 스토리텔링 사례이다. 유튜브에 검색해 보면 도쿄가스의 시리즈를 볼 수 있다.

성공 스토리텔링 두 번째 사례는 코카콜라로, 2006년 고객밀착형 브랜드 인지도 강화를 위한 코카콜라 '해피니스 팩토리 캠페인(Happyness Factory Campaign)'이다. 단기간의 캠페인이 아닌 5~6년에 걸친 해피니스 캠페인은 3D CF 팩토리편을 시작으로 이를 현실 생활에 적용한 자판기편, 트럭편, 요리사편, 도시편 등 다양한 장소에서 캠페인을 전개하며 친숙한 스토리텔링을 시행하였다.

캠페인은 캠페인을 런칭하는 애니메이션 CF 영상으로 시작하였다. 자판기에 코인을 넣었을 때 안에서 어떤 일이 벌어지는지를 재미있고 상상력이 뛰어난 애니메이션 영상으로 잘 표현하였다.

이러한 CF만으로 캠페인이 끝난다면 스토리의 지속성과 파급성을 갖기 위해서는 많이 부족하기 때문에 코카콜라는 오프라인 이벤트 1단계로 MZ세대를 공략하기 위해 제일 먼저 대학에 자판기를 통한 프로모션을 시행한다.

자판기에 동전을 넣었을 때 콜라가 더 나오거나 다양한 기프트, 마지막에는 아무도 예상하지 못했던 정말 긴 샌드위치가 나올 때는 모든 사람이 너무 좋아하고 이를 나누는 장면은 코카콜라의 멋진 브랜딩 프로모션이라고 할 수 있다. 그리고 엔딩 장면에 "WHERE WILL HAPPINESS STRIKE NEXT? 다음에는 어디로 행복이 찾아올까요."라고 하면서 끝이 난다.

다음은 어디일까?

코카콜라는 대학생만 먹는 것이 아니다. 그래서 코카콜라는 자판기처럼 고정된 것이 아닌 이동할 수 있는 트럭에 자판기를 결합하여 모든 사람을 만나러 산동네부터 도심, 해변에 이르기까지 다양한 곳을 찾아가며 어린아이들에게 즐거움을 주기 위해 물을 뿌리거나 풍선을 날려 주목을 끄는 2탄 트럭 편을 만들었다.

트럭에서는 버튼을 누르면 코카콜라나 선물을 받고 1편의 긴 샌드위치에 이어 해변에서 한 소년에게 서핑보드를 주는 깜짝 이벤트를 시행한다. 그리고 엔딩 장면에 1탄에 이어 "WHERE WILL HAPPINESS STRIKE NEXT? 다음에는 어디로 행복이 찾아올까요."라고 하면서 다음은 어디일까 궁금하게 한다.

코카콜라 해피니스 팩토리 3편은 도심을 떠나 작은 마을로 떠난다.

여러분이 코카콜라 브랜드 담당자라면 1, 2편 자판기와 트럭 편에서의 아쉬움은 무엇일까? 많은 프로모션이 경품이나 기념품을 받으면 그것으로 끝이어서 순간적인 효과밖에 없다. 스토리가 지속되기 위해서는 머무르게 해야 한다. 그래서 3편 요리사 편에서는 이태리의 유명 요리사가 트럭을 몰고 시골 마을로 가서 직접 요리를 하며 주민들에게 흥겨운 음악과 함께 음식을 나누는 행복한 시간을 만들어 준다. 그리고 마지막 엔딩에 "LET'S EAT TOGETHER."라고 하며 페이스북에서 가족과 친구를 초청하라고 메시지가 나온다.

소셜미디어의 시대, 코카콜라는 보다 많은 사람이 참여하고 공감할 수 있는 SNS를 활용한 마케팅을 시행한 것이다. 이렇게 다양한 곳을 찾아간 후 캠페인을 마무리하며 다음 캠페인으로 넘어간다.

　새로이 찾아간 곳은 회색빛으로 삭막한 도시다. 잔디를 까는 코카콜라 트럭을 통해 3편 요리사가 테이블을 차리기 전 양탄자를 깐 것처럼 코카콜라 모양의 잔디를 깔고 "pen Happiness, Take off your shoes: 행복을 열기 위해 신발을 벗으라."라는 메시지와 함께 잔디밭에서 신발을 벗고 콜라를 마시고 게임을 하며 여유로운 시간을 보낼 수 있도록 '쉼'의 공간을 제공한다. 그리고 마지막에 "Open Happiness"라는 새로운 캠페인 메시지를 보여주면 엔딩에 "WHERE WILL HAPPINESS STRIKE NEXT?"를 엔딩 로고로 띄우면서 캠페인이 새로운 곳에서 계속됨을 알리고 사람들로 하여금 궁금증을 갖게 한다.

　이러한 캠페인은 유튜브를 통해 더욱 많은 사람들에게 확산되었다. 주요 영상은 1,000만 뷰를 넘기도 했다. 코카콜라의 스토리텔링 캠페인처럼 콘텐츠 스토리텔링도 단계적으로 타깃과 트렌드에 맞추어 기획되어야 할 것이다.

스토리텔링을 넘어 스토리두잉으로

스토리텔링은 지속적인 생명력을 갖기 위한 필수 요소다. 이러한 스토리텔링이 시대의 변화에 맞추어 스토리두잉(Storydonig)으로 진화되고 있다. 소비자가 실행 과정에 직접 참여하면서 호감이 높아지는 효과를 기대하기 위함이다. 그래서 유명인을 모델로 쓰던 광고에서 요즘은 일반인을 활용한 다양한 채널의 광고가 만들어지고 있다. 즉 소비자가 직접 참여하는 스토리두잉이 스토리텔링보다 더욱 강력한 영향력을 미치고 있다. 이러한 스토리두잉도 시대의 변화에 맞추어 소재를 활용하고 있다.

지금은 차별화된 스토리로 콘텐츠를 기획해야 성공하는 스토리의 시대에 살고 있다. 우리 주위에는 수많은 스토리가 있지만 우리의 기억에 각인돼 다른 사람들에게 전하는 메시지는 많지 않다.

많은 스토리가 만들어지고는 있지만 왜 기억되고 전해지는 스토리는 적을까?

이유가 많이 있겠지만 가장 중요한 것은 다른 스토리와 차별화가 되지 않는 스토리이기 때문이다. 차별화 된 스토리를 만들려면 제일 먼저 자신의 틀을 벗어나야 한다. 즉 회사의 입장이 아니라 고객 측면에서 만족하고, 공감할 스토리를 만들어야 한다.

코이라는 관상용 잉어에 관한 유명한 이야기가 있다. 치어(稚魚)였을 때 작은 어항에 넣어두면 5~8cm밖에 자라지 않지만 연못에서 기르면 25cm 정도 자라고, 강에서 자라게 되면 120cm까지도 성장하게 된다.

코이처럼 콘텐츠의 틀을 국내를 넘어 세계의 무대로 확장해야 더 큰 스토리, 콘텐츠를 만들 수 있다.

고객의 세계는 색연필처럼 다양해지고 있다. 다채로운 컬러의 색연필로 고객이 원하는 것을 채워주기 위해 현재의 틀을 뛰어넘어 차별화된 스토리로 성공하는 콘텐츠를 기획해야 할 것이다.

지금까지 우리는 콘텐츠기획을 위해 1단계로 시장조사를 하며 트렌드, 타깃, 경쟁자를 파악하고 이를 통해 2단계로 아이템을 선정하였다.

아이템을 선정할 때는 시장의 규모, 경쟁 상황, 틈새시장 진입 여부 등 기업의 비즈니스 측면에서 검토하여야 하고, 선정된 아이템을 나만의 아이디어로 차별화 하여야 한다. 그리고 이를 지속적으로 확산될 수 있도록 스토리텔링과 스토리두잉을 해야 할 것이다.

창의기획의 전략적 실천을 위한 기획과 마케팅

콘텐츠기획 5단계 : 스마트기획

콘텐츠기획의 마지막으로 단계는 기획이다.

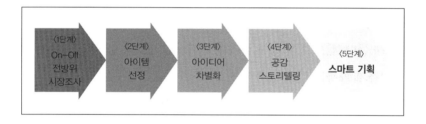

시장조사를 통해 스토리텔링까지가 생각이라면 이를 정리하여 문서로 작성하는 것이 5단계 기획이다. 그래서 창의적인 콘텐츠를 만들기 위해 가장 중요한 부분이 5단계인 '스마트 기획'이다.

요즘처럼 급변하는 시기에는 현장을 담은 단단한 기획이 필요하다. 즉 코로나시대에는 이전과는 다른 뉴노멀(New Normal)에서의 창의적이고 스마트한 기획을 해야 한다.

그런데 기획을 하라고 하면 많은 사람들이 시작하기도 전에 어려워하고 머리가 아프기 시작한다. 왜 기획을 하려고 하면 머리가 아프고, 왜 하기가 어렵다는 생각이 드는 것일까?

여러 이유가 있겠지만 필자는 3가지로 정리해 보았다.

첫째, 왜 하는지 모르기 때문에 기획이 어렵다. 그래서 목표를 분명히 해야 한다. 둘째, 무엇을 할지 몰라 기획이 어렵다. 이를 위해 목적을 정확히 설정해야 한다. 셋째, 어떻게 해야 할지 몰라 기획이 어렵다. 그러므로 목표를 달성하기 위한 계획을 세우고 해결 방법을 강구해야 한다.

그리고 전체적인 관점에서 볼 때 자기중심적으로 기획하여 잘못된 기획을 하게 된다.

관련된 재미난 이야기가 있다.

코끼리와 개미와 하루살이가 같이 여행을 떠났다. 한참을 가다가 코끼리가 힘들다고 하면서 개미에게 이렇게 말한다.

"내 등에서 좀 내려와. 힘들어 죽겠어."

그러자 개미는 이렇게 말한다.

"자꾸 불평하면 내가 등을 꽉 밟아서 아프게 할 거야."

그리자 코끼리는 겁이 나서 말없이 걷기 시작했다.

이 모습을 본 하루살이가 이렇게 말한다.

"참 세상을 오래 살다 보니 별일을 다 보네."

이 이야기를 자세히 살펴보면 전부 자기 생각만 하며 말도 안 되는 말을 하고 있다는 걸 알 수 있다.

코끼리 등에 개미가 타면 얼마나 무겁겠으며, 개미가 화가 나서 코끼리를 밟는다고 해봐야 아플 일은 절대 있을 수 없고, 며칠도 살 수 없는 하루살이가 오래 산다는 것은 정말 자기 입장에서만 생각한 어처구니없는 이야기이다. 이미 알고 있는 이야기일 수는 있겠지만 자기 자신을 중심에 두고 사고하면 얼마나 우스꽝스러운 생각을 하게 되는지 잘 보여주는 이야기라서 예로 들었다. 콘텐츠기획에서도 마찬가지다. 콘텐츠의 기획은 나 중심이 아니라 상대방의 입장을 먼저 생각하고 기획해야 한다는 것이다.

그래도 보통 기획을 하라고 하면 많은 사람들이 겁부터 먹는다. 기획을 업으로 해온 지 30년이 다 되어가는 필자도 기획을 염두에 두면 항상 어렵다. 막상 새로운 프로젝트를 기획하려면 왠지 머리만 복잡해지고 어디서부터 어떻게 정리해야 할지 당황할 때가 많다. 이제는 어느 정도 체계가 잡힐 법도 한데 시시각각 변하는 시장 상황과 소비자 기호 때문에 늘 새로운 기획을 해야 한다는 강박관념에 사로잡혀 걱정이 앞서기 때문에 기획이 어렵고 힘들게 느껴지는 것이다.

그럼, 이를 극복하기 위해서는 어떻게 해야 할까? 해결 방안은 기획에 대한 기본 개념과 이해를 확실하게 이해하고 기획을 시행하는 것이다.

기획을 스마트하게 하기 위해서는 기획의 개념을 정확히 알아야 한다. 기획(企劃)의 개념은 사전을 찾아보면 일을 꾀하여(企) 계획함(劃)이라고 나와 있다. 풀어보면 사람(人)이 길을 가다 멈춰서(止) 생각한 것을 그림(畵)을 칼(刂)로 새겨 나타낸 것이라고 책 초반에서 살펴보았다. 즉 새로운 생각이 떠오를 때 길에 서서 이를 기억하기 좋은 그림으로 그려 누구나 이해할 수 있도록 만들어 전하는 것이 기획이라는 것이다.

"멈춰야 비로소 보인다."란 말도 기획의 개념을 보여주는 좋은 표현인 것 같다.

우리가 지금까지 살펴본 대로 기획을 정리하면 기획은 시장조사를 통해 선정한 나만의 아이템에 아이디어로 차별화 시킨 후 이를 스토리에 맞게 전략적으로 재구성하여 새로운 것을 창조하는 것이다. 나아가 문제에 대한 자료와 경험을 바탕으로 해결 방안을 구체적으로 제시하는 것이다. 즉 기획이란 어떠한 일을 하기 위해 창의적이며, 논리적으로 계획을 짜는 것이다.

그러므로 기획은 창의력과 논리력이 매우 중요하다. 그리고 기획을 하는 최종적인 목표는 주어진 자원을 얼마나 효율적으로 사용해서 목적을 달성하느냐에 있으므로 기획자라면 기획하는 콘텐츠가 어떤 이익이 있는지, 또는 사업에 꼭 필요한 것인지를 잘 판단해야 한다.

기획은 가치를 변화시키는 힘이 있다. 사물에 대한 가치변화를 이끌어내는 것이 기획이다. 호텔왕이라 불리는 콘레드 힐튼의 일화가 있다.

사업가 한 사람이 쇠막대기를 보면서 상인에게 값을 물으니 1달러라고 했다. 사업가는 쇠막대기를 사 와서 대장장이에게 맡겨 말발굽을 만든 후 10달러에 팔았다. 쇠막대기에 대장장이의 풀무질과 망치질을 통한 형태의 변화로 10배의 가치가 상승하였다. 그리고 다시 쇠막대기를 사서 바늘 만드는 기술자에게 맡겨 3,265달러 어치의 바늘을 만들었다. 바늘을 만드는 기술을 통해 3,265배라는 엄청난 가치가 만들어진 것이다. 사업가는 여기서 머무르지 않고 1달러의 쇠막대기를 정밀한 기술을 요구하는 시계 용수철을 만드는 숙련된 기술자에게 의뢰해 250만 달러의 시계용 부품을 만들었다. 쇠막대기에 하이테크 기술을 더 해 250만 배의 가치를 만들어 낸 것이다. 즉 사업가는 1달러 가치의 쇠막대기를 가지고 대장장이의 힘, 바늘기술자의 기술, 시계용수철

제조업자의 혁신 등으로 가치를 높여 엄청난 부가가치를 창출하였다.

기획은 이처럼 시장조사, 아이템 선정, 아이디어 추가, 스토리 보강 등을 함으로써 커다란 가치로 발전시킬 수 있다. 즉 기획은 본래의 모습에 '창의'라는 혁신의 힘을 가해 가치창조를 이루는 것이다.

이러한 가치 창조를 위해 기획자가 기획을 할 때 고려하여야 할 중심 포인트는 무엇일까? 차별화 된 기획, 멋진 디자인과 크리에이티브, 촌철살인의 번뜩이는 아이디어일까?

아니다. 콘텐츠기획의 중심 포인트는 기획이 목적으로 하는 대상자, 즉 고객(타깃)이다. 왜냐하면 모든 기획의 목적은 "고객을 위한 가치 창조"에 있기 때문이다.

이에 기획자는 1차적으로 고객을 중심으로 기획을 시작해야 한다.

그렇다면 고객은 누구인가? 고객은 기획한 내용에 대해 영향을 받는 수혜자로서 시청자, 관객, 소비자, 심사자, 투자자 등 다양한 대상이 될 것이다. 즉 고객은 콘텐츠의 기획 목적 및 분야에 따라 대상자가 달라지게 되며, 기획자는 고객을 분명히 고려하여 맞춤 기획을 해야 한다.

즐거운 기획을 위한 4가지 방법

많은 사람들이 기획이라고 하면 굉장히 어려운 것으로 생각하고 밤늦도록 고민하고 회의하며 야근을 해야만 하는 업무로 알고 있다.

그런데 기획의 프로세스를 정확히 파악하고 순서대로 실행하다 보면 "기획은 즐겁게 할 수 있는 것"이 된다. 조금은 힘들고 어렵더라도 기획만큼 즐겁고 보람 있는 일은 없을 것이다. 높은 산을 오를 때면 처음에는 숨이 차고 땀이 흐르지만 산 정상에서 올라 느끼는 시원함과 쾌감은 무어라 형언할 수 없는 기쁨을 맛보는 것과 같다.

이처럼 기획은 과정은 힘들지만 목표를 이루었을 때 기쁨과 보람을 맛볼 수 있다. 기획은 늘 새롭고 차별화 된 것을 만들기 위한 계획을 세우는 것으로 내가 기획할 새로운 콘텐츠를 만나고 보게 될 대상, 고객을 떠올리며 즐겁게 기획할 수 있다.

"피할 수 없으면 즐겨라."는 말이 있다. 아무리 어려운 일도 꼭 해야 할 일이라면 웃으면서 즐거운 마음으로 시작해보자. 나도 모르게 일에 빠져들게 되고 즐겁게 일을 하고 있는 자신을 발견할 수 있을 것이다. 즐겁게 수행한 일은 반드시 좋은 결과를 거두게 된다. 설혹 실패하더라도 기분 좋게 다시 한 번 도전할 수 있는 것이 기획의 매력이다.

즐거운 기획을 위해 4가지 방법이 있다.

즐거운 기획을 위한 첫 번째 방법은 모든 것에 관심을 가지는 것이다.

하루를 지내면서 여러분 주위에 있는 모든 것에 관심을 가져보면 평소에는 그냥 지나치던 것들 속에서 관심을 가짐으로써 새로운 것을 발견할 수 있다.

우리는 너무나 많은 정보 속에서 살면서도 바로 곁에 있는 중요한 정보(아이템)를 알지 못하고 정보를 찾기 위해 헤매는 경우가 많다. 기획자는 기획하는 일에 관심을 가지고 올인(All in)해야 목표를 이룰 수 있다. 무엇이든 관심을 가지게 되면 열정이 생기고, 이는 성공적인 기획을 위한 기초가 된다.

모든 일에 관심을 갖기 위해서는 항상 마음속에 '왜(Why)'라는 생각을 가져야 한다. 왜 이렇게 되었을까? 왜 저렇게 만들었을까? 왜 그렇게 하면 안 될까? 왜 저기에 있을까? 왜 저 시간에 해야 할까? 왜 고객은 저 물건(장소)을 찾을까? 등 기획자는 '왜'라는 생각을 가지고 주위의 사물들을 바라보며 기획의 열쇠를 찾아야 한다. 그리고 '왜'라는 스스로의 질문을 통해 찾은 대답들을 잘 정리하여 이것을 향후 기획하는 콘텐츠에 자료로서 잘 활용해야 한다. 즉 기획의 출발점은 '왜(Why)'라는 생각을 품고 소비자의 욕구를 분석하는 것이다.

이를 위해 3WHY 생활이 필요하다. 해결과제를 풀기 위해 최소 3번 이상 '왜'를 생각하며 해결 방안을 생각해내며 이를 데이터베이스(Data Base)화 하여 차별화된 콘텐츠를 기획하는 데 활용하는 것이다.

관심은 곧 경험으로 이어진다. 자신의 업무가 마케팅 분야라고 하더라도 관리, 경리, 재무, 회계, 인사, 영업, 생산, 제조, 디자인 등 자신의 업무를 둘러싼 모든 분야에 관심을 가지고 직간접적으로 경험하여 봄으로써 나만의 차별화된 기획에 적용할 포인트를 발견하게 된다.

즐거운 기획을 위한 두 번째 방법은 문제를 바라보는 눈을 갖는 것이다.

콘텐츠기획자가 되려면 일반 사람과는 달리 기존의 현상이나 주어진 문제를 차별화되게 바라보는 눈을 가져야 한다.

차별화된 눈을 가지고 문제를 바라보고 성공한 사례가 있다. 노드스트롬 백화점의 피아노 사례이다.

미국에 고객 만족으로 유명한 노드스트롬(NORDSTROM)이라는 백화점이 있다. 이 백화점은 어떠한 상황에서도 고객에게 'No'라고 말하지 않는 것으로 유명하며, '고객은 항상 옳다'는 생각 아래 고객에게 최선의 서비스를 펼쳐 우리나라 대기업에서도 이 백화점을 고객 만족을 실천하기 위한 벤치마킹의 모델로 삼고 있다.

이 백화점의 1층은 다른 백화점과 조그만 차이가 있다. 일반적으로 백화점의 1층 매장은 고객들이 가장 많은 곳으로 작으면서도 높은 매출을 올릴 수 있는 화장품, 보석, 시계 등의 명품 코너로 구성되어 있으며 조금은 고객 동선이 혼잡한 곳이다.

그런데 노드스트롬에서는 1층에 다른 백화점과는 달리 넓은 매장에 상품의 진열 위주가 아니라 고객의 입장에서 편안하고 기분 좋은 쇼핑을 위해 백화점 가운데에 그랜드 피아노를 놓고 연주함으로써 방문한 고객들에게 높은 만족감을 주고 이로 인해 자연스럽게 매출상승 효과를 거두었다. 즉 노드스트롬 백화점에서는 매장 수익률을 높이기 위해 1층 매장에 보다 많은 코너와 상품을 진열하기보다는 고객들의 입장에서 문제를 바라보고 피아노 연주를 함으로써 방문율과 매출도 올리고 고객도 만족시키는 1석 3조의 효과를 거둔 것이다.

우리나라에서도 모 백화점에서 이것을 벤치마킹하여 중앙에 무대를 설치하고 고객들에게 공연과 볼거리를 제공함으로써 고객만족 성과를 거두고 매출을 향상시키자 많은 매장들이 이를 따라 하였다.

'문제를 바라보는 눈'의 사례로 '다람쥐의 눈높이'가 있다.

사람과 다람쥐 중 누가 더 도토리를 잘 찾을 수 있을까? 당연히 다람쥐이다. 왜 그럴까? 이런 답들이 나올 수 있을 것 같다.

"다람쥐가 도토리를 좋아하니까 잘 찾는다." "다람쥐가 도토리 냄새를 잘 맡는다." "다람쥐가 도토리를 잘 찾는 눈을 가지고 있다." …. 수많은 대답들이 있을 것이고, 다 틀린 것은 아니지만 정답은 다람쥐와 사람의 눈높이의 차이에 있다.

쉽게 말해 멀리서 볼 때와 가까이서 볼 때 어떤 경우가 더 잘 보일까? 당연히 가까이서 볼 때 잘 보인다. 이런 이치에 따라 다람쥐가 사람보다 도토리를 찾는 눈높이가 가깝기 때문에 잘 찾을 수 있는 것이다. 즉 사람들이 다람쥐의 눈높이에서 바라보지 않기 때문에 도토리를 다람쥐보다 잘 찾지 못하는 것이다. 만약 사람이 다람쥐만큼 도토리를 잘 찾기 위해서는 몸을 낮추고 다람쥐의 눈높이에서 낙엽 밑을 바라본다면 다람쥐처럼 도토리를 잘 찾을 수 있을 것이다.

기획은 고객의 눈높이에서 기획되어져야 한다. 이처럼 기획의 문제를 해결하기 위해서는 문제 속에 들어가야 하고, 이를 고객의 눈(관점)에서 바라보고 해결해야 한다. 세계적인 애니메이션 벅스라이프(bugs life, 1998, 픽사 애니메이션 스튜디오)는 개미의 눈높이에서 곤충의 세계를 바라본 작품으로 크게 성공한 사례이다.

즐거운 기획을 위한 세 번째 방법은 다양한 정보를 모드는 것이다.

지금은 정보전쟁, 데이터의 시대이다. 스마트한 콘텐츠를 기획하기 위해서는 양질의 정보를 경쟁자보다 먼저 확보하고 이를 기획에 반영하여야 한다. 이를 위해 콘텐츠기획자는 자신의 분야를 중심으로 고객, 경쟁사, 해외 동향 등에 대한 정보를 확보하는 커뮤니케이션 능력, 정보를 바라보는 통찰력, 정보를 가공하고 차별화 하는 업그레이드하는 능력을 갖추어야 한다.

우리는 아침에 눈을 떠서 저녁에 잠자리에 들 때까지 수많은 정보에 둘러싸여 있다. 너무나 많은 정보 속에서 정말로 나에게 필요한 정보를 골라내어 수집하고 어떻게 데이터베이스화 하고 정리할 것인가가 문제이다.

대부분의 기획자들은 정보를 찾을 때 인터넷(41%), 인적 네트워크(26%), 자료 및 보고서(25%)를 활용한다고 한다. 그런데 기획할 때마다 필요한 자료를 검색하고 나만의 데이터로 가공하기 위해서는 많은 시간이 걸리게 된다. 하루가 다르게 변해가는 요즈음에는 스피디한 기획만이 살아남을 수 있다.

빠르고 스마트한 기획을 위해서는 기획할 때 자료를 쉽게 찾고 빨리 활용할 수 있도록 정리가 잘 되어 있어야 한다. 그렇다면 날마다 수없이 쏟아지는 정보를 어떻게 수집하고, 해석해서 차별화 하고 적용할 것인가가 문제이다. 이를 위해 정보를 분석하는 능력이 기획자에게 요구된다. 그래서 필요한 정보를 1차적으로 모은 후 공통분모를 추출한 후 이를 현실에 적용할 수 있는지 체크한 후 시행 가능한 것을 데이터베이스화 하는 것이 중요하다. 그리고 "고민하는 만큼 보이고, 뛰는 만큼 얻는다."는 생각을 가지고 일상 속에서 즐겁게 정보를 모으고 정리하며, 조금은 귀찮고 힘들더라도 즐거운 마음으로 꾸준히 수집하는 것이 필요하다.

예를 들어 기획업무를 맡고 있는 A씨의 정보 수집을 위한 한 주간 생활을 다음과 같이 계획해 볼 수 있을 것이다.

월요일부터 금요일까지 주중 생활은 아침에 일어나서 간단한 식사와 더불어 경제신문을 읽으며 주요 기사를 스크랩하고, 지하철로 출근하며 스마트폰으로 관심 분야의 주요 기사(대기업/전문기업 동향, 신제품, 광고, PR, 소비동향, 트렌드, 문화 이벤트 등)를 체크한다. 즐겁게 트렌디한 콘텐츠를 기획하기 위해서는 현장에서 소비자의 의견을 들으며 답을 얻어야 한다. 즉 즐거운 기획을 위해 아이템, 소재 발굴도 현장에서, 문제해결도 현장에서, 즐거운 기획의 출발은 현장에서 해야 한다.

사례로 와인바에 매출을 높이기 위해서는 어떤 음악이 효과적일까?

수 년 전부터 와인 열풍이 불면서 와인바(Wine bar)들이 많아지고 소비량이 크게 늘었다. 특히 FTA(Free Trade Agreement, 자유무역협정)가 여러 국가와 맺어지면서 와인은 더욱 대중화되기 시작했고 와인바를 찾는 사람들도 많아지게 되었다.

와인바를 찾는 손님들에게 어떤 음악을 틀어야 매출을 올릴 수 있을까? 매장에 나오는 음악이 매출에 많은 영향을 미치고 있다. 이마트, 홈플러스, 롯데마트 같은 할인점에서는 경쾌하고 빠른 음악을 통해 신나는 쇼핑을 유도하고 백화점에서는 잔잔한 음악을 통해 여유롭고 편안한 구매를 촉진시킨다.

그렇다면 와인바에는 7080 가요, 흘러간 팝송, 신나는 댄스뮤직, 클래식 등 어떤 음악이 매출 증진에 효과가 있을까?

정답은 재즈나 클래식이다. 와인이 다른 주류에 비해 분위기가 있고 고급스러운 느낌을 가지고 있기 때문에 대중적인 음악보다는 재즈나 클래식이 고급 와인의 판매를 3배 이상 촉진시킨다는 연구 결과가 나왔다.

이처럼 고객의 입장과 판매하는 콘텐츠를 고려하여 어떤 음악을 사용해야 매출을 올릴 수 있을지 고민하고 적용해야 할 것이다. 현장감이 없는 기획은 반쪽 기획이며, 실패한 기획이다. 현장에서 들리는 고객의 생생한 목소리, 즉 고객이 기대하는 것과 바라는 것을 반영하여 기획을 해야 한다.

즐거운 기획을 위한 네 번째 방법은 정보를 나만의 것으로 차별화하는 것이다. 기획을 위해 정보(아이템)가 매우 중요하지만 정보 그 자체만으로는 기획에 활용하기 조금 아쉽다. 고객에게 사랑받는 기획을 위해서는 수집한 정보를 '차별화'하는 업그레이드가 필요하다.

정보를 어떻게 차별화 해야 할까?

앞에서 노드스트롬 백화점이 고객 만족 경영을 위해 매장에 피아노를 놓고 연주하는 사례를 살펴보았다.

이러한 정보를 얻은 A 전자의 세탁기 담당자는 노드스트롬 백화점의 피아노 연주를 통한 고객 만족 사례를 벤치마킹하여 자사 세탁기 신제품 출시 행사에 차별화하여 프로모션을 시행하였다. 세탁기 런칭하며 인지도 및 판매를 높이기 위해 매장에서 세탁기의 이미지 및 고급스러운 브랜드를 효과적으로 고객들에게 차별화하여 알리기 위해 세탁기의 '은나노' 컨셉에 맞추어 피아노 대신 '플룻'을 활용하였다. 특히 CF 로고송을 플룻으로 연주함으로써 신제품의 특장점을 고객들에게 자연스럽게 알리는 효과적인 홍보를 함으로써 매출도 많이 올리게 되었다.

영국 itv의 오디션 프로그램인 'Britain's Got Talent' 프로그램은 영국의 재능 있는 일반인을 선발하는 초대형 콘테스트 쇼프로그램으로 2007년 6월에 첫 방송을 하였다. 폴 포츠라는 휴대 전화 판매원이 세계적인 스타로 주목받으면서 이 프로그램은 우리나라에도 영향을 미쳐 현재까지 수많은 오디션 프로그램 기획에 영향을 미쳤다.

하지만 우리나라의 수많은 오디션 프로그램은 영국 방식을 그대로 한 것이 아니라 우리나라의 시청자, 시장환경, 참여자, 트렌드 등을 고려하여 차별화를 하고 업그레이드하여 새로운 프로그램을 만들었고 많은 프로그램이 히트할 수 있었다.

이처럼 정보의 차별화는 기존의 성공사례를 현재의 환경과 콘텐츠에 맞추어 업그레이드시킬 수 있는 변화를 주기만 하면 충분한 효과를 거둘 수 있다. 즉 차별화는 기존의 것을 나만의 아이디어로 업그레이드하는 것이라고 말할 수 있다.

　기존의 사례에 나만의 아이디어를 만들어 적용시키기 위해서는 많은 경험과 노력이 필요하다. 쉽게 지나치는 일상의 정보 속에서 자신만의 상상력으로 새로운 정보(아이디어)를 만들어 냄으로써 기획을 차별화할 수 있다.

　사자, 호랑이, 코뿔소, 고릴라의 가격은 얼마일까? 특히 백수의 왕, 사자는 얼마일까?

　3,000만 원, 5,000만 원, 1억 원…. 정답은 평균 300만 원이다. 상상한 가격보다 훨씬 저렴한 가격이다. 왜 사자는 이렇게 쌀까? 이유는 사자는 생태계 최상의 포식동물로 개체수가 많기 때문이다. 이와 유사한 호랑이는 1,000만 원 정도이다.

　그렇다면 코뿔소와 고릴라는 얼마일까? 희귀동물인 코뿔소는 2억 5,000만 원 정도이며 멸종위기에 처한 고릴라는 10억 원 이상이다.

　우리는 사자부터 고릴라까지의 가격을 통해 희소한 것이 가격이 높다는 것을 알 수 있다. 이는 기획서도 똑같이 적용된다. 인터넷에서 조사하거나 다른 사람이 써 놓은 것을 베낀 남들이 다 아는 기획은 흔하기 때문에 가치가 없다.

　그렇지만 최고의 기획 사례와 기획 노하우, 그리고 스마트한 기획을 위해 살펴본 관심과 정보로 차별화된 기획을 한다면 그 가치는 상상할 수 없을 정도로 크게 될 것이다. 즉 희소한 것으로 상대방의 관심을 끄는 차별화된 기획이 성공하는 기획이다.

　세상에는 많은 콘텐츠기획 사례들이 있지만 모든 콘텐츠기획이 성공하는 것은 아니다. 성공한 것보다는 실패하는 것이 훨씬 더 많다.

　콘텐츠 비즈니스에는 '평균의 법칙'이란 것이 있다. 보통 10번을 만들어 1~2회 성공하는 것이 평균이라는 것이다.

　한해 동안 100여 편이 영화가 기획되고 제작된다고 한다. 그런데 극장에서 개봉되는 영화는 1년에 30~40편에 불과하다. 그렇다면 나머지 60~70편은 무슨 이유로 상영되지도 못하고 보류되어 있는 것일까? 이유는 기획 단계에서 3가지를 고려하지 않았기 때문이다.

　첫째, 기획의 중심인 고객을 고려하지 않았기 때문이다.

　요즈음의 고객들은 예전과는 달리 수준이 굉장히 높다. 기획하거나 제작을 하는 전문가들 이상의 수준을 가진 매니아들도 상당수 있다. 특히 이들은 모바일, 인터넷을 통한 커뮤니케이션 활동이 활발하게 벌어지고 있어 기획 단계부터 고객들을 고려하지 않고 시작하다가는 시작도 하기 전에 고객들의 반대에 부딪혀 프로젝트가 무산되기도 한다. 그러므로 성공적인 기획을 위해서는 고객을 첫 번째로 고려해야 한다.

　둘째, 경쟁자를 고려하지 않았기 때문이다.

　SNS, 인터넷, 매스미디어의 발달로 전 세계의 정보가 거의 열려 있다. 비밀이 없는 시대에 살고 있다. 이러한 시점에서 나만의 정보는 거의 존재할 수 없다. 내가 하고 있는 것은 경쟁자도 하고 있다고 생각하는 것이 맞다.

그렇다면 성공적인 기획을 위해서는 경쟁자의 입장에게 내가 기획하는 것에 대해 어떻게 생각하고 어떻게 대응할 것인가를 고민해야 하며, 경쟁자의 동향을 수시로 살펴서 나만의 차별화된 최신 기획을 해야 한다.

셋째, 트렌드를 고려하지 않았기 때문이다.

위험을 최소화하며 성공의 길로 가기 위해서는 트렌드에 맞추어 프로젝트를 기획하는 것이 좋다. 트렌드는 사물이나 생활의 바로미터(barometer), 즉 척도이기 때문이다. 그러므로 성공하는 콘텐츠기획을 위해서는 고객과 경쟁자, 그리고 트렌드를 반드시 고려하여 기획을 해야 할 것이다.

성공하는 콘텐츠를 기획하는 데 있어 가장 어려운 점은 무엇일까?

아마 새롭고 차별화된 아이디어를 만드는 것과 이를 실현할 수 있는 방법을 세우는 일일 것이다. 기획하는 사람마다 차이는 있겠지만 대부분 아이디어가 있고 차별화 된 스토리가 있는 기획을 하는 것이 기획의 목표이기 때문이다. 특히 고객에게는 즐거움과 혜택을, 회사에게는 매출과 수익을 높이기 위한 방법을 기획하는 것이 쉽지 않다.

기획은 현실과 목표의 차이(Gap)인 문제를 해결하는 것에 목적이 있다. 즉 기획은 문제의 본질을 분명하게 파악하고 이를 해결해야 한다.

성공하는 콘텐츠기획 노하우

문제를 해결하며 목표를 달성하기 위해서는 '기획 노하우'가 있어야 한다. 다음은 필자의 노하우로 여러분의 멋진 콘텐츠기획에 참고해 보기 바란다.

기획 노하우 첫 번째는 '작은 변화를 만드는 것'이다.

기획을 하는 데 있어 가장 어려운 점은 아무래도 '새로운 아이디어의 도출', '기존 기획과의 차별화'일 것이다. 이를 해결하기 위한 가장 간단한 방법은 현재의 것에서 조금만 바꾸어 차별화하는 것이다.

최근까지 화합을 위한 행사나 대규모의 인원이 모이는 행사에 홍보성 이벤트로 대형 비빔밥을 만들고 나누어주는 행사를 많이 해왔다. 그런데 동일한 형식의 행사를 너무나 많이 하다 보니 이제는 행사를 주관하는 사람들도 보는 사람들도 식상하게 되었다. 특히 무더운 여름철에 비빔밥을 만들어 나누어 주다보니 시간이 오래 걸림에 따라 채소가 상하고 변질되는 위험한 일도 생기게 되었다.

이런 문제점을 해결하기 위해 모 식품업체에서 여름철에 비빔밥 행사를 하는 대신 대형 팥빙수를 나누어 주는 행사를 기획하였다. 결과는 매우 성공적이었다. 이 기획은 이미 식상한 콘텐츠가 된 비빔밥 행사에서 여름에 쉽게 상하는 재료의 문제점을 발견하고 비비는 재료를 밥과 나물에서 얼음과 팥빙수로 바꾸는 것으로 문제를 해결하여 성공을 거둔 사례이다.

이 사례는 마치 기존의 철사에 뾰족한 고리를 만들어 철조망을 전 세계에 히트한 것처럼 기존의 것에 계절적 특성과 고객의 관점에서 재료만을 바꾼 성공사례이다.

비빔밥을 팥빙수로 바꾼 것처럼 기획을 하기 위해서는 왜 해야 하는지에 대한 분명한 목적과 이를 해결하기 위한 방법을 제공하면 된다.

해결 방안은 기존 문제를 해결한 해결 방식을 참고하여 조금만 바꾸면 답을 얻을 수 있다.

지금 기획하는 것이 어렵다면 주위를 둘러보고 성공한 비슷한 것을 찾아봐야 한다. 성공한 사례에 자신의 아이디어를 더해 작은 변화를 주면 새롭고 신선한 기획으로 성공시킬 수 있다. 미로(迷路)게임은 한 번 들어가면 빠져나오기 힘든 공간게임으로, 이를 변화시킨 미로 공원이 있다.

공원을 찾은 사람들은 미로를 빠져 나오기 위해 애를 쓰게 되는데 여름에는 이곳에 공기도 잘 통하지 않아 덥고, 모기나 파리 같은 벌레들이 많아 사람들이 잘 찾지를 않아 공원의 효용성이 떨어지게 된다. 이러한 답답하고 무더운 문제를 시원하게 해결하기 위해 얼음 미로를 만들었다. 나무에서 얼음으로 형태를 바꾼 것이 여름 무더위와 벌레의 문제를 쉽게 해 주었다.

이처럼 기획은 문제를 해결하는 변화의 포인트를 발견하고 쉽고 재미있게 작은 변화를 주는 것이다. 김치의 포장지를 바꾸어 수요를 확대시킨 사례도 있다.

우리나라의 김치 포장은 김치 색깔을 상징하고 김칫국물이 물드는 것을 고려하여 빨간색 포장을 많이 한다. 그런데 수출하는 김치는 잘 먹지 못하거나 힘들어하는 사람들을 겨냥하여 컬러를 다양화 하거나 애니메이션을 넣어 포장을 차별화 함으로써 고객의 관심을 끌고 매출을 확대하게 되었다. 이처럼 겉모습을 바꾸는 것도 성공 콘텐츠기획의 차별화이다.

성공하는 콘텐츠기획 노하우 두 번째는 '기존의 것을 합하는 것'이다.

기획은 기존의 것을 변화시켜서도 만들 수 있지만 이미 제작된 기획을 합하여 새로운 것을 만들 수도 있다. 예를 들어 웹소설, 웹툰을 영화, 드라마, 뮤지컬로 다양화하면서 기존의 것에 콘텐츠를 합한 사례로 〈이태원 클라쓰〉〈김비서가 왜 그럴까〉가 있다.

회사의 업무적인 측면에서 보면 문서와 제작물을 함께 기획하여 보고하는 것도 좋은 방법이며 지원과 마케팅 조직을 합하여 새로운 프로젝트팀을 만드는 것도 기존의 것을 합한 기획이 될 것이다. 이처럼 기획은 일상에서 이미 사용되고 있는 것들을 합하여 편리함과 재미, 효과를 줄 수 있는 새로운 것으로 재창조하는 것이다.

완전히 새로운 것을 기획하기란 어렵다. 새로운 프로젝트의 기획을 원하면 기존의 것들을 합하여 보기 바란다. 새로운 프로젝트로 타깃 고객의 관심을 끌 수 있을 것이다.

성공하는 콘텐츠기획 노하우 세 번째는 '업그레이드(upgrade)하는 것'이다.

영국 ITV의 스타 발굴 프로그램인 〈브리튼즈 갓 탤런트(Britain's Got Talent)〉를 바탕으로 우리나라에서는 복면을 쓰고 노래를 하게 하는 복면가왕이라는 업그레이드 프로그램을 만들어 크게 성공을 거두었다.

〈복면가왕〉은 중국은 물론 태국, 미국, 멕시코, 유럽 등 40개국에 포맷을 수출한 멋진 업그레이드 사례라 할 수 있다. MBC와 직접 계약한 미국 폭스(Fox)의 '더 마스크드 싱어(The Masked Singer)'는 평균 4%의 시청률과 1천만 명 이상의 시청자를 기록했다.

미국에서는 주로 시청률보다는 시청자 수로 프로그램의 성패를 가늠한다. 보통 1천만 명을 넘으면 '대박'으로 간주하는데, 미국에서 인기 있는 〈빅뱅이론〉 시즌 12의 시청률이 1.0%, 시청자 수가 691만 명인 것을 고려하면 '더 마스크드 싱어'의 성과는 놀라운 결과이다.

복면가왕은 단순한 노래 경연에 마스크를 더하여 멋진 콘텐츠로 업그레이드한 성공사례이다. 이처럼 성공하는 콘텐츠기획은 1등과의 차이를 발견하고 현재의 것을 업그레이드하는 것이다.

기획을 잘하기 위한 기본 만들기

기획을 잘하기 위한 기본은 무엇일까?

목표 설정, 개념 정립, 시간 관리 등이 있을 것이다.

이 중에서 가장 우선이 되어야 하는 것은 '시간관리'이다. 기본 만들기부터 목표 설정, 그리고 기획서의 작성, 프리젠테이션, 실행까지 모든 것이 시간과 관련되어 있어 이에 대한 관리가 선행되어야 한다.

계획적인 시간 관리를 위해서는 2가지가 필요하다.

첫째 '나만의 스케줄'이고, 둘째 '나만의 캘린더'가 있어야 한다.

시간관리 계획이 세워진 다음에는 개념 정립이 되어야 한다. 특히 기획을 잘하기 위해서는 마케팅에 대한 개념도 반드시 알아야 할 것이다. 이에 기획을 잘하기 위한 기본 만들기로 첫째, 시간 관리, 둘째 마케팅의 개념을 확실한 파악이 필요하다.

기획을 잘하기 위해서는 하루하루의 스케줄과 한 달에 대한 계획이

정보의 수집과 활용, 시장조사, 만남 등 기획과 관련된 것으로 잘 채워
져 있어야 한다. 일일 스케줄과 한 달 계획을 잘 세워 놓으면 업무를 효
율적으로 할 수 있고, 계획을 잘 실천하다 보면 습관이 되어 자연스럽
게 기획을 잘 할 수 있는 능력을 갖게 된다. 물론 기획자라면 누구나 다
일일 업무계획과 월간 계획을 가지고 있겠지만 이는 실무 추진을 위한
계획일 경우가 많으므로 기획을 잘하기 위해 다음의 사례를 참고하여
자신만의 차별화된 기획 스케줄을 세워 보면 좋겠다.

다음은 콘텐츠 기업의 A 기획팀장 일일 스케줄이다.

A 팀장 일일 스케줄 : 정보 + 현장

시간	추진활동	세부내용
6:00~7:00	기상 및 스크랩	경제신문 주요기사 스크랩
7:00~7:40	출근	지하철로 출근하여 스마트폰으로 주요기사 체크
7:40~8:00	업무준비	이메일 체크 및 일일 주요업무 체크
8:00~11:30	오전업무	부서 업무회의 및 관련부서 협의회의
11:30~12:00	오전업무 정리	이메일 체크 및 업무진척사항 체크
12:00~13:00	점심	추진업무 관련부서 담당자 점심
13:00~15:00	오후 업무	오후 업무 추진 및 관련부서 회의
15:00~17:00	현장활동	거래선, 유통 등 업무관련 현장조사 및 의견청취
17:00~18:00	업무 정리	일일추진업무 정리 및 부서 업무 처리
18:00~20:00	저녁 미팅	거래선, 업무관련 저녁식사
20:00~20:40	퇴근	지하철에서 익일 업무 체크
21:00~21:30	운동	집 주변 공원 빠르게 걷기
21:30~23:30	독서 및 취침	업무관련 서적 및 독서 및 아이디어 메모

주말 : 트렌드 및 고객 니즈를 파악하기 위한 서점, 전시장, 유통 방문 및 월 1회 이상 문화행사(공
연, 영화, 전시회) 관람

A 팀장의 스케줄을 잘 살펴보면 업무 이외에 아침 스크랩, 수시 정보 체크, 현장조사 및 의견청취, 독서와 아이디어 메모를 습관적으로 실천하고 있음을 볼 수 있다.

출근 전에는 주로 신문을 통해 당일의 주요 기사를 정보로 수집하고 사무실에 도착해서는 하루의 업무계획을 체크하고 전날 퇴근 후 수신한 이메일을 체크하는 것으로 하루를 시작한다. 오전에는 자기 부서 및 관련 부서와의 업무회의를 하며 오후에는 현장조사를 하고 있다.

주목할 점은 점심과 저녁을 추진업무 관련 부서 및 거래선 등과의 식사를 통해 커뮤니케이션의 폭을 넓히고 있음을 볼 수 있다. 또한 퇴근 후에는 지하철에서 수시로 스마트폰을 통해 정보 수집 및 업무 체크, 운동, 독서 및 아이디어 메모로 하루가 알차게 채워져 있다. 특히 주말의 스케줄은 바쁜 주중과는 달리 개인적인 시간이 많다. 자유롭게 트렌드와 고객 기호를 파악하기 위해 서점, 전시장, 유통 방문과 함께 문화행사 관람, 이벤트 행사 참여 등을 통해 감성적인 마인드를 갖는 시간을 갖는 것을 파악할 수 있다.

이렇게 일일 스케줄을 짜는 것이 너무 빡빡해 보일 수도 있지만 습관화 되면 더 자유로워지게 되어 기획을 잘 할 수 있게 된다. 중요한 것은 정해진 시간 내에 다 하지 못하더라도 다음 스케줄로 넘어가 하루를 계획한 대로 실천하는 것이다. 만약 한 부분을 끝내기 위해 다음 부분을 못 하게 되면 하루 계획이 전부 무너지게 되고 이로 인해 정해 놓은 스케줄을 지킬 수 없게 된다. 조금 못 하더라도 편히 마음을 가지고 천천히 하나씩 하나씩 실천하다 보면 자연스럽게 모든 것을 할 수 있게 될 것이다.

다음은 A 팀장의 월간 스케줄이다.

A팀장 월간 스케줄 : 정보 + 현장 + 분석

월	화	수	목	금	토	일
1 전일실적 분석	2 전월실적 팀원 공유	3 팀파워 문화행사	4 관련부서 월례미팅	5 주간업무 회의	6 현장 탐방	7 현장 탐방
8	9 경쟁동향 파악	10	11 현장 방문	12 주간업무 회의	13 서점 방문	14 도서관 방문
15 월간 업무 중간리뷰	16	17 팀파워 문화행사	18 현장 방문	19 주간 업무회의	20 등산	21 문화공연 관람
22 월간 목표 달성 독려	23 경제동향 체크	24	25 차월계획 협의	26 주간 업무회의	27 월간 스크랩	28 월간 스크랩
29 차월계획 수립	30 당월 업무마감	31 차월계획 확정				

주말 스케줄 : 월간 스크랩 & 트랜드 파악

주요 일정을 살펴보면 1~2일에는 전월 실적에 대한 분석과 공유, 9일 경쟁 동향 파악, 15일 월간 업무추진에 대한 중간 점검, 22일 월 목표 달성 독려, 29일 차월 계획 수립 등으로 실적분석은 월초에, 계획수립은 월말에 한다.

매월 첫 주차에는 전월 실적을 분석하여 팀원 들과 공유한 후 업무회의를 통해 피드백하고 매월 25일이 되면 팀원들과 협의하여 다음 달 계획을 수립한다. 물론 팀원들과의 회의에 앞서 다음 달에 예측되는 사회문화적 이벤트나 전년도 고객 구매동향, 유통별 판매실적, 일별 판매실적에 대한 자료는 미리 조사해 놓는다.

마지막 주 주간 업무회의를 통해 차월 업무계획을 최종적으로 팀원들과 협의하여 결정하면 이를 정리하여 임원에게 보고하여 확정짓는다. 체계적인 업무 추진과 더불어 팀원 및 관련 부서, 유통현장과의 원활한 커뮤니케이션을 위해 주중에는 정례적으로 경쟁 동향 파악 및 현장방문을 시행하고, 주말에는 시장 및 고객 동향을 파악하기 위해 다양한 행사와 현장방문을 통해 급변하는 사회환경 속에서도 지속적으로 기획력을 업그레이드하는 한편 일과 가정 사이에서 균형을 유지하기 위해 노력한다.

이상의 사례처럼 콘텐츠기획자의 일일 스케줄은 정보 수집과 현장조사를 중심으로 운영되고 월간 스케줄은 일일 스케줄에서 얻은 정보를 분석하는 것으로 구성되어 있다. 차별화된 나만의 기획력을 갖추기 위해서는 먼저 일일 스케줄 및 월간 스케줄을 미리 작성하여 실천함으로써 기획을 하기 위한 근본적인 체질을 만들어야 한다.

이러한 일일, 월간 스케줄을 힘들어도 한 달만 계획을 세워서 실천하게 되면 나만의 기획 데이터와 차별화된 경험을 구축할 수 있게 되고 업무의 능률을 더욱 높일 수 있는 좋은 습관을 갖게 되어 남보다 먼저 기획할 수 있는 능력을 갖게 될 것이다.

콘텐츠기획 캘린더 만들기

콘텐츠기획의 효율적인 추진과 정보의 수집을 위한 일일 스케줄과 월간 스케줄이 작성되면 이를 바탕으로 기획 캘린더를 작성할 수 있다. 콘텐츠 '기획캘린더'란 수집한 정보를 한눈에 볼 수 있도록 정리해 놓은 것이다. 기획캘린더가 필요한 이유는 수집한 자료를 잘 정리하지 않으면 찾기가 쉽지 않으므로 스피드한 기획을 위해 정보를 도표로 잘 정리하는 것이다. 즉 기획을 효율적으로 하기 위해 평소에 수집해 놓은 정보와 자료를 잘 정리정돈을 하여 새로운 콘텐츠를 기획할 때 쉽게 찾을 수 있도록 시기(주, 월 등)별로 사회문화 이슈 및 이벤트에 맞게 정리해 놓으면 '콘텐츠기획 캘린더'가 된다.

구분	1월	2월	3월	4월	5월	6월
이슈	신년/ 설날 새해맞이	졸업 발렌타인데이	입학/결혼 이사	봄/황사	가정의달 지역축제	여름 장마
Theme	신년	졸업	새출발	봄축제	가정/축제	여름
마케팅	신년축제	졸업축하	새출발축하	봄축제연계	가정의달	여름제품
구분	7월	8월	9월	10월	11월	12월
이슈	여름방학	휴가/바캉스 새학기	추석 결혼/이사	문화의달 지역축제	김장/수능 빼빼로데이	송년/X-마스 겨울방학
Theme	여름방락	새학기	가을축제	문화행사	수능대박 겨울준비	송구영신
마케팅	여름방학 연계	새학기 미리준비	가을축제 연계	문화행사 공동	수능/김장	송구영신 X-마스

예를 들어 콘텐츠를 성공적으로 런칭하기 위해서는 런칭 전, 런칭 시점, 런칭 후로 나누어 어떻게 마케팅 할 것인지 계획해야 하고, 이를 콘텐츠 마케팅 캘린더로 만들어야 한다. 콘텐츠의 사이클은 제품의 라이프 사이클과 같이 '도입기-성장기-성숙기-쇠퇴기'로 이루어짐을 감안할 때 런칭부터 성숙기까지 최소 6개월 정도의 마케팅 계획

을 기획 초기에 수립하는 것이 좋으며, 이를 기획 캘린더 작성하여 한 눈에 알아볼 수 있도록 만들어야 한다. 그러므로 기획캘린더는 시장을 미리 파악하고, 선점할 수 있는 "선견, 선수, 선제, 선점"의 목적을 가지고 작성되어야 하며, 실행하기 최소 2개월 이전에 작성되어야 한다.

다음은 콘텐츠 라이프 사이클에 맞춘 기획캘린더 작성 사례이다. 앞으로 기획할 콘텐츠 프로젝트가 있을 때 참고하면 좋을 것 같다.

구분		10월	11월	12월
이슈	트렌드	문화의 달 결혼/이사	김장시즌 월동준비	송구영신 연말연시
	행사	대학축제/가을운동회 백화점세일 부산국제영화제 경쟁사 이벤트 예정	학생의 날 빼빼로데이 수능시험 A사 콘텐츠 출시	겨울방학 크리스마스 수능성적표 시상식
콘텐츠 라이프 사이클		도입기		성장기
고객 심리단계		주의 – 흥미 – 욕구	기억 – 행동	
중점활동 방향		콘텐츠 인지도 Up	가망고객 적극공략	연말 특수연계 판매 확대
매장		가을연계 런칭분위기 연출	가망고객 리스크 작성	연말 우수고객 초청행사
광고		집중광고 및 홍보	전문가/고객 인증광고	수상광고
디자인		POP배포 (포스커/현수막)	경쟁콘텐츠 동향조사 진열도 체크	송년행사 전단제작/지원
프로모션		런칭이벤트 VIP초청 설명회	가망고객 초청이벤트	판매촉진 이벤트 강화
공동마케팅		대학교 학생연계 축제지원 행사	자동치시 연계 신차시승행사	문화센터연계 고객초청행사
경품		영화티켓	문화상품권	스키장 리프트권

기획 캘린더는 시기별로, 목적별로 다양한 캘린더가 있다. 시기별로는 주/월/분기/반기/연간/ 계절 캘린더가 있으며, 목적별로는 사회문화/경제/행사/전시/스포츠 등 다양한 테마별 캘린더가 있다.

시기별 캘린더는 1년 동안 무엇을 할 것인지를 계획하는 연간 캘린더에서 주간 캘린더까지 기간별로 다양하게 만들 수 있다. 시기 캘린더는 계획할 내용과 더불어 언제 수립할 것인지가 가장 중요하다. 시장을 예측하며 캘린더를 미리 작성하는 것이 중요한 프로젝트 나 마케팅 활동을 성공적으로 이끄는 첩경이기 때문이다.

시기별 캘린더는 주간, 월간, 분기, 계절, 반기, 연간 등의 기간으로 구분할 수 있으며 작성을 할 때 수립 시기에 유의하여 미리 계획함으로써 선견, 선수, 선제, 선점할 수 있는 콘텐츠 활동을 전개하도록 한다. 목적별 캘린더는 사회문화 이슈, 이벤트, 경제 동향, 전시행사, 스포츠 행사, 신제품 런칭 캘린더 등 다양한 테마별 캘린더가 있다.
기획 캘린더를 작성할 경우에는 자신이 맡고 있는 분야에 한정하여 캘린더를 작성하기보다는 여러 가지 환경과 변수를 감안하여 종합 캘린더로 작성하는 것이 업무 추진에 좋다.

기획캘린더를 만들기 위해서는 다음과 같은 순서대로 하면 된다.
첫째, 가로에 캘린더를 만들 기간을 결정하고 이에 맞는 데이터(자료, 정보)를 수집한다.
둘째, 세로에 이슈, 테마, 제품, 타깃, 마케팅 4P 등 어떠한 항목을 넣을 것인가를 정한다.
셋째, 월별, 시기별 이슈 및 환경 요인 등을 체크한다.
넷째, 시기별 세부운영 계획을 적는다.
다섯째, 장기 계획의 경우 환경의 변화가 반드시 있으므로 캘린더를 수시로 점검하며 업데이트(Update)하도록 한다.

시기별 캘린더 종류 및 작성 방법

구분	수립시기	내용	비고
주간 캘린더	금요일	• 차주 계획을 위한 캘린더 작성	신문, 경제 서적, 인터넷을 통해 업계동향 및 이슈, 트렌드를 파악한 후 작성
월간 캘린더	D−3일	• 차월 이슈 및 트렌드를 감안하여 마케팅 계획을 캘린더로 작성	
분기 캘린더	1,4,7,10월	• 1~4분기를 대상으로 차분기에 대한 계획을 캘린더로 작성	
반기 캘린더	4,10월	• 상,하반기로 나누어 상반기 실적 및 전년 실적을 바탕으로 예상되는 이슈, 트렌드, 소비자 기호 등을 안 캘린더로 작성	
연간 캘린더	10월(대기업 7월~)	• 차년도 예상 이슈, 이벤트, 경제 관련 지수를 바탕으로 1~12월 년간 부문별 마케팅 계획 작성	
계절 캘린더	1,4,7,10월	• 봄, 여름, 가을, 겨울 4개절과 관련된 제품/서비스 캘린더 작성	

구분		1	2	3	4	5	6	7	8	9	10	11	12
이슈													
주제													
S N S	콘텐츠												
	커뮤니케이션												
	커뮤니티												
	커머스												

기획의 기초 만들기

튼튼하고 견고한 집을 짓기 위해서는 터를 잘 파고, 콘크리트로 단단한 기반을 만드는 기초공사가 중요하다. 마찬가지로 기획에서도 기초공사가 매우 중요하다.

그렇다면 기획에서의 기초공사는 무엇일까?

콘텐츠기획의 프로젝트가 주어지면 기존에 모아 놓은 정보(자료) 중에서 프로젝트에 필요한 데이터를 발췌해내고 부족한 부분에 대해서는 시장조사를 통해 자료를 추가한다. 그리고 프로젝트 추진을 위한 업무 분장을 하여 기획 초안을 잡는다.

초안은 조사된 현황을 바탕으로 프로젝트 방향을 설정하고, 이를 어떻게 추진할 것인지를 5W 2H(무엇을 (What), 왜(Why), 언제(When), 어디서(Where), 누가(Who), 어떻게(How), 얼마만큼(How much))에 입각하여 프로젝트 개요 및 실행전략을 개략적으로 구성한 후 비용을 산출한다.

프로젝트의 초안이 완성되면 관련된 사람들이 함께 협의하면서 기획의 방향이 맞는지를 확인한 후 본격적인 기획 작업에 착수한다. 즉 기획의 기초공사는 현장조사를 통한 초안 작성 및 협의 후 기획 방향을 결정하는 것이다

이중에서 현장조사를 통한 초안 수립은 마케팅기획을 위한 환경 분석인 3C 분석, SWOT 분석, 고객 행동 분석 및 시장세분화 방법인 STP 전략과 4P 분석에 의거한다.

3C, STP, 4P는 마케팅 프로세스의 기본으로 기획의 기초를 튼튼히 하기 위해 마케팅 개념 정립 및 프로세스를 확실히 알아야 한다.

콘텐츠기획에서 가장 중요한 것이 마케팅이다. 콘텐츠를 잘 만들고 소비자, 고객, 구독자에게 잘 알리고, 향유할 수 있도록 하기 위해서 마케팅이 핵심적인 역할을 하기 때문이다.

마케팅의 개념 및 목표

마케팅이란 무엇인가?

사전에서 찾아보면 마케팅은 생산자가 상품 또는 콘텐츠(서비스)를 소비자에게 유통시키는 데 관련된 모든 체계적 경영활동으로 소비자에게 최대의 만족을 주고 생산자의 생산 목적으로 가장 효율적 이익을 달성하는 것이다.

예를 들어 고객을 위한 콘텐츠를 마케팅적으로 잘 세우기 위해서는 고객이 원하는 가치를 파악하고 잘 만들어 제공하는 것이라고 할 수 있다. 마케팅을 잘하기 위해서는 첫째, 타깃이 원하는 니즈를 파악하는 것이 중요하고, 둘째, 어떻게 타깃을 만족시킬 것인가에 대한 계획을 수립하고 실행해야 한다.

이를 추진하기 위해서는 3단계 전략이 필요한데 1단계가 3C 분석, 2단계가 STP 분석, 3단계 4P 분석이다.

시장조사를 통해 얻은 아이템을 아이디어로 차별화 하여 지속적인 확장을 위해 스토리를 입혀 기획한 콘텐츠를 사람들에게 잘 알리고 팔기 위해서는 마케팅이 꼭 필요하다.

마케팅 목표는 생산자가 상품(콘텐츠, 서비스)를 소비자에게 유통시키는 데 관련된 모든 체계적 경영활동으로 소비자에게 최대의 만족을 주고 생산자의 생산 목적을 가장 효율적으로 달성하여 이익을 극대화 하는 데 있다. 즉 마케팅이란 생산자가 상품(콘텐츠)을 소비자에게 유통시키는 모든 활동을 말하며 핵심은 자사 상품(콘텐츠)만의 가치를 기획하고 전달하는 것이다. 그렇다면 가치는 어떻게 발견하고 이를 트렌드와 연계하고 경쟁사와 차별화 시켜 타깃 고객에게 전달할 수 있을까?

이를 고민하고 기획하는 것이 마케팅이다.

마케팅의 기획 포인트는 첫째, 어떻게 타깃고객의 니즈를 파악하고 둘째, 어떻게 타깃 고객 만족시킬 것인가에 대한 계획을 수립하고 실행하는 것에 있다.

그렇다면 타깃고객을 위한 가치를 기획하고 전달하기 위해 어떤 프로세스에 맞추어 시행해야 할까?

마케팅기획 프로세스 "3C → STP → 4P & 4C"

마케팅기획 프로세스는 "3C → STP → 4P & 4C"이다.

마케팅기획의 첫 번째는 시장환경을 분석하는 것이다. 시장을 분석하기 위해서는 3C / SWOT / BCG Matrix 등의 방법이 있다.

시장환경 분석의 첫 번째는 '3C 분석'이다.

3C는 시장을 이루는 고객(Customer), 경쟁자(Competitor), 자기 회사(Company)의 영문 첫 글자를 고객이 가장 중요하다.

3C 분석의 절차는 첫 번째 고객분석으로 고객의 어떤 니즈를 선택할 것인가를 파악하는 것이다. 이를 위해 시장 규모는 얼마인지, 주 고객은 누구인지, 주요 고객의 특성과 속성은 무엇인지, 고객의 니즈는 무엇인지를 살펴봐야 한다.

두 번째 분석은 경쟁사 분석으로 경쟁사와의 차별화 전략은 무엇인지를 파악하는 것이다.

이를 위해 주요 경쟁사는 어디인지, 경쟁사의 강점과 약점은 무엇인지, 경쟁사의 성공 포인트는 무엇인지를 살펴봐야 한다.

세 번째는 자사 분석으로 무엇에 집중할 것인가를 결정해야 한다.
이를 위해 주요 제품, 콘텐츠는 무엇인지, 사업운영의 조직 체계는 어떠한지, 강점과 자원은 무엇인지를 파악해야 한다. 즉 3C 분석은 고객의 니즈를 선택하고 경쟁사와 차별화 하기 위해 자사는 무엇에 집중할 것인가의 순서로 살펴봐야 한다.

3C 분석을 간략히 정리하자면 고객은 누가 고객인지, 무엇을 원하는지를 파악한 후, 누가 경쟁 상대인지, 어떤 고객을 목표로 대응하는지를 경쟁사를 살펴보고 자사의 강점을 활용하여 마케팅의 방향을 결정하는 것이다.
그러므로 3C 분석의 최종 목표는 자사와 고객과의 공감대를 형성하고 경쟁사와는 차별화하며 고객과 경쟁사를 단절시키는 전략을 수립하는 것이다.

마케팅기획 프로세스 1단계 : 3C 분석

다음은 3C 분석의 목표를 정리한 도표로 이를 참고하여 3C 분석을 하면 된다.

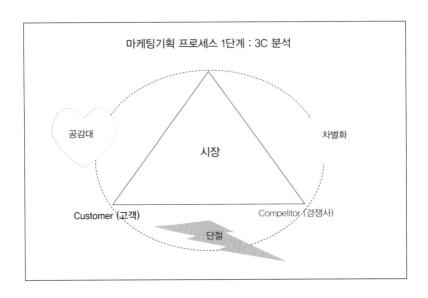

마케팅기획 프로세스 1단계 : 3C 분석

공감대

차별화

시장

Customer (고객)

Competitor (경쟁사)

단절

　3C 분석 첫 번째는 '타깃 분석'이라는 것을 SBS '골목식당'이란 프로그램에서 살펴볼 수 있다. 백종원 씨는 골목식당 주인들에게 강조하는 첫 번째로서 사 먹는 사람, 즉 소비자, 고객의 눈높이에서 만들라고 한다. 그리고 가게별로 특색 있는 구성을 통해 다른 매장과 차별화를 강조하며 마지막으로 자기 매장만의 강점을 살려 고객을 만족시키라고 말한다.

　시장은 자사, 경쟁사, 고객, 타깃으로 이루어진다. 이중 가장 중요한 것이 고객, 즉 타깃이다. 우리가 시장을 읽기 위해서는 3가지를 보아야 하는데 타깃 고객을 중심으로 시장환경인 트렌드와 경쟁자의 동향이다. 가장 중요하면서 첫 번째로 보아야 할 것이 타깃, 즉 고객이다. 기획의 목표가 되는 고객에 대한 분석을 통해 그들이 원하는 기호(Needs)를 파악해야 하는 것이다.

　모든 비즈니스의 출발은 기획이고 기획의 출발은 시장조사라고 필립 코틀러는 말했다. 즉 비즈니스 기획을 위해 기업분석의 출발은 시장조사이며 이는 문제 해결의 열쇠이다. 시장조사를 위해서는 가장 먼저 타깃(소비자) 분석을 시작으로 자사, 경쟁사 SWOT 분석, 온오프(OnOff) 유통채널 분석, 마케팅 4P와 4C 분석을 하면 된다.

시장조사를 위해 제일 먼저 해야 할 것은 '타깃(고객) 분석'이다. 타깃 분석을 위해서는 다양한 질문을 통해 무엇을 원하는지를 파악해야 한다.

다음은 고객 니즈를 파악하기 위한 질문 사례이다.

누가 제품(콘텐츠, 서비스)의 주요 수요층인가, 제품/서비스의 구매자는 누구인가, 제품(콘텐츠, 서비스)의 구매과정은 어떻게 이루어지는가, 제품(콘텐츠, 서비스)의 구매 과정에 영향을 주는 사람은 누구인가, 자사와 경쟁사 상품의 유통채널은 분석했는가, 제품(콘텐츠, 서비스)이 소비자에게 얼마나 중요한가, 제품(콘텐츠, 서비스)이 필요한 이유가 무엇인가, 사용자의 가치는 무엇인가, 계획된 구매인가, 충동구매인가, 제품에 대해 소비자는 어떻게 느끼는가, 제품(콘텐츠, 서비스)이 소비자의 욕구를 충족시키는가 등이 있을 것이다.

SWOT 분석

시장환경 분석의 두 번째는 'SWOT 분석'이다.

SWOT 분석은 환경에 대해 자사의 강점(Strength)과 약점(Weakness), 기회(Opportunity)와 위협(Threats) 요인을 분석하는 것으로 이 분석은 기업환경 분석을 통한 마케팅 전략을 수립하는 데 목적이 있다.

SWOT 분석이란 기업의 내부 환경을 분석하여 강점과 약점을 발견하고, 외부 환경 속에서 기회와 위협 요인을 찾아내어 강점은 살리고 약점은 보완하며, 기회는 활용하고 위협은 최소화 하는 마케팅 전략을 수립하는 것이다.

강점은 경쟁사와 비교하여 우위 사항을, 약점은 경쟁사에 비해 부족한 부분을, 기회는 시장환경에서 자사에 유리한 부분을, 위협은 불리한 요인을 말한다. SWOT 분석에 의한 전략수립의 단계는 1단계로 먼저 외부의 기회 및 위협 요인을 분석하고, 2단계로 내부의 강점 및 약점을 파악하여, 3단계 SWOT Matrix(분석표)를 만들며, 4단계로 SWOT 분석에 의한 방향 설정 및 전략을 수립하는 것이다. 즉 SWOT 분석은 "외부환경 분석 → 내부 환경분석 → 방향 설정 → 전략 수립"의 단계로 이루어진다.

그리고 SWOT 분석을 통한 마케팅 전략에는 4가지가 있다.

첫째, SO(강점-기회) 전략으로 시장의 기회를 활용하기 위해 강점을 사용하는 전략이다.

둘째, ST(강점-위협) 전략으로 시장의 위협을 극복하기 위해 강점을 사용하는 전략이다.

셋째, WO(약점-기회) 전략으로 자사의 약점을 극복하고 기회를 활용하는 전략이다.

넷째 WT(약점-위협) 전략으로 시장의 위협을 극복하고 약점을 최소화하는 전략이다.

이상 4가지 전략 중 가장 먼저 시행해야 할 전략은 무엇일까?

첫째, SO 전략, 강점과 기회를 활용하는 것이다. 코로나시대, 비용의 효율적 운영을 통한 최대의 효과를 내기 위함이다.

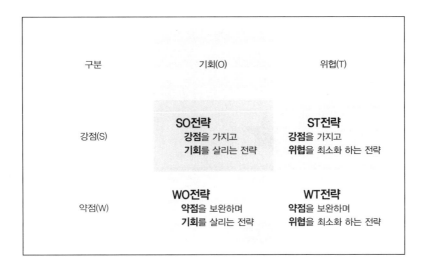

구분	기회(O)	위협(T)
강점(S)	**SO전략** **강점**을 가지고 **기회**를 살리는 전략	**ST전략** **강점**을 가지고 **위협**을 최소화 하는 전략
약점(W)	**WO전략** **약점**을 보완하며 **기회**를 살리는 전략	**WT전략** **약점**을 보완하며 **위협**을 최소화 하는 전략

BCG 매트릭스

시장환경 분석의 세 번째는 'BCG 매트릭스(Matrix)'이다.

BCG 매트릭스는 보스턴 컨설팅 그룹(Boston Consultion Group)에서 만든 분석 도구로 사업 포트폴리오 분석을 위해 개발하였다.

BCG 매트릭스는 기업에 자금의 투입, 산출 측면에서 사업이 현재 처해 있는 상황에 알맞은 처방을 할 수 있는 분석법이다.

Y축에는 시장 성장률을 X축에는 상대적 시장점유율을 통해 사업 포트폴리에 대한 분석과 이에 따른 전략(자원 배분)을 수립하기 위한 분석 도구이다.

기업의 사업이 캐시카우(Cash Cow), 저성장률과 고점유율의 사업이라면 투자를 최소한으로 줄이고 이 사업에서 창출된 이익은 다른 사업으로 돌리는 성장/투자 전략을 실시한다.

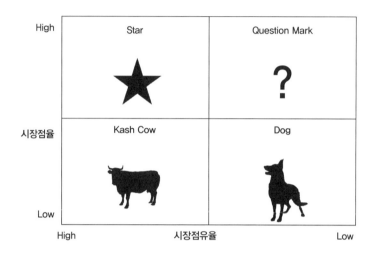

스타 사업(Star)은 고성장률, 고점유율로 점유율과 성장성이 모두 좋은 사업으로 지속적인 투자를 통해 고수익 사업으로 육성하는 적극적인 투자 전략을 실시하며, 물음표(Question) 사업은 고성장, 저점유율로 시장점유율을 높일 수 있도록 투자를 하는 한편 성장률이 하락하면 시장을 포기하는 것도 염두에 두는 투자/포기전략을 시행한다.

저성장, 저점유율의 강아지(Dog) 사업은 신속하게 철수하는 것을 고려하는 철수 전략을 구사해야 한다. 이 분석 도구를 활용해 현재의 우리 사업, 상품은 어떻게 구성되어 있으며, 각 사업별 변화 방향과 속도가 어떠한지를 파악할 수 있고 이를 통해 자원 배분을 할 수 있다.

BCG 매트릭스를 상품, 콘텐츠에 적용해 보면 물음표인 초기상품은 선택적 투자를, 스타 상품은 히트 상품으로 적극적 투자를, 캐시카우는 성숙기 상품으로 보수적 투자로 현재의 위치를 사수하는 데 목적을 두며, DOG은 쇠퇴기 상품으로 철수를 해야 한다.

마케팅기획 프로세스 2단계 : STP 분석

시장을 구성하는 고객, 경쟁자, 자사의 3C 분석에 이어 마케팅기획 프로세스 2단계는 STP 분석이다. STP 분석은 고객에 대한 시장세분화(Segmentation), 목표고객 설정(Targeting), 시장을 공략할 콘텐츠(제품, 서비스)를 효율적인 위치에 자리잡는 포지셔닝(Positioning)에 대한 분석을 통해 마케팅 전략을 수립하는 것이다.

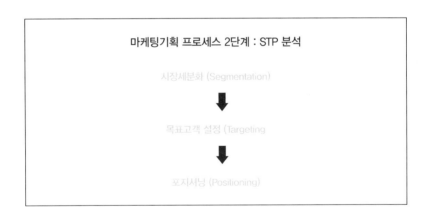

시장세분화(Segmentation)는 고객의 니즈와 트렌드를 고려하여 고객을 그룹화 시키는 것이며, 타깃고객 선정(Targeting)은 세분화 된 시장

에서 신제품이 공략하고자 하는 고객을 추출하는 과정이고, 포지셔닝 (Positioning)은 치열해지는 경쟁 시장에서 상대적 우위를 확보하기 위해 전략적 위치를 확보하는 것을 말한다.

결론적으로 STP 분석은 마케팅의 선택과 집중을 하기 위함이다. 먼저 STP 분석을 단계적으로 살펴보면 1단계는 시장세분화로 연령, 성별, 거주지, 직업, 소득, 학력 등 인구통계학적 특성 자료, 구매 규모, 구매 동기, 구매 장소, 구매 방법, 구매 만족도 등 고객의 구매 행동에 따른 소비 특성, 여가활동, 선호브랜드 충성도, 고객 기호, 유행 민감성 등 트렌드 및 라이프 스타일 등을 참고하여 시장을 세분화 하여 콘텐츠의 목표시장을 선정하는 것이다. 시장세분화의 결과로 최소 2~3개의 복수시장으로 구분할 수 있다.

STP분석 1 : 시장세분화 (Segmentation)

인구 통계적 특성	구매행동적 특성	라이프스타일 특성
• 연령 • 성별 • 거주지 • 직업 • 소득 • 학력	• 구매 규모 • 구매 동기 • 구매 장소 • 구매 방법 • 구매 만족도	• 여가활동 • 선호브랜드(충성도) • 고객기호 • 유행 민감성

STP 분석 2단계는 목표고객 설정, 즉 타깃팅으로 세분화 된 시장 중에서 목표 시장을 정하는 것이다. 타깃팅은, 인구 통계적, 구매행동적, 라이프 스타일 특성을 감안한 세부 소비특성을 바탕으로 가망고객 그룹을 선정하는 것이다. 타깃고객이 선정된 후에는 타깃고객들의 구매 형태(유통/시기/이유 등), 제품 사용 만족도 등을 조사하며, 이를 근거로

타깃고객을 확산시키는 것이 좋다.

STP 분석 2 : 목표고객 설정 (Targeting)

인구 통계적 특성	구매행동적 특성	라이프스타일 특성
• 연령 : 15~30tp • 성별 : 여성 • 거주지 : 대도시 • 직업 〉중고대학생, 청소년, 직장인	• 구매규모 〉단품, 필요시 번들구매 • 구매동기 〉유행, 디자인 민감 〉집단 심리 작용 • 구매장소 : 백화점, 할인점	• 웰빙제품 소비 증가 • 테스트제품 선호 • 청소년 사용비율 증가

코로나로 인한 경기침체로 불황기에는 타깃팅을 연령대별, 직업별
로 차별화 해야 한다. 즉 30대 전업주부를 공략하기 위해서는 브랜드
와 합리적 가격을 내세워야 하며 30대 전문직 여성을 공략하기 위해
서는 프리미엄 제품을, 40대 남성 회사원을 위해서는 제품구매의 명
분과 가치를 주는 제안으로 같은 연령이라도 차별화 된 타깃팅을 해
야 한다.

그리고 프로모션을 통해 잠재고객을 활성화시켜 신규고객을 만들
기보다는 자원과 비용을 효율적으로 활용하기 위해 단골고객에게 집
중하는 핀셋 전략을 시행해야 할 것이다.

STP 분석 3단계인 포지셔닝(Positioning)은 목표한 타깃고객의 마음
속에 자리, 즉 포지션, 위치를 잡는 것이다. 날로 치열해지는 경쟁 시장
에서 승리하기 위해서는 상대적으로 우월한 위치를 확보해야 한다. 이
를 위해 새로운 콘텐츠, 신상품을 어디에 포지셔닝(위치)시켜야 할지를
경쟁제품들과 비교한 포지셔닝 맵(Positioning Map)을 아래 보이는 도표
처럼 그려 자사 콘텐츠, 상품의 위치를 확인하고 시장을 선점할 수 있
는 위치를 잡도록 한다.

STP 분석 2 : 목표고객 설정 (Targeting)

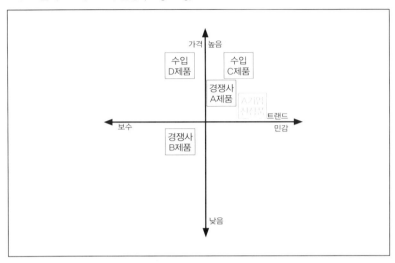

포지셔닝 맵은 자사의 콘텐츠, 제품과 경쟁제품을 대상으로 소비자가 인식하고 있는 부분을 그래프에 표시한 도표로 이를 통해 경쟁제품과의 관계를 알 수 있다.

마케팅기획 프로세스
3단계 : 4P 분석

마케팅 프로세스 3단계는 4P 분석이다.

4P란 제품(Product), 가격(Price), 유통(Place), 프로모션(Promotion)을 말하며, 이를

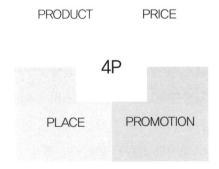

통해 구체적인 마케팅 전략을 기획하게 된다. 그리고 4P의 구성 요소인 제품, 가격, 유통, 프로모션을 잘 활용하여 마케팅 전략을 실행하는 것을 마케팅 믹스(Marketing MIX)라고 한다.

고객이 원하고 잘 팔리는 히트상품, 인기 콘텐츠를 만들기 위해서는 제품 전략을 통해 신제품을 만들고 판매자 및 고객의 의견을 반영하여 가격 전략을 수립하며, 유통전략을 통해 제품을 어디에서 팔 것인지를 정하고 프로모션 전략을 통해 신제품을 고객에게 알리고 판매를 촉진시키도록 한다.

어떤 기업의 제품이나 서비스를 판매하는 데 있어 효과적인 목표 달성을 위해 마케팅 활동에서 사용되는 여러 가지 요소를 균형 잡히게 구성하는 과정으로 마케팅 믹스가 필요하다.

판매하는 제품, 제품의 가격, 판매 장소, 촉진, 네 가지 요소를 잘 구성하여 소비자들에게 쉽고 빠르게 구매로 전환될 수 있도록 시스템을 구축하는 것이 마케팅 믹스 4P 전략이다.

첫 번째, Product : 상품은 소비자의 니즈를 충족시키는 품목으로 꼭 제품만이 아닌 무형의 서비스나 콘텐츠, 아이디어 상품도 해당된다. 상품 전략은 상품의 디자인과 이미지, 브랜드 등을 폭넓게 포함하고 그것을 종합적으로 관리하는 마케팅 전략이다.

두 번째, Price : 가격은 고객이 제품을 구매할 때 지불하는 금액이다. 가격은 수익에 영향을 미칠 수 있는 변수이며 기업에서는 가장 손쉽게 변경할 수 있는 요소로 생산비용보다는 높으며 소비자 기준보다는 낮게 측정하는 것이 일반적이며 경쟁 관계 및 상품의 라이프 사이클(도입- 성장-성숙-쇠퇴), 경쟁 상황, 마케팅 목표, 시장 수요 등에 따라 차별화 된 가격 전략을 구사하게 된다.

세 번째, Place : 유통은 상품이 생산자에서 소비자에게까지 이동하는 경로를 말한다. 유통이 어떻게 진행되느냐에 따라 가격에도 영향을 미치며 유통 시스템이 브랜드 런칭과 사업에 있어 정말 중요한 요소라고 할 수 있다. 특히 요즘과 같이 비대면의 시대에는 오프라인보다 온라인 유통이 더욱 중요해지고 있으며 향후에는 온라인과 오프라인 유통의 적절한 조화와 균형 있는 발전을 통해 고객에게 최선의 서비스를 제공하는 방향으로 유통전략이 구사되어야 할 것이다. 즉 고객을 중심으로 온오프 채널을 통합하여 일관된 커뮤니케이션 제공으로 고객경험 강화 및 판매를 증대시키는 방향으로 채널 전략을 구사해야 할 것이다.

네 번째, Promotion : 촉진 활동은 광고, 홍보, 인전 판매, 판매 촉진이라는 네 가지로 구성된다.

광고는 TV, 라디어, 인터넷, 소셜미디어 같은 전파 매체와 신문, 잡지 같은 활자 매체로 구성되며, 판매 촉진은 구매 행동 유인을 위한 전단, 할인쿠폰, DM 등이 있다.

인적 판매는 직접 판매 방식으로 대면 방문 판매, 영업사원 활용 등이 있으며 쌍방향 커뮤니케이션에 설득이 중요하다. 즉 프로모션 촉진 활동은 조금 더 소비자들에게 많이 빠르게 노출시키면서 자신의 제품을 구매할 수 있는 고객들을 타깃팅하여 프로모션과 전략으로 알게,

오게, 사게 하는 계획을 세워야 한다. 그리고 온라인 마케팅이나 전단지, 배너 등 소비자들의 구매심리를 끌어올리기 위해 온오프 프로모션을 병행하는 것이 좋으며, 이를 위해 소셜미디어를 타깃별 특성을 고려하여 차별적으로 활용해야 한다.

스마트폰의 일상화로 이루어진, 소셜미디어의 시대, 광고와 홍보 메시지는 어떻게 전달하면 좋을까?
기업 고유의 콘텐츠 자체의 매력을 시의성, 개연성, 의외성에 맞추어 전달해야 한다.
성공적인 메시지 전달을 위해 첫 번째 조건인 시의성(時宜性)은 콘텐츠가 시기적으로 적절한지, 잠재적 리스크는 없는지, 활용할 시기별 이슈는 없는지, 어떻게 우리 기업에 적용할 것인가를 살펴보는 것이다.

두 번째 조건인 개연성(蓋然性), 즉 가능성은 누구나 할 수 있는 것인지, 잘 따라할 수 있는지, 메시지가 잘 녹아 있는지를 체크해야 하며, 마지막으로 의외성(意外性)은 참여자가 흥미롭게 참여할 콘텐츠인지를 판단하여 광고, 홍보 메시지를 더하는 것이다.
이러한 메시지를 더욱 잘 전달하기 위해서는 3가지 조건에 진정성과 공익성을 추가하여 완전히 차별화 된 매력을 갖추어야 한다.

다음은 제품 라이프 사이클에 따른 4P 전략 실행표이다.

제품 라이프 사이클에 따른 4P전략

구분	도입기	성장기 ▮	성숙기	쇠퇴기
목표	시장선점 인지도 Up	M/S 확대	이익 극대화	비용절감 투자회수
Product	조기 출시	품질 개선 서비스 대응	모델 다양화	부진품목 철수
Price	고각격 or 저가격	경쟁고려 시장침투가격	경쟁가격 방어가격	저가격 후 철수
P;ace	전속유통	전속유통 전문유통	전 유통 확대	비수익유통 정리
Promotion	초기사용자 유도 신제품 체험단	구매고객 혜택강화(사은품)	보상판매 타사수요 흡수	재고정리 세일

　제품의 라이프 사이클, 즉 도입, 성장, 성숙, 쇠퇴에 따라 차별화 된 목표 달성을 위해 Product, Price, Place, Promotion을 달리해야 하는 것을 볼 수 있다.

　콘텐츠도 이와 마찬가지다. 예를 들어 새로운 게임 콘텐츠를 출시할 경우에는 도입기의 목표인 시장 선점과 인지도를 높이기 위해 콘텐츠는 경쟁사보다 조기에 출시하면서 가격은 고가격 또는 저가격을 사용하고, 유통은 전속 유통으로 온라인 전용채널이나 오프라인 주력 PC방을 사용하는 것이며, 프로모션은 초기 사용자의 유도를 위해 콘텐츠 체험단이나 초기 수용자(얼리어답터)에게 혜택을 주는 이벤트를 시행해야 한다. 이처럼 라이프 사이클의 단계별 목표에 맞추어 4P 전략을 구사하도록 한다.

　마케팅 프로세스 3단계는 4P 분석과 더불어 온라인, 모바일 시대로의 변화에 따라 4C 분석이 중요하게 되었다. 4C란 디지털 환경과 인터넷 일상화로 인해 온라인상에서의 마케팅이 활성화 되는 요즈음에 인터넷/모바일 마케팅의 주요 요소인 콘텐츠(Contents), 커뮤니케이션 (Communication), 커뮤니티(Community), 커머스(Commerce)로 마케팅 4P 와 함께 MIX되어 활용되어야 한다.

4C 중 첫 번째 요소인 컨텐츠는 사이트를 구성하는 내용 (항목)을 말하며, 사이트의 운영 목적을 표출하여야 한다.

둘째, 커뮤니케이션(Communication)은 사이트를 방문한 고객과의 커뮤니케이션 및 고객 간의 커뮤니케이션으로 양방향 커뮤니케이션을 발생시켜야 한다.

셋째, 커뮤니티(Community)는 사이트를 방문한 고객들을 대상으로 마케팅을 목적으로 의도적으로 커뮤니티 집단화 하거나 고객들이 자연스럽게 공동체를 형성할 수 있도록 만드는 것이다.

넷째, 커머스(Commerce)는 온라인, 모바일 상에서 이루어지는 상거래, 즉 온라인, 모바일 세계에서 마케팅을 하기 위해서는 제일 먼저 고객들의 관심을 끌 수 있는 콘텐츠를 만들고, 이에 회원들이 가입함으로써 자연스럽게 커뮤니케이션이 이루어져 온라인상의 모임인 커뮤니티가 형성되고 이를 통해 커머스(전자상거래)가 이루어지게 되므로 기획자들은 콘텐츠의 제작에서 커뮤니케이션의 유도, 커뮤니티의 밀착 관리를 통해 커머스가 자연스럽게 일어나도록 4C 믹스 전략을 수립해야 한다.

마케팅 프로세스 3단계는 4P 분석, 4C 분석과 더불어 4R 분석이 있다.

4R은 시장환경의 중심이 판매하는 기업에서 소비자로 옮겨감에 따

라 기업에서는 고객의 기호(Needs), 관심사, 욕구 등에 관심을 갖게 되는 흐름에 따라 기존의 4P와 더불어 고객과의 관계를 고려한 4R이 중요시 되고 있다.

4R이란 관계(Relationships), 감축(Retrenchment), 관련성(Relevancy), 보상(Rewards)이다.

첫 번째 관계(Relationship)는 기업(제품, 콘텐츠)과 고객 간 확고한 신뢰 관계 구축 및 유지하려는 전략으로 고객에게 독특하고 즐거운 구매 경험을 제공하는 경험 마케팅에 활용한다.

둘째, 감축(Retrenchment)은 고객에게 먼저 다가가는 전략으로 다수 매장 확보, 카탈로그 배포 확대, 구매를 용이하게 하는 구매 시스템을 정비하는 것을 말한다.

셋째, 관련성(Relevancy)은 잠재 고객층에게 구매동기를 부여할 수 있는 방법으로 관련도를 활용하는 전략으로 쇼핑몰 구매자의 사용 후기, 쇼핑 지식, 전문가의 정보 제공 등이 있다.

넷째, 보상(Rewards)은 소비자에게 거래에 대한 대가로 보상을 해 주는 전략으로 항공사 마일리지 시스템, 캐시백 포인트, 사은품 등이 있다.

이상과 같이 마케팅은 '3C → STP → 4P & 4C 분석'의 순서로 마케팅 전략을 수립하게 된다.

유의할 점은 이 프로세스가 단순히 마케팅기획에만 한정된 것이 아니므로 인사, 총무, 신상품 개발, 생산, 품질 관리 등 기업의 전 분야에 걸쳐 자신의 업무에 맞게 변형하여 활용하는 것이 좋다.

지금까지 살펴본 마케팅기획 프로세스 '3C→STP→4P&4C'를 정리해 보면 다음과 같다.

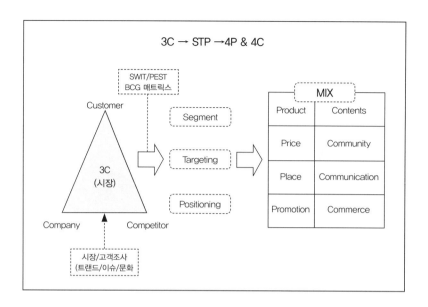

1단계로 시장을 구성하는 3C 분석을 통해 시장, 고객, 트렌드 등을 파악하고 여기에 SWOT 분석과 PEST 분석, BCG 매트릭스를 더하여 자사를 중심으로 한 내외부의 환경 분석을 한다.

2단계는 STP 분석으로 시장을 세분화한 후 타깃팅을 하고 이를 국내외 시장에 적용하여 어디 포지셔닝할 것인가를 정한다.

3단계는 3C 분석과 STP 분석을 통해 정해진 방향에 맞추어 4P와 4C 전략을 온오프상에서 어떻게 구성할 것인가를 수립하면 마케팅 분석을 통해 기업의 마케팅 전략을 수립할 수 있게 된다.

코로나 돌파를 위한 창의적 전략 기획서 작성

글로벌시장을 공략할 창의적 기획을 위해 코로나시대의 시장환경을 살펴보고 시장조사부터 아이템 선정, 아이디어 차별화, 스토리텔링&스토리두잉, 그리고 기획과 마케팅에 대해 살펴보았다.

지금까지 살펴본 내용을 가지고 콘텐츠를 세상에 내보이기 위해 우리는 기획서를 작성해야 한다.

기획서는 어떻게 작성할까?

기획서 어떻게 작성할 것인가?

기획서를 잘 작성하기 위해서는 '기획서(企劃書)'의 개념을 정확히 알아야 한다.

기획서를 사전에서 찾아보면 일어날 수 있는 다양한 일들에 대해 구체적으로 계획을 수립하여 제출하는 문서라고 나와 있다. 즉 기획서는 안건에 대한 개선이나 문제점을 해결하기 위해 방향성을 제시하면서 개선안에 대한 구체적인 방안을 모색하여 방법을 제시하는 것이다. 개념적으로 제안에 대한 방향을 제시하는 것에 그치지 않고 나아가 그 제안을 실행할 수 있는 구체적인 방안을 정리하여 문서화 하는 것이다.

제안 내용으로는 정해진 항목에 의해서 작성하는 것이 좋으며 기획서를 작성할 때에는 격식에 맞도록 구성하고 제안서보다 좀 더 구체적인 사안을 기재해야 효과적인 성과를 거둘 수 있도록 작성해야 한다. 즉 기획서는 문제점을 해결하는 방법을 구체적으로 제시하며 기대효과를 정성, 정량적으로 보여주는 문서이다.

기획서 유형에 따른 목표 차별화

기획서는 유형에 따라 목표를 차별화 하여야 한다. 고객 조사, 조직 진단, 벤치마킹 같은 현상 진단형 기획서는 현상에 대해 어떤 진단을 할 것인가를 기획하는 것이다.

마케팅, 영업, HRD(Human Resources Development, 인적자원개발), 서비스 등 문제 해결형 기획서는 현재 상황에 대한 해결 방안을 도출하거나 구체적인 전략을 수립하기 위한 기획을 한다.

중장기 전략, 비전 수립, 사업계획과 같은 목표제시형 기획서는 중장기 목표를 설정하고 이를 어떻게 달성할 것인가에 대한 기획을 해야 하고, 신상품 개발, 신사업 개발, 사업 수주/제안 등 사업제안형 기획서는 신규사업을 계획하거나 사업 수주 방안을 마련하기 위한 기획을 해야 한다.

기획서 종류와 작성법

기획서는 회사의 경영과 이를 위한 각 부서의 활동과 연계하여 작성된다.

기획서는 회사마다 다르겠지만 무엇을 대상으로, 무엇을 목적으로 기획을 하느냐에 따라 다양한 종류의 기획서가 있다.

회사에서 통상적으로 쓰이는 기획서에는 경영기획서, 사업 기획서, 상품(콘텐츠)기획서, 마케팅기획서, 프로모션 기획서, 영업기획서 등이 있다.

기획서별로 간단하게 살펴보면 다음과 같다.

첫째, 경영기획서는 회사의 경영을 기획하는 것으로 회사의 비전을 달성하기 위해 경영목표를 세우고 장기, 중단기 전략을 수립하는 보고서이다.

둘째, 사업기획서는 신규사업을 시작하기에 앞서 기존의 사업을 분석하고 후보 사업 중에서 신규로 추진할 사업을 선정하고 이에 대한 추진계획을 수립하는 기획서이다.

셋째, 상품(콘텐츠) 기획서는 신상품(새 콘텐츠)을 개발하여 상품화 하고 이를 타깃고객에게 판매하기까지 프로세스에 대한 계획을 수립하는 기획서이다.

넷째, 마케팅기획서는 마케팅의 4P(제품, 가격, 유통, 촉진)와 관련하여 개별 또는 믹스된 전략을 계획하고 수립하는 기획서이다.

다섯째, 프로모션 기획서는 제품이나 콘텐츠, 서비스에 대한 판매를 촉진시키기 위해 광고, 홍보, 판촉, 인적판매 등의 수단을 어떻게 활용할 것인가에 대한 계획을 수립하는 보고서이다.

여섯째, 영업기획 보고서는 가망고객을 대상으로 제품의 판매를 어떻게 할 것인지에 대한 계획을 수립하는 기획서다.

이밖에도 인력운영 기획서, 자금운영 기획서, 시설관리 기획서, 시설구입 검토서, 투자보고서, 이벤트 기획서, 세미나 기획서, 협찬 기획서 등 기획 목적, 업무 분야에 따라 다양한 기획서를 작성할 수 있다.

다음은 각 기획서에 대한 기본적인 개념과 작성 방법이다.

사업 기획서

회사에서는 기존 사업에 대한 유지와 더불어 시장환경의 변화에 따라 신규사업을 추진하게 된다. 신규사업을 추진할 때 필요한 것이 사업 기획서이다. 즉 사업 기획서는 새로운 사업을 추진하기 위해 어떻게 할 것인가를 기획하는 것으로 사회문화적 배경 및 현황을 분석한 후 사업 내용, 조직 운영, 마케팅 계획 등을 수립하는 것이다.

사업 기획서를 작성할 때 가장 우선 되어야 할 것은 시장규모 및 실행 가능 여부를 체크하는 것이다. 시장 규모가 너무 작거나, 실행하기 어려운 사업은 기획할 필요가 없기 때문이다.

현재의 문제점 분석을 통해 차별화 된 프로그램이 필요함을 이끌어 내고 환경 분석을 통해 주장하고자 하는 것에 문제점 제기의 방식을 활용하면 좋다. 사례 분석, 특히 해외 선진사례 분석을 통해 신사업 기획의 필요성을 부각시키며 국내외 환경 분석을 통해 사업 방향을 설정하도록 한다. 사업 방향을 바탕으로 구체적인 사업 목표를 설정하며 사업 목표를 수립한 후 이를 달성하기 위한 세부 전략(운영프로그램)을 도표화 하여 보여주도록 한다.

사업운영 전략이 확정되면 이를 항목별로 추진할 세부 계획 및 내용을 세부적으로 기획한다. 마지막으로 사업 기획을 어떻게 추진할 것인지에 대한 협의 사항을 기술하며, 기획서를 보완할 참고사항은 별첨에 붙이도록 한다.

사업기획서 순서 및 구성 항목

굽분	구성항목	비고
도입	• 표지, 목차	머리말
개요	• 경영기획 개요	
기획 배경	• 비전 설정, 회사 내외부 환경 분석	3C분석, 사례분석
기획 목표	• 경영 목표	매출액, 시장점유율
경영 계획 및 전략	• 장기경영전략, 사업부문별 경영전략 • 중/단기 경영목표, 중/단기 경영전략사업 부분별 세부 추진전략	장기경영예측
홍보 및 관리	• 사내외 홍보 계획 • 사내 인력 교육 및 현장점검 계획	추진일정, 매체 설정 체크리스트 활용

마케팅기획서

마케팅은 생산자가 상품 또는 서비스를 소비자에게 유통시키는 데 관련된 모든 경영활동을 말하는 것으로 협의의 뜻으로는 판매를 의미한다. 마케팅기획은 제품, 가격, 유통, 촉진 4가지에 대한 개별 기획과 믹스, 즉 융합된 기획으로 나뉜다. 4가지 개별 기획을 살펴보면 제품기획에서는 시장환경 및 고객의 요구, 트렌드를 감안하여 신제품 개발을 기획하고, 가격 기획은 시장 및 경쟁사 가격을 바탕으로 가격 정책의 운영을 기획한다. 유통 기획에서는 제품이 소비자에게 전달되는 경로를 분석하여 최적의 판매망 구축 및 인력의 운영을 기획하고, 촉진 기획에서는 광고, 홍보, 인적 판매, 판촉 등 각종 판매 촉진의 방법에 대한 기획을 하게 된다. 특별히 마케팅의 4가지 요소는 개별적으로 쓰이는 것보다 믹스하여 활용되게 된다.

마케팅 4P 믹스 기획은 4P와 관련된 각종 활동과 정책, 계획, 조직, 운영, 비용 운영 및 관리에 대한 계획을 세우는 것이다. 즉 마케팅기획은 제품에서 가격, 유통, 촉진에 이르기까지 마케팅 4P와 관련된 기획을 하는 것이며, 모바일, 인터넷과 디지털 의 발달로 요즈음에는 온라인 마케팅에 대한 기획서도 많이 작성되고 있다.

온라인 마케팅은 오프라인 마케팅의 4P와는 별도로 콘텐츠(Contents), 커뮤니케이션(Comm-unication), 커뮤니티(Community), 커머스(Commerce)의 4C로 이루어짐도 앞에서 살펴보았다. 온라인에서 만들어진 콘텐츠를 통해 네티즌간 커뮤니케이션이 이루어지면서 자연스럽게 커뮤니티(공동체)가 형성되고, 이를 통해 E-커머스(전자상거래)가 이루어진다.

마케팅기획서 순서 및 구성 항목

구분	구성항목	비고
도입	• 표지, 목차	머리말
개요	• 프로모션 기획 개요	5W 2H 기준
기획 의도	• 프로모션 및 경쟁사 분석, 프로모션 목표	숫자 목표
전략 설정	• 광고, 홍보, 판촉, 인적판매 MIX	전략도
전술 기획	• 광고, 홍보, 판촉, 인적판매 부문별 계획	매체 믹스, 보도자료
세부 계획	• 항목별 세부 추진계획, 추진일정 추진조직(인력), 추진예산, 기획효과	

프로모션 기획서

프로모션 기획이란 제품이나 서비스에 대한 판매를 촉진시키기 위해 광고, 홍보, 판촉, 인적 판매 등의 수단의 활용을 기획하는 것이다. 프로모션 기획서 중 광고 기획서는 제품이나 서비스를 고객들에게 어떻게 효율적으로 알릴 것인가에 대한 매체 믹스 방법을, 홍보 기획서는 광고와는 달리 비상업적으로 사진, 보도 자료 등을 통해 이미지를 효과적으로 알리는 방법을 기획하는 것이다.

판촉 기획서는 단기간에 타깃고객에게 직접적인 방법으로 판매를 증대시키기 위한 활동을 기획하는 것이며, 인적판매 기획서는 사람을 통해 판매를 촉진시키는 방법을 기획하는 것이다. 판촉 기획서 중 가장 많이 작성되는 것은 이벤트 기획서로 회사와 신제품을 알리는 발표회, 임직원 단결을 위한 체육대회, 고객을 대상으로 제품을 홍보하는 체험행사 등이 있으며, 국가, 관공서, 지자체에 대한 이벤트 기획이 활발히 이루어지고 있고 해외 이벤트를 기획하는 사례도 늘고 있다.

그리고 이벤트 기획서는 타깃과의 커뮤니케이션을 위한 온오프라인 시행되는 활동으로 5W 2H(언제, 어디서, 누가, 무엇을, 어떻게, 왜, 얼마나)에 맞추어 기획해야 한다.

프로모션 기획서 순서 및 구성 항목

구분	구성항목	비고
도입	• 표지, 목차	머리말
개요	• 프로모션 기획 개요	5W 2H 기준
기획 의도	• 트랜드 및 경쟁사 분석, 프로모션 목표	숫자 목표
전략 설정	• 광고, 홍보, 판촉, 인적판매 부문별 기획	전략도
전술 기획	• 광고, 홍보, 판촉, 인적판매 부문별 계획	매체믹스, 보도자료, 이벤트, 판매원 교육 등
세부 계획	• 항목별 세부 추진계획, 추진일정 추진조직(인력), 추진예산, 기획효과	

기획서를 작성할 때 유의할 점

기획서를 작성하실 때 문제점은 무엇인가?

조미나 세계경영연구원 교수와 이경민 세계경영연구원 선임연구원은 기획서, 보고서 등에 대해 기업 대표들이 어떻게 생각하는지 세 가지의 질문을 하고 다음과 같은 결과를 얻었다.

첫째, "직원들의 잘못된 보고서로 인해 의사결정시 그릇된 판단을 한 경험이 있습니까?"라는 질문에 82%가 있다고 답변하였다.

둘째, 보고서의 만족에 대한 질문에 '만족한다'는 21%에 불과했다.

셋째, 보고서에 만족하지 못하는 이유에 대해 '정보 및 근거가 적음'이 55%였다.

이 조사의 결과를 볼 때 대부분의 기획서, 보고서에 대해 기업의 대표를 비롯한 임원들이 만족하지 못하고 그 이유로 정보와 근거가 적기 때문이라고 답하였다.

기획서는 경영자의 의사결정을 위해 꼭 필요한 것이다. 기획서의 오류를 줄이려면 작성자가 상사에게 중간중간 방향과 내용이 맞는지를 확인하고, 관련 부서, 협력회사 등과의 의견 조율이 필수이다. 특히 작성자가 사실을 그대로 보고하지 않고 본인의 주관적인 해석으로 보고하면 회사의 경영에 심각한 피해를 줄 수도 있다.

잘못된 기획서/보고는 그릇된 판단과 결정을 낳는다. 그러므로 기획서와 보고서는 정확한 사실과 이에 대한 방향성을 분명히 정립하여 보고하는 것이 생명이다.

그렇다면 기획서와 보고서는 어떻게 작성해야 할까?

좋은 기획서와 보고서에 대한 설문조사를 해보니 첫째 '사실에 근거해 작성된 보고서', 둘째, '간단명료한 보고서'를 꼽았다. 즉 상사들은 '장황하지 않으면서도 필요한 정보와 정확한 사실 근거를 담은 보고서'를 원한다.

인터넷에서 그대로 내용을 가져오거나 이전에 작성한 문서를 베끼는 것은 절대 좋은 기획서, 보고서가 될 수 없다. 그러므로 우리는 기획서와 보고서 작성 방법에 대한 기본을 정확히 숙지하고 이에 맞추어 사실에 근거하고 간단명료한 기획서와 보고서를 만들어야 할 것이다.

지금까지 우리는 기획의 개념과 프로세스, 기획서의 종류에 대해 살펴보았다.

이제 생각한 콘텐츠를 타깃, 고객의 마음속에 심어주기 위해 기획한 내용을 기획서로 작성하는 방법에 대해 알아보도록 하겠다.

무슨 일을 할 때 바로 시작하는 것보다 잠시라도 생각을 하고 시행 방향과 방법을 결정한 후에 일을 시행하는 것이 훨씬 효과적이다. 이처럼 기획서를 작성할 때에도 바로 PC 앞에서 기획서를 작성하는 것보다는 어떻게 작성할 것인가를 고민한 후에 방향을 결정하고 이에 맞추어 기획서를 쓰는 것이 좋다. 즉 기획서의 직접 작성에 앞서 기획안을 분석하고 어떠한 정보를 수집하여 어떻게 전략을 수립하고 실행할 것 인지를 계획한 후에 기획서를 작성해야 한다.

기획서를 잘 작성하기 위해서는 가장 먼저 기획의 목적, 목표는 무엇인지, 어떻게 기획서를 작성할 것인지에 대한 분석을 해야 한다.

기획할 내용을 중심으로 첫째, 무슨 일이 일어나는지, 둘째, 문제는 무엇인지, 셋째, 어떻게 해결할 것인지, 넷째, 목표를 어떻게 달성할 것인지 등에 대해 고민하고 기획 방향 및 방법을 결정해야 한다.

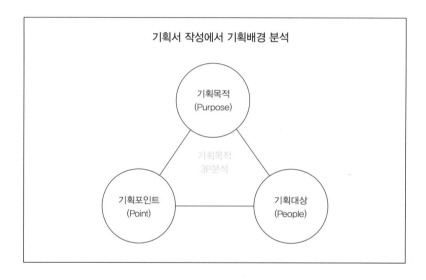

1단계, 기획에서의 기획배경 분석

어떠한 일이든 이와 관련하여 기획서를 작성하고자 할 때에는 가장 먼저 문서를 왜 작성해야 하는지 목적을 분명히 파악해야 한다. 즉 기획서의 기획 배경을 확실하게 알고난 후에 문서 작성을 해야 한다.

기획 배경을 분석하기 위한 방법으로는 3P 분석법이 있다. 3P란 기획 목적(Purpose), 기획 포인트(강조점-Point), 기획 대상(People)을 말하는 것으로 기획의 배경을 분석하기 위해서는 이에 대한 철저한 분석이 선행되어야 한다.

기획서 작성의 1단계라고 할 수 있는 기획 배경을 분석하는 첫 번째는 '기획 목적' 분석이다.

기획의 목적은 무엇인가?

기획의 목적을 파악하기 위해서는 제일 먼저 기획 배경을 알아야 한다. 기획 배경은 기획의 출발점이다. 기획 배경을 알아보기 위해서는 프로젝트를 중심으로 한 환경 분석, 우리 회사의 현황과 환경과의 관계, 기획의 동기나 계기에 해당하는 사항을 파악해야 한다.

예를 들어 새로운 유튜브 콘텐츠를 개발하는 경우에는 첫째, 유튜브 현황에 대한 국내외 온오프 자료를 살펴봐야 하며, 둘째, 성공사례를 분석하고, 셋째 유튜브 전반에 걸친 트렌드 및 환경을 살펴봐야 한다.

기획의 목적을 알아보기 위해서는 회사환경, 경쟁사 및 고객 동향 등 시장환경을 조사야 한다.

첫째, 회사 환경이란 회사의 경영활동과 관련된 회사 내외의 모든 환경을 말한다.

둘째, 경쟁사 동향이란 경쟁제품 및 이를 생산하는 회사와 관련된 모든 정보 및 활동을 말하는 것으로 경쟁제품 담당 인력(개발, 생산, 기획, 마케팅, 광고, 홍보, 판촉, 디자인)의 이름, 전화번호, 성향(기획성향, 취미, 선호 항목 등) 등에서부터 경쟁사의 경영 현황, 마케팅 활동, 영업 정책, 매체 홍보 내용, 디자인 제작물 등에 이르기까지 세부적인 부분까지 파악해야 한다.

셋째, 고객 동향이란 회사에서 제공하는 상품 및 서비스에 대한 고객의 반응과 전체적인 고객 기호, 트렌드 등을 말한다. 고객 동향을 파악하는 것이 기획의 목적을 분석하는 데 있어 가장 중요하다. 고객이 직접 제품을 선택하고 구매하기 때문이다. 이에 기획서를 작성하기 전에 현장에 나가 고객의 구매 형태 및 기호를 파악하고 사회문화적 이슈 및 트렌드를 분명히 파악한 후 이를 기획의 목적에 반영해야 한다.

이 밖에도 기획이 누구로부터 주어졌는지, 왜 해야 하는지, 기획의 범위는 어디까지인지, 사회적 배경은 어떠한지 등 기획 대상과 관련된 제반 환경을 면밀히 분석해야 한다.

이상의 여러 관점에서 기획의 배경을 살펴보고 기획 목적을 도출해 내야 한다. 기획안을 작성하기 전에 회사 내 프로젝트에 대한 관심도를 체크하고 경쟁사와 고객의 동향을 살펴보기 위해 현장 조사를 한 후 기획 목적을 정립하는 것이 좋다.

보통 기획서를 작성하게 되면 많은 사람들이 왜 작성해야 하는지를 생각하지 않고 그저 상사가 시키니까 한다고 대답을 한다. 문서를 작성할 때 이처럼 아무 생각이 없이 주어진 일이니까 해야 된다는 수동적인 문서를 작성할 기회가 주어지면 상사가 지시한 방향이 무엇인지, 왜 해야 하는지, 어떻게 할 것인지 등에 대해 능동적이고 긍정적인 자세를 가져야 하며, 가장 먼저 지시한 사람의 의도와 왜 하는지 등의 문서 작성의 목적을 생각해야 한다.

문제가 주어졌을 때 잘 해결하기 위해서는 문제의 의도를 잘 파악해야 한다. 학창시절 선생님들이 문제만 잘 읽어도 답을 알 수 있다는 말처럼 문제 속에서 원하는 목적을 발견하고 답으로 이끌어내야 한다. 이를 위해 '왜'라는 생각을 가지고 문제를 바라보는 시각을 가져야 한다. 특히 기획 목적, 즉 기획 배경을 쉽게 파악하기 위해서는 3가지 눈으로 문제를 바라보아야 한다.

첫째, '상사의 눈'이다.

상사의 입장에서 주어진 기획이 어떤 목적을 가지고 있는지를 알아야 한다.

둘째, '고객의 눈'이다.

기획한 콘텐츠를 향유할 고객의 입장에서 기획하는 목적이 타당(적합)한지를 체크해야 한다.

셋째, '경쟁사의 눈'이다. 경쟁사의 입장에서 기획하는 목적에 대해 어떻게 생각할 것인가를 살펴봐야 한다.

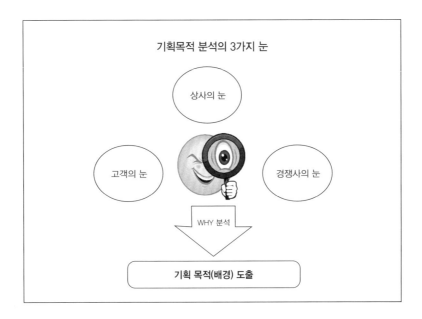

2단계, 기획서 작성에서 기획 포인트 분석

기획 포인트란 콘텐츠를 기획할 때 강조해야 할 요점을 말하는 것으로 포인트를 체크하기 위해서는 기획 대상에 문제의식을 가져야 한다.

그렇다면 어떠한 문제의식을 가지고 출발해야 할까?

기획의 목적에서 살펴봤듯이 프로젝트를 둘러싼 고객, 회사, 경쟁사의 입장에서 문제는 무엇인지를 파악하고 이에 대한 해결 방안을 포인트로 선정해야 한다. 기획 포인트를 찾기 위해 자료를 조사할 때는 인터넷과 판매 현장과 같은 회사 외적 요소와 더불어 회사 내부를 찾아봐야 한다. 내외부의 자료를 조사하고, 정리하여 화면처럼 기획 포인트를 설정한다. 기획서를 작성할 때 가장 중요한 것은 분명한 목표를 가지는 것이다. 즉 기획의 포인트를 '무엇을 위한 것인지'에 두고 이를 명확히 하기 위한 방법을 확실히 강구해야 한다.

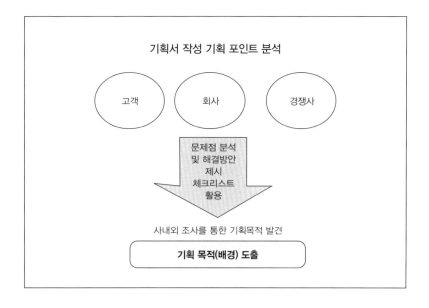

기획서 작성을 위한 가설 설정

기획서의 단계 및 방향, 구성 항목을 설정하기 위해서는 가설이 필요하다. 기획에 대한 문제의식을 가지고 배경을 확인한 후에 본격적으로 기획서를 어떻게 작성할 것인가를 고민하기 위해 가설 설정을 해야 한다.

그렇다면 가설(hypothesis)이란 무엇인가?

사전적 의미로 '일련의 현상을 설명하기 위하여 어떤 학설을 논리적으로 구성하는 명제'라고 나와 있다. 쉽게 말하자면 '가설이란 정보 수집 과정이나 분석 작업을 시작하기 전에 미리 생각해 두는 가설 사고의 해답'이다. 보통 기획을 하기 위해서는 '정보 수집 → 정보 분석 → 기획'의 과정을 따른다.

그러나 정보가 기하급수적으로 늘어나고 변화의 속도가 빨라져서 최단 시간 내에 문제를 해결 하기 위해서는 '가설 → 정보수집 → 정보분석 → 기획'의 방식을 사용한다. 이것이 가설사고 프로세스이다.

가설 사고 프로세스 4단계

1단계, 가설 스토리를 구성하는 것으로 '현상 → 분석 → 원인 또는 문제 → 해결방안 도출'하는 것이다.

2단계, 정보 수집으로 원인 또는 문제를 해결하기 위한 자료(증거) 수집하는 것이다.

3단계, 정보 분석으로 현상 분석, 문제점 분석 등 정보 추출 기술 필요하다.

4단계, 기획 방향 도출이다.

미래에 대한 시나리오를 수립할 때도 가설사고를 활용하면 큰 도움이 된다.

우리는 기획을 하려고 할 때 수 많은 시나리오를 설정하게 된다. 다양한 시나리오 중 에서 가장 가능성이 높은 3~4가지를 추려내 가설 사고로 활용하면 해결 방안을 도출하는 데 매우 효과적이다.

다음은 좋은 가설을 세우는 방법이다. 좋은 가설을 세우려면 다양한 시각을 가져야 한다.

첫째, 고객(소비자)의 입장에서 바라보는 것이고, 둘째는 현장의 관점에서 보는 것이다. 셋째는 경쟁사의 관점에서 보는 것이며. 넷째, 제로베이스(zero base, 백지상태), 즉 문제의 출발점으로 돌아가서 생각해보는 것이다.

가설 설정을 통해 우리는 기획의 방향과 이를 통한 기획서의 전개 단계, 구성항목 등에 대한 계획을 세울 수 있다. 즉 가설 설정을 통해 기획서 작성을 위한 초안을 잡을 수 있는 것이다.

다음은 가설을 통해 초안을 작성하는 순서이다.

첫째, 종이와 연필(샤프), 지우개를 준비한다.

초안은 컴퓨터에 입력하는 것보다는 종이에 연필로 적는 것이 좋다. 생각을 하면서 초안을 잡을 수 있는 좋은 방법이다.

둘째, 기획 배경 분석과 가설 설정을 통해 정리한 자료를 바탕으로 기획서를 어떻게 작성할 것인가에 대한 순서와 내용을 생각한다.

셋째, 기획서 작성에 대한 생각이 정리되면 제일 먼저 제목과 작성 날짜를 쓴 후 작성 순서에 맞추어 하나씩 적는다.

넷째, 각 항목별 내용을 적을 때는 세부적인 일정과 해야 할 일, 준비할 자료, 협조를 받을 사람 등을 세부적으로 명기한다.

다섯째, 초안이 작성되면 기획서 작성을 지시한 상사, 선생님이나 함께 기획하는 팀원들에게 보여준 후 문제점이나 수정, 보완 해야할 부분은 없는지 피드백을 받는다.

이상과 같은 방법을 기본 으로 기획의 규모 및 내용에 맞추어 초안을 작성하면 된다. 이렇게 초안을 작성하면 기획서에 대한 전체적인 윤곽을 잡을 수 있다.

기획서 컨셉 잡기

기획서 작성을 잘하기 위해 기획서의 핵심이며 목표인 컨셉을 잡아야 한다. 기획을 하면서 가장 어렵고 시간이 많이 걸리는 것이 컨셉을 잡는 것이다.

컨셉을 추출한 다음에는 자연스럽게 이를 충족시키고 달성하기 위한 전략과 세부적인 전술을 쉽게 수립할 수 있기 때문이다.

그렇다면 '컨셉'이란 무엇인가?

사전을 찾아보면 철학적으로는 개념, 일반적으로는 구상, 발상을 뜻하며, 기획서에서의 컨셉이란 '독창적인 발상'을 말한다. 즉 문서를 작성할 때 컨셉은 다른 기획서와 차별화되는 그 문서만의 독특한 포인트라 할 수 있다. 컨셉은 대상의 특징을 한마디로 표현하는 것이다. 즉 컨셉은 기획의 핵심이며, 구체적으로 표현할 수 있는 명확한 개념이다. 모든 프로젝트 기획의 시작은 컨셉을 잡는 것으로 시작된다. 이를 위해 우리는 앞에서 기획안 분석, 가설 설정, 정보 수집 및 정리를 하였던 것이다.

예를 들어 컨셉의 기능을 새로운 콘텐츠에 적용해 보면 다음 표와 같다. 명확한 방향설정, 정확한 타깃 선정, 경쟁 상대 파악으로 컨셉 기능을 나누고 이를 새로운 콘텐츠기획에 적용하기 위해 누구에게 어떻게 포지셔닝할 것인지, 목표 고객을 누구로 할 것이며 어떠한 편익을 제공할 것인지 타깃팅을 하며 경쟁 콘텐츠와 차별화하기 위해 포인트를 어떻게 할 것인지를 정하는 것이다.

그리고 컨셉은 어디에 사용하느냐에 따라 다르게 표현되어야 한다. 예를 들어 마케팅기획서를 쓸 경우에는 마케팅 컨셉을, 신제품 개발 기획서를 쓸 때는 신제품 컨셉을, 광고기획서를 쓸 때는 광고 컨셉을 설정해야 한다.

기획서 작성을 위한 컨셉 잡기

컨셉기능	새로운 콘텐츠기획에 적용	가이드
명확한 방향 설정	• 콘텐츠를 누구에게, 어떻게 포지셔닝 시킬 것인가?	포지셔닝
정확한 타깃 설정	• 콘텐츠의 목표고객을 누구로 할 것인가? • 목표고객에게 어떠한 편익을 제공할 것인가?	타깃킹
경쟁 상대 파악	• 어느 콘텐츠와 경쟁해애 하는가? • 경쟁 콘텐츠와의 차별화 포인트는 무엇인가?	컨셉차별화

차별화된 컨셉을 만들기 위해서는 타깃들의 욕구를 충족시키고 신뢰를 줄 수 있어야 한다. 다음 표를 참고하여 신제품의 컨셉을 구하는 데 활용하면 될 것이다.

구분	질문	답
연관성	• 신제품은 무엇과 연관되어야 하는가?	
차별화	• 신제품은 어떻게 차별화 되어야 하는가?	
독특함	• 경쟁제품과 차별화 되는 신제품의 특장점은 무엇인가?	

위의 질문에 대한 답(타깃과의 연관성, 경쟁사와 차별화 특장점)을 가지고 이를 한 마디로 표현할 수 있는 문구를 설정하는 것이 '컨셉'이다.

컨셉 평가기준 및 체크포인트

컨셉을 정하기 위해서는 아래 기준에 따른 평가를 한 후 적합한지를 체크리스트를 통해 살펴보고 적합하면 활용한다.

구분	평가기준	체크포인트
독특함	• 제품의 우수성(력신성) 표현 • 사용자의 경제성 추구 • 회사(제품)의 방향성과 일치 • 경쟁상황 고려 • 브랜드 이미지 포함 • 시장의 규모, 성장률 반영	• 보기와 읽기 쉬운가? • 누구나 쉽게 이해할 수 있는가? • 브랜드명이 포함되어 있는가? • 특장점을 명확하게 설명하고 있는가? • 타깃 혜택이 분명하게 표현되어 있는가? • 구매욕구를 불러 일으키는가?

그럼, 이처럼 중요하고 기획서 작성에 꼭 필요한 컨셉을 어떻게 잡을 수 있을까?

컨셉을 설정하는 데는 3가지 기준이 있다.

첫째, 연관성이 있어야 한다.

기획 대상과 컨셉은 상호간에 밀접하게 연관되어야 하기 때문이다. 사례로 유한킴벌리의 우리강산 푸르게 캠페인을 들 수 있다.

둘째, 차별화가 되어야 한다.

다른 기획서의 컨셉과 차이가 없다면 기획은 무용지물이 될 것이다. 사례로 씨푸드 뷔페, 바디용품 전문샵 등을 들 수 있다.

셋째, 독특해야 한다.

독창적이고 특이한 컨셉만이 가장 빠르고, 확실하게 타깃의 마음을 사로잡을 수 있다. 사례로 물먹는 하마, 미세먼지 제로 공기청정기, 무풍 에어컨 등을 들 수 있다. 그리고 성공하는 컨셉을 만들기 위해서는 타깃들의 욕구를 충족시키고 신뢰를 줄 수 있어야 한다.

컨셉을 추출하기 위해서는 컨셉을 둘러싼 다양한 요소에 대한 정확한 파악이 필요하다. 컨셉 주위의 요소로는 타깃의 니즈(Needs), 제품 형태, 디자인, 제품의 특장점, 브랜드, 크기 및 가격 등이 있다. 컨셉은 이러한 요소들을 믹스(MIX)한 후 핵심어, 키워드로 축약해야 한다.

다음 도표는 컨셉을 어떻게 설정하는가의 Flow를 살펴본 컨셉 추출도이다. 컨셉 설정을 위해서는 다음과 같이 2단계를 거쳐야 한다.

1단계는 콘텐츠 프로젝트를 둘러싼 다양한 정보 중 공통분모를 추출하는 것이다.

2단계는 공통분모로 추출한 몇 가지의 컨셉을 평가하고 체크하여 최종 컨셉을 결정하는 것이다.

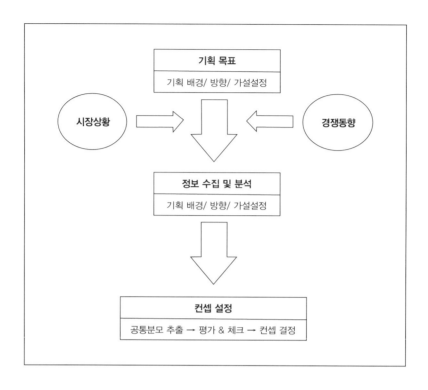

컨셉을 추출하여 컨셉을 정한 후에는 다음 기준에 따라 컨셉을 작성하도록 한다.

첫째, 고객 에 대한 혜택을 강조하는 것이다.

둘째, 콘텐츠가 눈에 띠도록 노출하는 것이며,

셋째, 타깃의 눈길을 끌도록 디자인하고,

넷째, 짧은 문구로 임팩트 부여하며, 마지막으로 트렌드와 고객 기호를 반영하여 컨셉을 작성하면 된다.

기획의 뼈대를 만들기 위해 이번에는 전략을 수립하는 프로세스를 보다 정확하게 인식하고 이를 바탕으로 전략도를 만들어야 한다. 첫 번째 전략을 수립하기 위해서는 지금까지 살펴본 기획안 분석, 가설 설정, 정보 수집, 컨셉 추출을 바탕으로 "3C-STP-4P&4C 분석"을 통해 전략의 기본 체계를 구축해야 한다.

다음은 "3C-STP-4P&4C" 자료를 가지고 만든 전략기획서 사례의 작성 단계별 내용이다.

기획서 작성을 위한 전략 프로세스

단계	항목	내용	비고
1	시장현황	• 총수요, 경쟁사, 자사	
2	환경분석	• 외부 환경, 내부 환경	3C/ SWOT분석
3	목표설정	• 경영목표, 시장점유율 방향	
4	경영계획	• 매출, 수량. 시장점유율, 단가, 손익	계수목표 수립
5	전략 방향 도출	• 중점 판매전략	
6	세부 전략	• 4P 전략	4C 전략
7	실행계획 수립	• Product, Price, Place, Promotion	체크리스트
8	비용 운영계획	• 인건비, 재료비, 광고홍보/ 행사비 등	매출액 대비 설정

시장현황 분석을 시장으로 환경 분석을 통해 목표를 설정하고 기업의 경영계획에 맞추어 전략 방향, 즉 컨셉을 도출하고 이를 살펴보기 위해 4P 전략으로 세부 전략을 잡은 후에 실행 계획 및 비용 운영 계획을 잡았다. 이러한 프로세스는 기본안이므로 프로젝트 기획 목표에 맞

추어 차별화 하여 작성해야 한다.

전략 수립 프로세스가 확립되면 이 중에서 가장 핵심인 전략에 대해 한눈에 볼 수 있도록 정리한다. 마치 군대에서 지휘관에게 브리핑할 때 작전계획을 한눈에 볼 수 있도록 차트로 만드는 것처럼 프로젝트 전략을 한눈에 이해시키기 위해서는 전략을 효율적으로 나타낼 수 있는 '전략도'가 있어야 한다.

전략도는 다음과 같은 방법으로 작성한다.

첫째, 프로젝트의 비전을 세우고 둘째, 비전을 달성하기 위한 부문별 전략 목표를 잡은 후 셋째, 부문별 전략 목표를 수립하기 위한 전략 방향 및 세부 추진계획을 수립한다.

기획서 작성을 위한 실행계획 체크

전략 수립 프로세스가 확정되고, 이에 대한 전략도가 완성되면 본격적으로 기획서를 작성하게 된다. 그런데 기획서의 완성도를 높이고 실행력을 높이기 위해서는 반드시 기획서를 작성하기 전에 계획한 전략 수립 프로세스가 잘 작성되었는지, 실행이 가능한지, 문제점은 없는지 등에 대해 체크해야 한다. 즉 기획서를 작성하기 위한 모든 준비(배경분석, 가설 설정, 정보수집 및 분석, 컨셉 설정, 전략수립 프로세스 확립, 전략도 완성 등)가 끝나면 성공적이며 원활한 프로젝트 수행을 위해 최종적으로 실행 계획에 대해 체크가 이루어져야 한다.

실행계획은 제품, 가격, 유통, 촉진 등 마케팅에 대한 부분과 더불어 인력운영, 추진 일정, 예산 등 전략을 수행하기 위해 각 부분에서 수립된 전략 및 실행 방법에 대해서도 검토가 이루어져야 한다.

그리고 이를 위해 각 부문별 체크 항목을 설정하고 어떻게 체크할 것인지에 대한 체크리스트를 작성한다.

실행 계획 체크 1단계로 '체크 항목 설정'은 기획서 작성에 대한 개략적인 방향과 구성할 내용이 정해지면 이에 대한 사전 점검을 하는 것이다.

계획에 대한 점검을 위해서는 구체성이 요구되며, 이를 위해 체크 항목을 설정해야 한다. 체크할 항목은 무엇에 대한 실행 계획인가에 따라 달라진다. 보통의 경우, 마케팅과 지원 부문, 그리고 기타 부문에 대해 체크하게 된다.

마케팅은 콘텐츠, 콘텐츠, 제품(브랜드), 가격, 유통, 판매촉진 등 4P와 관련된 부분을, 지원 부문은 기술(개발), 구매, 생산, 정보, 인사, 재무, 시스템 등 마케팅 지원을 위한 인프라 부분을, 기타 부문은 일정, 고객, 법규, 경쟁사 등에 대한 부분을 살펴봐야 한다.

기획서 작성 시 체크 항목은 첫째, 목적 및 목표에 맞는가, 둘째, 아이디어는 참신한가, 셋째, 다각적인 대체안을 검토하였는가, 넷째, 문제점과 이에 대한 해결 방안은 있는가, 다섯째, 실현 가능한 기획안인가, 여섯째, 기대효과를 정확히 나타내고 납득할 수 있는가, 마지막으로 추진일정에 무리는 있지 않은가 등이다.

실행 계획 체크 2단계는 '체크리스트 만들기'이다.

체크리스트란 체크할 대상에 대해 평가하거나 점검할 때 여러 가지 기준에 대한 질문을 나열한 것이다. 무슨 일이든 시행하기 전에 체크리스트를 작성하여 실행 항목별로 살펴보게 되면 실천도를 높이고 시행 결과에 대해 중간 평가함으로써 목표 달성률을 높일 수 있다. 그러므로 체크리스트는 기획서를 작성하기 전 단계에서 작성되어야 한다. 경영활동은 "Plan-Do-See"의 단계로 이루어져 있어 계획(Plan) 하고 실행(Do)한 후에 점검(See)하는 것으로 되어 있지만 실행력과 효과를 극대화하기 위해서는 계획 단계에서 점검하는 것이 필요하다. 즉 "Plan-Check-Do-See"하는 것이 좋다.

그리고 기획서 작성을 준비할 때 수록할 내용을 빠짐없이 체크하기 쉽지 않으므로 기획자들은 '체크리스트'를 활용해야 한다. 체크리스트를 활용하면 실수를 줄이고 합리적으로 문서를 작성하는 데 많은 도움을 받을 수 있다.

체크리스트를 작성할 때는 '중요한 것부터 순서대로' 작성한다. 체크리스트는 기획서, 보고서의 내용이나 체크할 대상에 따라 다르게 작성되어야 하겠지만 우선적으로 무엇이 중요한 사항인지들을 생각해 본 후 작성하도록 한다.

다음은 콘텐츠 프로젝트를 기획할 때 사용되는 체크리스트 사례이다. 아래의 도표를 보면 항목별로 체크 내용과 점검 포인트를 5W2H에 맞추어 무엇을 체크해야 하는지 쉽게 알 수 있도록 작성하였다.

이처럼 체크리스트는 체크 항목별로 누가, 언제, 어디서, 무슨 내용을, 어떻게 체크할 것인가를 적어놓는다. 구글이나 네이버를 검색하면 다양한 체크리스트 양식을 볼 수 있으므로 이를 참고하여 무엇이 중요한 사항들인지를 점검해 보고 현재 준비 중인 콘텐츠 프로젝트나 기획서에 대한 자신 만의 체크리스트를 만들어 보면 좋겠다.

콘텐츠 프로젝트 기획 체크리스트

구분	항목	체크내용	점검포인트
왜	배경	사회문화적 이슈 시장상황, 경쟁사 동향	프로젝트에 대한 시행이 요구되고 있는가?
	목적	질적, 양적 목표	구체적이며, 실현 가능한가?
언제	시기	시행시기	최선의 결과를 얻을 수 있는 적절한 시기인가?
어디서	지역	시행지역(국내와, 온오프)	지역에 밀착되어 있는가? 지역여건을 잘 반영 하였는가?
누가	주제	시행주체	추진의사와 책임이 분명한가?
무엇을	컨셉	기획 목적	프로젝트를 명확히 표현하고 있는가?
	전략	추진전략	프로젝트의 컨셉과 비전에 부합되는가?
	실행계획	추진 전술	전략을 명확하게 반영하였는가? 전략과 연계성을 갖고 있는가? 구체적이며, 실현가능한가? 차별화된 방법인가?
	명칭	프로젝트 명	이해하기 쉽고, 매력적인가?
어떻게	방법	6하 원칙에 따라 설명	효과적인 추진방법인가? 경쟁지와 차별화된 방법인가?
	성과	성과지표	정량/ 정성적으로 측정 가능한가?
	일정	준비 및 추진일정	무리한 일정은 아닌가? 위험요소도 고려한 일정인가?
얼마나	비용	프로젝트관련 제반비용	가용자원의 효율적인 베분인가?

기획서 구성 및 포인트

　기획안 분석으로부터 가설 설정, 정보 수집을 거쳐 컨셉, 전략, 실행계획의 체크리스트까지 작성계획이 준비되면 이제 본격적으로 기획서를 작성하게 된다.

　기획서 작성은 구성 및 목차부터 키워드 설정, 레이아웃 등 기획서의 형식을 정하고 이후에 세부계획을 작성한 다음에 보강과 수정을 하여 최종 기획서를 완성하게 된다.

이제 기획서 작성을 위한 구체적인 방법을 살펴보겠다.

우리는 기획서를 작성하기에 앞서 여러 가지 준비할 것들을 앞에서 알아보았다. 모든 것이 준비되었으니 이제 기획서를 작성하면 될까?

아니다. 요리를 할 때에 재료가 다 준비되었다고 해도 바로 요리를 하는 것이 아니라 어떻게 조리할 것인가에 대해 생각을 하고 요리를 하거나 조리법(Recipe)을 보고 순서에 따라 요리를 해야 맛있는 요리를 만들 수 있는 것처럼 기획서를 작성할 때도 기획할 준비가 되었다고 바로 책상에 앉아 PC로 문서를 작성하는 것이 아니라 준비한 자료를 어떻게 구성하고 어떠한 방식에 따라 기획서를 꾸며갈 것인지를 생각부터 해야 한다. 즉 기획할 문서를 어떻게 작성할 것인가에 대한 전체 구상과 편집 방향에 대해 먼저 초안을 잡고, 이를 함께할 사람들과 협의하여 작성 방향을 결정한 후에 기획서를 작성한다.

기획서 작성의 첫 단계는 전체 내용을 어떻게 순서를 정하여 조화롭게 구성할 것인가에 대해 구상하는 것이다. 기획할 내용을 순서로 정리한 것이 바로 기획서의 기본 구성 요소이다.

- 명칭 : 기획서의 명칭
- 배경 : 왜 기획을 하는지를 정확하게 이해할 수 있도록 설명
- 조건 : 기획의 전제조건이 무엇인지를 제시
- 현황 : 기획 대상을 둘러싼 국내외 온오프 환경 분석
- 목적 : 기획을 통한 목표로 숫자로 구체화

- 내용 : 목표 달성을 위한 세부적인 실천 방법 및 수단을 상세하게 기술

이러한 기획서의 기본 구성 요소는 설득력을 높이기 위해 필수적이며, 문서의 종류에 따라 비용, 일정, 업무 분장 등의 내용이 추가될 수 있다.

문서의 전체 구성을 생각할 때 고려해야 할 2가지 포인트가 있다.

첫째, 누구를 위한 문서인가를 생각하고 대상에 맞게 문서를 작성하는 것이다.

좋은 문서의 구성은 읽는 대상의 수준, 눈높이, 성향 등을 고려하여 보기 좋고, 읽기 편하고, 이해하기 쉽게 문서를 작성한 것이다. 이를 위해 문서가 누구에게 보고되고, 누가 검토하며, 누가 결정하는지 대상을 사전에 파악해야 한다.

둘째, 논리적으로 내용을 전개하는 것이다.

좋은 문서는 내용의 전개가 물 흐르듯 흘러가야 한다. 문학작품을 서술할 때, 첫머리를 던지고 이를 받아 전개하며 뜻을 전하고 결론을 맺는 기승전결(起承轉結)의 방법을 문서를 작성하며 논리적으로 내용을 전개할 수 있을 것이다.

주의할 점은 작성자의 논리도 있겠지만 문서를 읽는 대상의 이해에 맞추어 논리를 전개해야 한다. 즉 문서를 구성할 때에는 문서를 읽는 대상이 편하게 보고 기분 좋게 사인할 수 있도록 구성하면 된다. 이를

위해서 문서를 어떻게 작성해야 할까를 고민하고 문서 구성의 내용을 결정하면 될 것이다.

편집 방향과 키워드 정리

기획서의 전체 구성이 결정되면 문서를 보기 좋고, 읽기 쉽게 내용을 편집해야 한다. 편집 방향은 문서의 내용, 디자인, 검토자의 기호에 맞춰 다양화 할 수 있다. 기획서의 편집 방향은 문서 작성의 목적을 명확히 보이게 해야 한다.

이를 위해 주요 메시지가 분명히 들어가게 하며, 요구 조건이 확실히 드러나게 주요 메시지, 키워드를 전략적으로 배치한다. 그리고 전달하고 싶은 정보의 위치를 잘 설정하기 위해 질문을 예상하고 답하고, 어려운 용어, 새로운 용어는 설명을 붙인다. 특히 문서를 돋보이도록 만들기 위해 시각적 효과, 키워드, 간략한 문장, 도표, 이미지를 활용하며 검토자의 기호에 맞추어 편집한다.

마지막으로 올바른 단어와 맞춤법에 유의한다.

다음은 기획서의 키워드(Keyword)를 정리하는 것이다.

기획서를 볼 대상(상사, 광고주, 투자자, 고객 등)은 바쁜 경우가 많으므로 문서는 간단명료하고 짧게 작성하여 보고하는 것을 좋아한다. 간단명료하고 임팩트(Impact) 있는 문서를 작성하기 위해서는 문서에 사용되는 단어도 이해하기 쉽고 기억하기 용이한 것이 필요하다. 이를 위해 내용을 함축적으로 표현할 수 있는 핵심어, 즉 키워드로 정리하여 문서작성에 반영하는 것이 좋다.

키워드란 원래 컴퓨터 관련 용어로 데이터를 검색할 때 특정한 내용이 들어 있는 정보를 찾기 위하여 사용하는 단어나 기호로 열쇳말이라고 할 수 있다. 즉 키워드란 전달하거나 표현하고자 하는 내용을 한 마디로 말하는 것이다. 요즘은 키워드는 검색어란 뜻으로 온라인 상에서 매우 활성화되어 키워드 광고, 키워드(검색어) 순위가 있을 정도로 사람들은 키워드에 민감하다.

인터넷상에서는 검색엔진에서 키워드를 상위에 랭크 시키기 위해 제목과 함께 키워드 작성을 매우 중요시 한다. 그러므로 우리는 키워드를 활용하여 문서를 통해 전하고자 하는 목적을 분명하고 차별화되게 전달해야 할 것이다.

키워드 선택 및 작성은 첫째, 이해하기 쉬운 키워드를 사용하는 것이다.

이를 위해 타깃이 평소에 잘 사용하는 단어나 표현을 키워드로 활용한다.

둘째, 유행하는 키워드를 사용한다. 최근에 히트 영화, TV 인기 프로그램, 웹툰, 트렌드, 책 등과 관련된 키워드를 사용하여 문서에 대한 주목율을 높인다.

셋째, 검색어 순위를 참고한다. 주요 포털이나 신문에서 일별, 주별, 월별로 분야별 검색어 순위를 발표하니 이를 참고하여 기획서에 키워드로 활용한다.

넷째, 타깃의 관심이 높은 키워드를 사용한다. 신문이나 방송, 인터넷을 살펴보면 헤드라인이나 조회수 등을 통해 타깃의 관심이 높은 키워드를 발견할 수 있으니 이를 키워드로 적극 사용한다.

제목과 목차로 승부

제목은 기획서의 '첫인상'이다. 사람의 첫인상이 중요하듯이 기획서에 있어서도 제목이 매우 중요하다. 제목 다음으로 중요한 것은 기획서 두 번째 장에 있는 목차이다. 목차는 문서의 내용을 한눈에 살펴볼 수 있는 것으로, 제목이 첫인상이라면 목차는 첫 만남을 통해 알아볼 수 있는 사람의 됨됨이라 할 수 있다.

이처럼 제목과 목차는 문서의 핵심 요소이다. 그런데 문서를 작성하는 사람들의 대부분이 제목과 목차에 신경을 쓰기보다 내용을 더 충실하려는 경향이 있다. 그래서 문서를 잘 작성하지 못하는 사람들을 살펴보면 기획서의 첫 장과 목차가 어설픈 경우가 많이 있다. 보기 좋은 음식이 먹기도 좋고 맛도 좋듯이 보고서도 첫 모습인 제목과 목차의 작성에 정성을 기울여야 한다. 사실 제목과 목차를 정하는 것이 가장 어려운 일인데 다음과 같이 제목과 목차를 정하여 기획서 작성을 차별화 하면 될 것이다.

기획서에서 가장 중요한 것은 제목이다. 왜냐 하면 문서에 가장 앞에 위치하여 가장 먼저 검토자의 눈에 띄기 때문이므로 제목으로 주목시켜야 한다. 대부분의 경우, 기획서를 제출하거나 보고하면 제목을 먼저 보고 문서 내용을 읽게 된다. 그래서 기획한 문서를 검토자가 관심을 갖고 보게 하기 위해서는 목표가 분명하고 차별화 된 제목으로 눈길을 끌어야 한다. 즉 제목을 통해 제출한 콘텐츠에 검토자가 관심을 갖게 하는 제목을 만들어야 한다.

그렇다면 관심을 끄는 제목은 어떻게 작성해야 할까?

첫째, 제목에 기획서의 기획 방향과 목표를 보여주어야 한다.

보통 기획서를 작성하게 되면 이를 잘 표현하지 못하는 경우가 많다. 우리가 기획서를 작성하여 제출하면 대부분의 검토자들은 '왜' 해야 하는지를 질문한다. 이는 제목이 불분명하기 때문이다. 제목에서 우리는 왜 해야 하는지의 목적과 목표를 분명히 보여 주고, 제목을 통해 기획서를 이해시키며 설득해야 한다.

둘째, 기획서의 컨셉을 제목으로 활용하도록 한다.

컨셉은 문서의 핵심 포인트이므로 이를 제목으로 삼는다면 제목과 기획서의 내용이 일관성을 유지함으로써 문서 작성의 목적을 분명하게 전달할 수 있다.

셋째, 제목은 주제목과 부제목으로 나눠 작성한다.

부제목으로 주제목을 설명하고 주제목은 문서의 핵심 포인트를 압축하여 정한다.

그런데 사실 제목을 작성하기가 쉽지 않다. 태어난 아이의 이름을 짓기 어려운 것처럼 기획서의 이름과 같은 제목을 정하기가 쉽지 않다는 이야기이다. 그렇다면 좋은 제목, 주목을 끄는 제목을 만들기 위해서는 어떻게 해야 할까?

다음 방법을 참고하여 여러 번 연습하여 보면 좋은 제목을 만들 수 있을 것이다.

첫째, 구체적인 숫자로 목표를 나타낸다.

예를 들어 '시장점유율 확대 전략'보다는 '시장점유율 35% 달성을 위한 영업 전략'이라고 표현하는 것이다.

둘째, 기획 목표 또는 컨셉을 설명하는 형태를 취한다.
예를 들어 '스마트폰 X 런칭 기획서'보다는 '성공적 런칭을 통한 스마트폰 X 1등 MS 달성 전략'이라고 하는 것이다.

셋째, 유행하는 말을 패러디한다.
예를 들어 '매출 1등 달성 전략'이라는 것보다 최근 유행하는 드라마, 개그 프로그램 등을 패러디하여 '1일 3깡으로 매출 1등을 달성하는 1월 마케팅 전략'이라고 표현하는 것이다.

넷째, 사자성어나 고전문헌의 글귀를 활용하는 것이다.
예를 들어 '차별화 전략'이라고 할 것을 '변화무쌍 전략'이라고 한다.

이상의 방법 이외에도 검토자, 상사가 좋아하는 말, CEO가 좋아하는 것 등을 고려하여 제목을 정하는 것도 좋은 방법이다. 제목을 정할 때 유의할 사항은 분명하지 못한 추상적인 단어나 너무 어려운 말은 피해야 한다. 결론적으로 제목은 분명하게 문서의 목표, 목적을 나타내야 하며 보는 사람의 눈길을 끌기 위해 제목을 상황에 맞게 차별화시켜야 한다.

목차(Contents)는 기획서의 틀, 즉 구성이다. 목차는 기획서의 뼈대를 이루는 골격으로 사람에게 있어서는 척추라고 할 수 있다. 그렇기 때문에 목차를 제대로 잡아놓지 않고 기획서를 작성하면 문서의 전개가 잘못될 가능성이 높다. 기획서 작성의 목적은 목표로 세운 것을 달성하기 위해 어떻게 논리적으로 내용을 이끌어 갈 것인지를 보여주는 것에 있다. 기획서의 논리적인 흐름을 한눈에 볼 수 있게 하는 것이 목차이므로 이는 보고서를 작성하는 데 매우 중요한 요소이며, 앞서 보았던 제목과 더불어 제2의 표지라 할 수 있다. 그러므로 기획서의 목차를 잘 잡으면 문서를 논리적으로 잘 작성할 수 있게 된다.

기획서의 목차 구성에는 다양한 방법이 있다.

기획서의 내용과 목적에 따라 차이가 있겠지만 매우 자세하게 목차를 잡는 경우도 있고, 큰 단위별로 목차를 잡는 방법도 있다. 목차를 생략하는 기획서도 많이 있으나, 회사, 콘텐츠, 제품, 서비스 등과 관련된 주요한 프로젝트를 다루는 문서는 보고의 양이 많으므로 표지 뒤에 반드시 목차를 넣어 보는 사람으로 하여금 문서의 전체 내용을 쉽게 파악할 수 있도록 보여주는 것이 좋다.

목차 구성은 문서 종류(콘텐츠기획서, 사업계획서, 재무기획서, 인사보고서, 이벤트 기획서 등)에 따라 달라진다. 예를 들어 콘텐츠 마케팅기획서의 경우에는 마케팅 목표를 달성하기 위해 현황 분석, 시행 방향 설정, 시행 개요, 컨셉 및 전략, 세부 실행방안, 홍보 계획, 업무 분장, 추진 일정, 기대 효과, 소요 예산 등의 순서로 목차를 구성한다. 그런데 문서를 많이 작성해 보지 않은 사람에게는 자세하게 목차를 잡는 것이 쉬운 일이 아니다. 왜냐 하면 문서의 목차를 잡는다는 것이 문서의 전체적인 윤곽을 잡는 것이라 아직 문서 작성의 초보인 사람들에게는 전체를 보고 정리할 수 있는 능력이 부족하기 때문이다. 혹시 처음 문서 작성을 하거나 익숙하지 못한 사람들은 기존 문서의 목차를 참고하며 자신이 작성한 문서의 목차를 잡는 연습을 많이 하는 것이 좋다.

목차의 각 제목은 현황, 추진 방향, 시행 개요, 세부 추진 계획, 소요 예산 등과 같이 대부분 정형화된 용어를 사용하는 경우가 많다. 그런데 요즘에는 규격화된 형식으로 목차를 작성하는 것보다 문서를 읽어볼 검토자, 상사나 거래선의 입장에서 관심을 갖고 살펴보고, 내용을 잘 파악할 수 있게 서술형, 의문형, 청유형, 약속형, 감탄형 등의 다양한 종결어미를 활용하기도 한다.

레이아웃으로 차별화

작성한 기획서를 타 문서와 다르게 보이게 하기 위해서는 문서의 외형, 즉 레이아웃을 차별화해야 한다. 문서의 외형(外形)이란 무엇일까? 외형이란 겉으로 드러난 형태로 문서의 외형이란 일차적으로 표지를 말하며, 이차적으로는 문서의 구성 형태를 말한다.

그러므로 문서의 외형을 차별화시키기 위해서는 표지와 구성 형태를 타 문서와 다르게 작성해야 한다. 즉 기획서를 차별화하기 위해 기획의 성격에 맞는 레이아웃을 만들어야 한다. 레이아웃이란 사전적 의미로 책이나 신문, 잡지 따위에서 글이나 그림 따위를 효과적으로 정리하고 배치하는 일을 말한다. 기획서의 레이아웃이라 함은 두 가지로 나눌 수 있다.

첫째는 기획서를 구성하는 콘텐츠(시행 배경, 현황분석, 시행 방향, 컨셉, 전략, 개요, 실행 계획, 일정, 예산 등)를 논리적으로 순서를 정하여 정리하는 것이고, 둘째는 기획서 한 장의 구성을 어떻게 구성할 것인가를 정하는 것이다.

먼저 기획서 전체를 구성하는 레이아웃 만들기에 대해 살펴보자.

기획 방향과 컨셉이 설정되고 문서 구성과 제목, 목차가 결정되면 기획서의 레이아웃을 잡을 수 있다. 레이아웃을 잡기 위해서는 목차 정리가 선행되어야 한다. 기획서의 목차에 따라 레이아웃을 잡은 후에는 초안과 수집한 정보와 자료를 바탕으로 각 목차에 세부 내용을 채워 넣으면 기획서를 작성할 수 있게 된다. 기획서에 대한 목차가 작성되면 기획서의 레이아웃을 작성해 보면 된다.

표지 및 내지 차별화

기획서 구성의 전체 레이아웃이 정해지면 제일 먼저 기획서의 표지와 내지에 대해 어떻게 구성할지를 정한다.

표지는 기획서의 얼굴이다. 우리가 면접을 보면 첫인상에서 당락의 70~80%가 결정된다고 한다. 이와 같이 기획서의 표지에서 기획에 대한 평가가 결정된다. 특히 거래선(광고주, 고객, 투자자 등)에 제출하는 제안서인 경우에는 표지가 더욱 중요하다.

그냥 제목만 쓰여 있는 밋밋한 표지보다는 기획서의 제목, 내용과 관련 있는 그림이나 이미지로 디자인된 표지가 눈에 띄어 관심을 갖고 기획서를 읽게 해 줄 수 있다. 이미지를 넣은 표지가 제목만 있는 표지보다 훨씬 더 검토자로 하여금 보고 싶은 기획서로 만들어 준다. 그러므로 표지는 제목과 내용에 관련된 그림이나 이미지를 반드시 활용하여 표지를 작성(디자인)하도록 한다.

　요즈음은 포토샵을 활용하여 표지를 직접 디자인하는 경우도 많이 있으므로 기획서의 내용과 검토자의 기호에 맞도록 디자인을 차별화한다. 단 관공서의 경우는 규격화된 레이아웃에 따라 기획서를 제출하게 되어 있는 경우가 있으므로 이때에는 내용 면에서 융통성 있게 구성을 차별화 하도록 한다. 표지에는 제목 이외에도 날짜, 기획자(부서), 문서번호 등이 기본적으로 기재되어야 하며, 명언, 속담, 슬로건 등을 활용하여 독특한 기획서를 만들 수도 있다.

　기획서에 대한 주목률을 높이기 위해 프로젝트의 컨셉에 맞는 독특한 디자인을 하기도 한다. 디자인은 제목이 들어가는 첫 쪽과 이후의 쪽에 대한 마스터 쪽 디자인이 있다. 첫 쪽은 프로젝트의 컨셉, 콘텐츠, 제품(특장점), 트랜드, 기획서의 목적 등을 나타내는 것이 좋으며, 이후의 마스터 쪽 디자인은 테두리, 바탕색, 로고 삽입 등 다양한 변수를 활용하여 기획서의 컨셉에 맞게 차별화 한다.

　내지 디자인은 표지 디자인과 동일한 컨셉 및 컬러를 유지하며 각 장별 제목 및 테마를 표시할 수 있도록 작성한다. 즉 내지 디자인은 표지와 연계성을 갖게 하며, 내지는 통일화할 수 있도록 디자인한다. 파워포인트의 경우, 슬라이드 마스터(통칭, 마스터쪽) 기능을 활용하고, 파워포인트의 슬라이드 마스터 편집으로 내지 디자인을 하면 된다. 제목, 텍스트, 바닥글, 문서번호 등을 마스터 쪽에 설정하면 내지에 동일하게 적용되게 된다. 그런데 요즘은 마스터 쪽에 아예 표지의 제목, 컬러, 이미지와 연계하여 디자인을 하여 파워포인트를 보기 좋게 만들고 있다.

기획서 서식

기획서 내용을 구성하는 형태적 요소인 서식(書式)은 서류를 꾸미는 일정한 방식으로 대부분 학교, 회사, 관공서, 단체별로 정해진 서식이 있어 이에 맞추어 문서를 작성한다. 문서 서식은 일차적으로 학교나 회사에서 정한 규칙을 따르되 문서의 성격과 기획의 내용에 따라 다음 사항을 고려한 후 문서의 특성을 살려 차별화 되게 작성한다.

서식의 포인트는 6가지가 있다.

첫째, 전체의 통일성을 유지하는 것이다.

기획서는 표지부터 내용까지 하나로 이루어져 있으므로 통일성 있게 작성해야 한다.

둘째, 문서는 균형감 있게 작성한다.

검토자가 여유 있고 편안하게 문서를 볼 수 있도록 서식을 상하, 좌우 여백을 맞추어 균형감 있게 구성한다.

셋째, 통일된 글씨체(폰트)와 크기로 작성한다.

예를 들어 파워포인트 표지제목은 헤드라인(견고딕, 맑은고딕), 본문(견고딕, 맑은고딕), 표지제목(폰트 32 이상, 두껍게), 본문(제목 24 또는 20, 내용 16 또는 14) 등으로 문서 종류, 검토자 성향을 고려하여 상황에 맞게 글씨체와 크기 선택한다.

넷째, 문서 간격을 동일하게 적용한다.

다섯째, 도표, 그림, 테이블 등은 한쪽에 1개 정도 사용한다.

여섯 번째, 서술어는 가능한 명사형으로 종결. 문서는 주어, 서술어로 간결하게 작성한다.

'~입니다.'식의 서술형 종결형 어미를 사용하는 대신 '~임.' 또는 명사로 문장을 종결한다.

이 밖에도 용지 규격, 띄어쓰기, 도형 및 색상 사용 등에 대한 서식 규정이 있으며, 이는 기획서의 구성형태에 따라 선택하여 사용한다.

기획서 작성 순서 및 1장 가이드

다음은 앞에서 살펴본 내용을 바탕으로 기획서 작성 순서에 대한 사례이다.

시장조사에서 소요 예산의 책정에 이르기까지 논리적으로 자연스럽게 읽고 이해할 수 있도록 작성하는 것이 포인트이다.

첫째. 시장조사이다. 시장조사는 자사/경쟁사/고객 등 3C 분석을 바탕으로 한다.

둘째, 시행 방향을 결정한다.

시장조사 결과를 바탕으로 프로젝트 시행 방향을 수립하는 것으로 STP 분석을 바탕으로 한다.

셋째, 시행 개요를 잡는다.

5W 2H를 통한 기획안을 요약(Summary)한다.

넷째, 추진 Flow로 단계별 전략도, 마케팅 캘린더 등을 활용하여 프로젝트를 1장으로 볼 수 있게 한다.

다섯째, 세부 시행계획(액션플 Action Plan)을 4P&4C 마케팅 전략에 맞춰 세부 시행계획을 수립한다.

기획서 작성 순서 사례

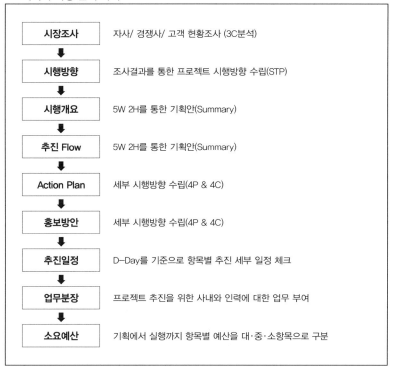

시장조사	자사/ 경쟁사/ 고객 현황조사 (3C분석)
시행방향	조사결과를 통한 프로젝트 시행방향 수립(STP)
시행개요	5W 2H를 통한 기획안(Summary)
추진 Flow	5W 2H를 통한 기획안(Summary)
Action Plan	세부 시행방향 수립(4P & 4C)
홍보방안	세부 시행방향 수립(4P & 4C)
추진일정	D-Day를 기준으로 항목별 추진 세부 일정 체크
업무분장	프로젝트 추진을 위한 사내와 인력에 대한 업무 부여
소요예산	기획에서 실행까지 항목별 예산을 대·중·소항목으로 구분

여섯째, 홍보 방안을 온-오프라인 채널을 믹스하여, 사전/중간/사후 3단계로 수립한다.

일곱째, 추진 일정을 런칭할 D-DAY를 기준으로 항목별 추진 세부 일정을 체크하여 잡는다.

여덟째, 업무 분장은 프로젝트 추진을 위한 사내외 인력에 대한 업무를 구분하여 정한다.

마지막으로 소요예산은 기획에서 실행까지 항목별 예산을 대중소 항목으로 구분하여 책정하고, 예상치 못한 비용의 발생을 대비하여 예

357

비비를 잡도록 한다. 이상의 기획서 작성 순서 및 내용은 기본안으로 프로젝트 기획 목표 및 내용에 따라 변경하여 사용하면 되겠다.

다음 그림은 콘텐츠기획서 작성을 위한 1장 기획서 가이드이다.

기획서 1장 가이드

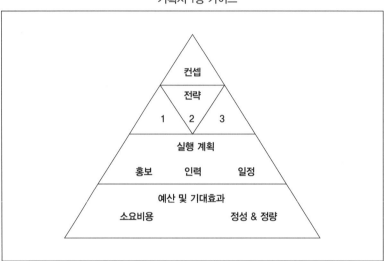

프로젝트 기획서를 작성하기 전에 아래와 같이 4단계로 진행한다.

1단계는 시장조사와 분석을 통해 기획서 컨셉을 제일 먼저 잡는다.

2단계는 컨셉을 실현시키기 위한 전략을 3가지 정도로 수립하고,

3단계는 전략을 실천하기 위한 실행 계획으로 홍보, 인력, 일정에 대한 세부 계획을 잡는다.

마지막으로 4단계에서는 컨셉, 즉 목표 달성을 위한 비용을 산출하고, 이를 통해 얻을 수 있는 기대효과를 정성적, 정량적 방식으로 보여준다.

1장 짜리 기획서를 만들면 한 방향으로 기획을 할 수 있다.

에필로그

기회는 준비한 자가 잡는다

이탈리아 토리노박물관에는 제우스의 아들 카이로스(Kairos)라는 신을 대리석에 부조해 놓았다. 카이로스는 '기회(機會)의 신(神)'으로 앞머리는 머리카락이 풍성하고 뒷머리는 없으며, 한 손에는 저울을 한 손에는 칼을 들고 있으며, 발에는 날개가 달려 있다.

그리스 시라쿠 사거리의 동상에는 다음과 같은 글이 쓰여 있다고 한다.

"앞머리가 무성한 이유는 사람들이 나를 보았을 때 쉽게 붙잡을 수 있도록 하기 위함이고 뒷머리가 대머리인 이유는 내가

지나가면 사람들이 다시는 붙잡지 못하도록 하기 위함이며 발에 날
개가 달린 이유는 최대한 빨리 사라지기 위함이다. 나의 이름은 기
회이다."

　기회는 누구에게나 온다. 자신의 앞에 기회가 왔을 때는 한 손의 저
울로 빨리 판단을 한 후 한 손의 칼로 결단력 있게 결정해야 한다. 망설
이다 기회를 놓치면 기회는 등과 발꿈치에 달린 날개로 빠르게 도망가
다시는 잡을 수 없다는 것이다.

　코로나시대를 돌파하고 성공을 잡기 위해서는 창의적인 전략을 가
지고 콘텐츠기획을 준비해야 한다. 변화의 바람을 타고 새롭게 다가온
기회를 잡기 위해 창의적으로 준비하면 시장을 선제(先制), 선점(先占)할
수 있을 것이다.